Rudolf Geser

Die 50 schönsten Radtouren in den Alpen
SPEZIALFÜHRER

Klassische Rundtouren in den Ost- und Westalpen

Dritte, durchgesehene Auflage

BLV

Die Deutsche Bibliothek - CIP-Einheitsaufnahme

Geser, Rudolf:
Die 50 schönsten Radtouren in den Alpen:
klassische Rundtouren in den Ost- und
Westalpen / Rudolf Geser. [Zeichn.: Hellmut
Hoffmann]. - 3., durchges. Aufl. - München; Wien;
Zürich: BLV, 1991
(Spezialführer)
ISBN 3-405-13441-2
NE: Geser, Rudolf: Die fünfzig schönsten
Radtouren in den Alpen

Bildnachweis
Titelbild: Auffahrt zum Iseranpaß,
Südseite (Tour 44).
Alle Abbildungen einschließlich
Titelfoto vom Autor.

BLV Verlagsgesellschaft mbH
München Wien Zürich
8000 München 40

Zeichnungen: Hellmut Hoffmann
Lektorat: Marianne Faiss-Heilmannseder, München
Satz und Druck: Appl, Wemding
Bindung: Ludwig Auer GmbH, Donauwörth

Printed in Germany
ISBN 3-405-13441-2

Inhalt

Am Mont Ventoux (Tour 50).

Einführung

Für den sportlich ambitionierten Radfahrer bietet der Alpenraum ein unvergleichliches Betätigungsfeld. Anstiege und Abfahrten verschiedenster Schwierigkeitsgrade, Kurven und Kehren, die von geschützten Tälern in hochalpine Regionen führen, ständig wechselnde landschaftliche Eindrücke und das sportliche Erlebnis lassen Radtouren hier zu einem unvergeßlichen Erlebnis werden.
Verteilt auf den gesamten Ost- und Westalpenraum beschreibt dieser Spezialführer die 50 schönsten und lohnendsten Touren in Deutschland, Österreich, Italien, der Schweiz und Frankreich. Sie führen vom Hochschwabgebiet bei Mariazell, am nordöstlichen Beginn des Alpenbogens, vorbei an den waldumrahmten Seen des Salzkammerguts, durch die bizarre Felswelt der Dolomiten, über die Schnee- und Eisriesen des Wallis, in die karge Welt der höchsten Alpenpässe in der Dauphiné und Provence, bis zu einer Umfahrung des Grand Cañon du Verdon am südwestlichen Ende der Alpen, wo diese in schroffen Klippen ins Meer abfallen. Neben fast schon ›klassischen‹ Touren wie etwa der Sella-Umrundung werden einsame Pässe in Savoyen genauso beschrieben wie eine Umfahrung der Stubaier Alpen oder Touren in Südbayern, den Dolomiten, dem Berner Oberland, der Zentralschweiz oder im Montblanc-Gebiet.
Mit Ausnahme der Route des Grandes Alpes wurden nur Rundtouren mit einer Streckenlänge zwischen 34,5 und 223,0 km beschrieben, die bequem in einem oder zwei Tagen zu befahren sind. Eine einfache und sichere Rückkehr zum Ausgangspunkt, auch ohne Begleitfahrzeug, ist somit gewährleistet.
Ganz gewiß sind Radtouren in den Alpen kein riskantes Unternehmen und auch kein unwägbares Abenteuer, dennoch sollte bereits auch für leichte Touren eine gewisse Grundkondition vorhanden sein. Für schwere Touren sind Erfahrung und eine spezielle Vorbereitung genauso unabdingbare Voraussetzungen wie zuverlässiges und erprobtes Material. Nur dann können Radtouren in den Alpen das werden, was sie sind: die schönste Art sportlicher Betätigung in einer der großartigsten Szenerien der Welt.
Dazu soll auch ein möglichst genauer und aktueller Informationsstand beitragen, weshalb ich alle Touren im Laufe eines Jahres abgefahren habe. Jede Tour hat ihren eigenen Reiz, ihre eigene Geschichte und ihre eigenen unwiederbringlichen Erinnerungen, die es mir unmöglich machen, die Frage nach der schönsten zu beantworten. Dies möge jeder für sich selbst entscheiden. Mir bleibt nur, beim Erradeln viel Spaß und gutes Gelingen zu wünschen.

Rudolf Geser

Touren-Übersicht

		Länge km	Höhendifferenz m	Höchststeigung %	Schwierigkeitsbewertung	Übersetzung
1	Auf Deutschlands höchster Alpenstraße	34,5	1050	14	2	42/26
2	Durch das Priental zum Zahmen Kaiser	54	390	12	1	42/23
3	Über Tatzelwurm, Sudelfeld und Ursprungpaß	63,5	680	18	1	42/26
4	Vom Tegernsee zum Schliersee	60,5	560	14	1	42/23-26
5	Zum Großen Ahornboden	121,5	600	9	2	42/21-23
6	In der Leutasch	49,0	600	14	1	42/23-26
7	Um Wettersteingebirge und Mieminger Kette	105,5	1460	14	2	42/23-26
8	Um die Tannheimer Gruppe	54,5	340	12	1	42/23
9	Durch die Allgäuer Wälder	46,5	560	12	1	42/23
10	Um die Nagelfluhkette	74,5	880	18	2	42/23-26
11	Zwischen Ötscher und Hochschwab	112	870	20	2	42/26
12	Im Gesäuse	62,5	600	18	1	42/23-26
13	Auf den Loser und um den Hallstätter See	75,5	1520	23	2	42/26
14	Unter den Südwänden des Hohen Dachstein	59,5	620	14	1	42/26
15	Im Gebiet der Nocken	103,5	1980	12	2	42/26
16	Durch den Triglav-Nationalpark	107	2060	18	3	42/26
17	Um das Rofangebirge	66,5	700	12	1	42/23-26
18	Die Karwendel-Rundfahrt	157,5	870	14	3	42/26
19	Um die Stubaier Alpen	223	5110	16	3	42/26-28
20	Durch die Lechtaler Alpen	104,5	1440	18	2	42/26
21	Über Bieler Höhe und Arlberg	148	2380	11	3	42/23-26
22	Um das Lechquellengebirge	108,5	2330	14	3	42/26
23	Um die Sextener Dolomiten	89	1590	14	2	42/23-26
24	Um den Monte Cristallo und zu den Drei Zinnen	65	1160	12	2	42/23
25	Die Haute Route der Dolomiten	143	3950	11	3	42/26
26	Die Sella-Runde	57	1980	11	2	42/23-26
27	Um die Königin der Dolomiten	89	2020	18	3	42/26
28	Auf steilen Wegen zum Rosengarten	61	1800	24	3	42/28-30

		Länge km	Höhendifferenz m	Höchststeigung %	Schwierigkeitsbewertung	Übersetzung
29	Über Jaufenpaß und Penser Joch	150,5	3120	12	3	42/26
30	Über Mendelkamm und Südtiroler Weinstraße	86	1160	10	2	42/23-26
31	Um die Brenta	142,5	2120	12	3	42/23-26
32	Zum König Ortler	63	1880	15	3	42/26
33	Zwischen Bernina und Ortler	170	3900	12	3	42/26
34	Über Flüela und Albulapaß	118	2310	12	3	42/26
35	Durch Bergell, Via Mala und Oberhalbstein	165	3350	13	3	42/26
36	Um den Säntis	92	1320	10	2	42/23-26
37	Zwischen Glärnisch und Clariden	129,5	2760	18	3	42/26
38	Durch die Höllenschlucht und das Tal des Zitterns	156,5	3200	10	3	42/23-26
39	Um den Dammastock	119,5	3530	11	3	42/26
40	Über den Paß der Pässe ins Wallis	102,5	3050	11	3	42/26
41	Über die Große Scheidegg	77	1420	12	2	42/26
42	In der Haute Gruyère	98,5	1230	11	2	42/23-26
43	Route des Grandes Alpes, 1. Abschnitt	160	3610	11	3	42/26
44	Route des Grandes Alpes, 2. Abschnitt	118	1940	12	3	42/23-26
45	Route des Grandes Alpes, 3. Abschnitt	70,5	2110	12	2	42/23-26
46	Route des Grandes Alpes, 4. Abschnitt	88,5	2150	12	3	42/26
47	Route des Grandes Alpes, 5. Abschnitt	140	1602	12	3	42/26
48	Der Circuit des Grandes Cols	166,5	3620	14	3	42/26
49	Um den Grand Cañon du Verdon	122	1480	14	2	42/23-26
50	Über den Mont Ventoux	57	1640	12	2	42/26

Schwierigkeitsbewertung:
1 = leicht
2 = mittelschwer
3 = schwer

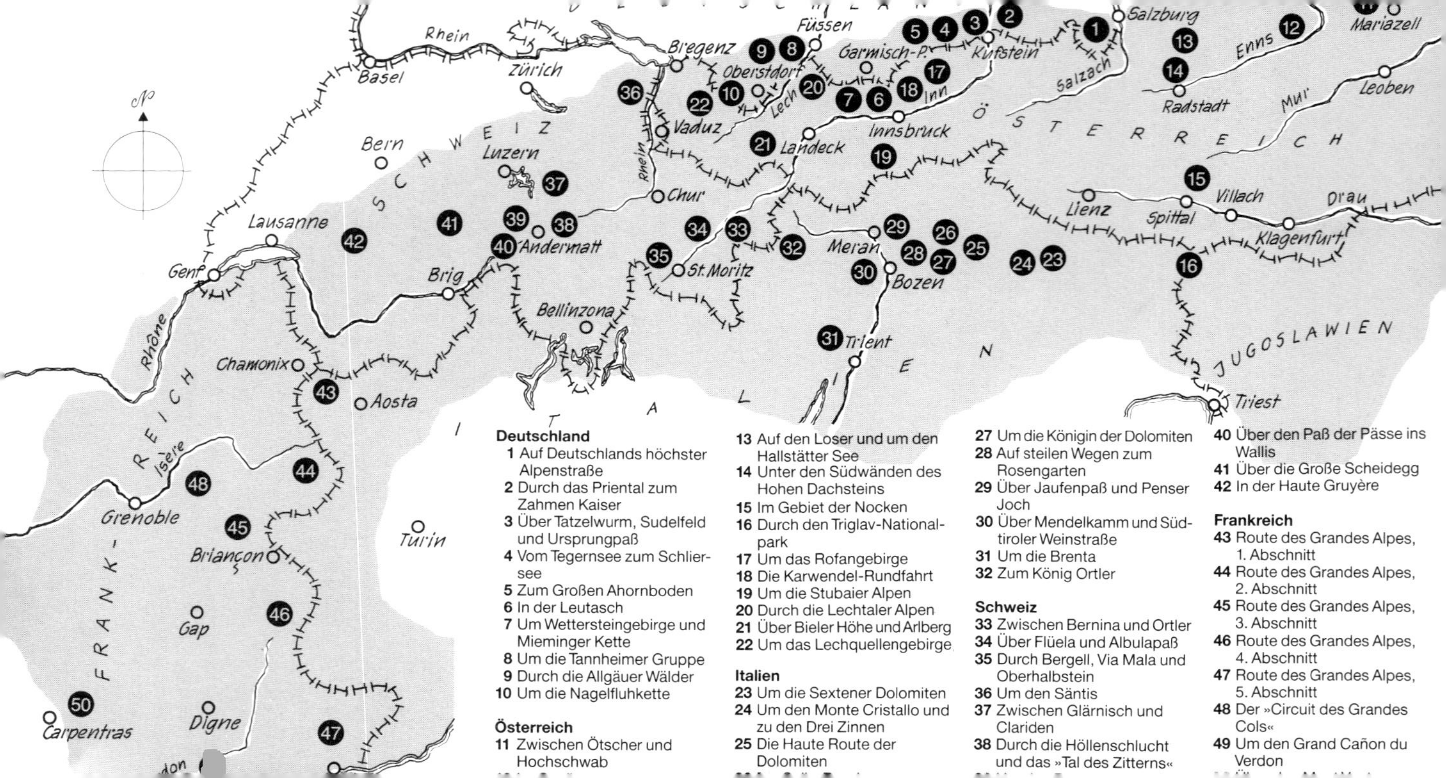

Deutschland
1 Auf Deutschlands höchster Alpenstraße
2 Durch das Priental zum Zahmen Kaiser
3 Über Tatzelwurm, Sudelfeld und Ursprungpaß
4 Vom Tegernsee zum Schliersee
5 Zum Großen Ahornboden
6 In der Leutasch
7 Um Wettersteingebirge und Mieminger Kette
8 Um die Tannheimer Gruppe
9 Durch die Allgäuer Wälder
10 Um die Nagelfluhkette

Österreich
11 Zwischen Ötscher und Hochschwab
13 Auf den Loser und um den Hallstätter See
14 Unter den Südwänden des Hohen Dachsteins
15 Im Gebiet der Nocken
16 Durch den Triglav-Nationalpark
17 Um das Rofangebirge
18 Die Karwendel-Rundfahrt
19 Um die Stubaier Alpen
20 Durch die Lechtaler Alpen
21 Über Bieler Höhe und Arlberg
22 Um das Lechquellengebirge

Italien
23 Um die Sextener Dolomiten
24 Um den Monte Cristallo und zu den Drei Zinnen
25 Die Haute Route der Dolomiten
27 Um die Königin der Dolomiten
28 Auf steilen Wegen zum Rosengarten
29 Über Jaufenpaß und Penser Joch
30 Über Mendelkamm und Südtiroler Weinstraße
31 Um die Brenta
32 Zum König Ortler

Schweiz
33 Zwischen Bernina und Ortler
34 Über Flüela und Albulapaß
35 Durch Bergell, Via Mala und Oberhalbstein
36 Um den Säntis
37 Zwischen Glärnisch und Clariden
38 Durch die Höllenschlucht und das »Tal des Zitterns«
40 Über den Paß der Pässe ins Wallis
41 Über die Große Scheidegg
42 In der Haute Gruyère

Frankreich
43 Route des Grandes Alpes, 1. Abschnitt
44 Route des Grandes Alpes, 2. Abschnitt
45 Route des Grandes Alpes, 3. Abschnitt
46 Route des Grandes Alpes, 4. Abschnitt
47 Route des Grandes Alpes, 5. Abschnitt
48 Der »Circuit des Grandes Cols«
49 Um den Grand Cañon du Verdon

Allgemeine Hinweise

Der interessierte Radsportler wird beim Studium von Beschreibungen und Landkarten des Alpenraums feststellen, daß die Planung einer Tour nicht immer einfach ist. Bei der Zusammenstellung ist eine ganze Reihe von Faktoren zu beachten. So muß etwa der Streckenumfang wegen der geringen Fahrgeschwindigkeit in den Bergen sowie aus Platz- und Gewichtsgründen für das mitzunehmende Gepäck zwangsläufig begrenzt bleiben. Vielbefahrene Straßen und Pässe sind genauso zu meiden wie etwa landschaftlich uninteressante Streckenteile. Nicht zuletzt soll auch eine Rückfahrt auf der gleichen Strecke vermieden werden. Rundtouren mit einer Streckenlänge, die eine Befahrung an einem oder zwei Tagen ermöglichen, bieten sich an. Sie gewährleisten mit einem Minimum an Gepäck eine sportliche Fahrweise, verbunden mit einer Vielzahl landschaftlicher Eindrücke.
Die in diesem Buch beschriebenen Touren stellen sicherlich nur eine Auswahl der vorhandenen Möglichkeiten dar, dennoch wird jede einzelne von ihnen den Ansprüchen des Radsportlers gerecht. Die Reihenfolge der Beschreibungen erfolgte dem Alpenverlauf entsprechend von Ost nach West. Zudem wurde eine Unterteilung in die Alpenländer Deutschland, Österreich, Italien, Schweiz und Frankreich vorgenommen.

Tips: Gerät, Ausrüstung, Fahrverhalten

Fahrrad

Alle beschriebenen Touren können mit normalen Rennrädern gefahren werden. Selbstverständlich eignen sich auch Touren- oder Rennsporträder, soweit diese über die entsprechenden Übersetzungsmöglichkeiten verfügen.
In jedem Fall sollte am Fahrrad Beleuchtung vorhanden sein. Für Rennräder sind hierbei batteriebetriebene Rücklichter und Scheinwerfer günstig, die problemlos am Sitzrohr bzw. Lenkervorbau zu befestigen sind. In schwach oder gänzlich unbeleuchteten Tunnels stellen diese Lichter einen erheblichen Sicherheitsfaktor dar. Zudem kann es durchaus vorkommen, daß eine Tour durch unvorhergesehene Zwischenfälle länger dauert als geplant und eine Fahrt in der Dämmerung nicht zu vermeiden ist.
Zu der immer wieder gestellten Frage, ob bei Fahrten in den Bergen Drahtreifen notwendig sind, kann ich nur ausführen, daß ich alle Touren mit normalen Schlauchreifen unternommen habe. Nicht ein

einziges Mal habe ich dabei Probleme mit verrutschenden Reifen bzw. verschiebenden Ventilen gehabt. Voraussetzung hierfür ist allerdings, daß die Reifen wirklich bombenfest aufgeklebt sind. Ganz Sicherheitsbewußte können den Kleber auch mit Pattex im Verhältnis 1:1 mischen.
Wichtig ist, daß in regelmäßigen Abständen und besonders vor einer größeren Tour der Zustand der Bremsen, insbesondere der Bremsgummis und Seilzüge, überprüft wird. Auch der Spannungszustand der Speichen an Vorder- und Hinterrad sollte vor jeder Tour geprüft werden. Am Hinterrad empfiehlt sich die Verwendung von Felgen mit 36 Speichen. Gerade bei Bergfahrten stehen das geringfügig erhöhte Gewicht und der erhöhte Luftwiderstand gegenüber Rädern mit weniger Speichen in keinem Verhältnis zum Sicherheitsgewinn durch größere Stabilität. Auch ist die Gefahr eines Speichenbruchs geringer. Am Vorderrad sind Felgen mit 32 Speichen durchaus ausreichend.
Auch der Zustand der Reifen ist vor jeder Tour auf Schnitte oder Risse in der Decke zu überprüfen. Abgefahrene oder beschädigte Reifen sind in jedem Fall auszuwechseln. Bei der Verwendung von Schlauchreifen sind solche mit einer Sicherheitseinlage aus Stahlgewebe, Kevlar oder ähnlichem zwischen Protektor und Karkasse empfehlenswert (beispielsweise Invulnerable oder Sp 1 von Wolber, Futur CX von Clement). Diese werden auch von Profis bei der Tour de France gefahren und mindern die Gefahr einer Reifenpanne erheblich.

Ausrüstung

Fahrten im Gebirge sind nicht mit Trainingsfahrten in der Ebene zu vergleichen. Bereits bei Tagestouren sollte deshalb auf folgende Grundausrüstung nicht verzichtet werden: 1 Paar Überschuhe, 1 lange Radhose, 1 warmer Pullover oder Trainingsjacke, 1 winddurchlässige Regenjacke, 1 Stirnband oder Mütze und 1 Paar Handschuhe. Kalten Paßabfahrten geht man so gut ausgerüstet entgegen.
Bei Zwei-Tages-Touren mit Übernachtung in Gasthöfen oder Pensionen ist diese Minimal-Ausrüstung noch um eine komplette Garnitur Unterwäsche, Socken, T-Shirt, Trikot sowie 1 Paar Turnschuhe, die notfalls auch in Pedalhaken passen, zu ergänzen. Ich habe bei meinen Fahrten alleine oder zu zweit auch in der Hauptreisesaison nie Probleme mit der Unterkunft für eine Nacht gehabt. Bei größeren Gruppen empfiehlt sich allerdings eine Voranmeldung. Prospektmaterial bzw. die Telefonnummern der örtlichen Fremdenverkehrsämter sind bei den nachfolgend aufgeführten Informationsstellen zu erhalten:

Österreichische Fremdenverkehrswerbung
Neuhauserstraße 1, 8000 München 2
Tel. 089/530360 (Mo.-Fr. 9-13 Uhr)

Staatliches Italienisches Fremdenverkehrsamt E.N.I.T.
Goethestraße 20, 8000 München 2
Tel. 089/531317 (Mo.-Fr. 9-13 Uhr und 13.30-17 Uhr)

Schweizer Verkehrsbüro
Leopoldstraße 33, 8000 München 40
Tel. 089/333018

Amtliches Französisches Verkehrsbüro
Westendstraße 47, 6000 Frankfurt 1
Tel. 069/752029

Deutscher Fremdenverkehrsverband
Niebuhrstraße 16b, 5300 Bonn 1
Tel. 0228/214071

Mit Verpflegung, einem Fotoapparat für Erinnerungs-Schnappschüsse, Werkzeug und einem kleinen Erste-Hilfe-Set sollte das Gesamtgewicht von 5 kg in keinem Fall überschritten werden. Die einfachste Lösung zur Gepäckunterbringung ist sicherlich ein Rucksack. Wem dieser zu unbequem ist, dem sei ein Gepäckträger, an dem zwei nicht zu große Packtaschen befestigt werden, empfohlen. Solche Gepäckträger speziell für Rennräder werden von der Zubehör-Industrie in zunehmendem Maße angeboten (zum Beispiel Blackburn, Esge, Velta, Karimor und andere). Beim Kauf ist darauf zu achten, daß sie aus Stabilitätsgründen dreifach verstrebt sind. Sie werden mit zwei Laschen oberhalb des Bremssteges um die Sitzstreben und mit einer speziellen Verschraubung im dreieckigen Auge der hinteren Ausfallenden angebracht. Dies garantiert eine einfache und schnelle Montage.
Neben Reifenpannen sind Speichenrisse die häufigsten Defekte. Bei Drahtreifen sollte man neben Flickzeug einen Reserveschlauch dabei haben. Bei Schlauchreifen sind in jedem Fall zwei Reservereifen mitzuführen. Speichen können mittels Klebeband an der Luftpumpe oder am Sitzrohr befestigt werden. Ein Nippelspanner paßt noch in jede Reifentasche, desgleichen hat auch ein Zahnkranzabzieher, ohne den ein Speichenwechsel auf der Zahnkranzseite des Hinterrades unmöglich ist, dort noch Platz. Empfehlenswert sind hier spezielle Zahnkranzabzieher, wie etwa der »Libero« von Velotech, die eine Abnahme des Zahnkranzes ohne zusätzliches Werkzeug ermöglichen. Hierdurch kann die umständliche Fragerei an Tankstellen oder bei hilfsbereiten Autofahrern nach dem entsprechenden Schraubenschlüssel entfallen. Ein Schraubenzieher, zwei

oder drei Inbus- oder Schraubenschlüssel, Ersatzzüge für Bremsen oder Schaltung reichen für provisorische Reparaturen oder die Behebung kleinerer Defekte aus. Bei größeren Schäden muß man ohnehin eine Werkstatt ansteuern.

Fahrverhalten

Prägen Sie sich vor jeder Tour Streckenverlauf und Schwierigkeiten gut ein, und beginnen Sie Anstiege lieber zu langsam als zu schnell. Lassen Sie sich in keinem Fall von schnelleren Fahrern von der für Sie richtigen Geschwindigkeit abbringen. Verwenden Sie gerade bei längeren Fahrten und mit Gepäck lieber einen größeren Gang als einen zu kleinen, um am Ende der Tour noch Reserven zu haben.

Halten Sie öfter an, und nehmen Sie immer wieder etwas Nahrung zu sich. Sie beugen so dem gefürchteten »Hungerast« vor. Spezielle Müsliriegel oder Energiebarren, aber auch Schokolade oder Bananen belasten für die Weiterfahrt nicht allzusehr. Wichtig ist auch die Flüssigkeitszufuhr. Mineralhaltige Getränke sind zwar sehr hilfreich, können aber fehlendes Training in keinem Fall ersetzen.

Nehmen Sie sich vor und nach Abfahrten genügend Zeit zum Kleiderwechsel, und prüfen Sie auch immer, ob Ihr Gepäck noch fest verstaut ist. Bei der Abfahrt sind zuerst die Pedalriemen zu lockern. Bedenken Sie auch, daß sich bei Abfahrten mit Gepäck das Kurven- und Bremsverhalten des Fahrrads ändert. Schlaglöcher und Steine auf der Fahrbahn können nicht nur verbogene Felgen und gerissene Speichen, sondern sogar einen Sturz zur Folge haben.

Verlorene Zeit auf Abfahrten wieder gutmachen zu wollen, ist sicherlich der falsche Weg. Versuchen Sie deshalb bei Abfahrten, die Geschwindigkeit möglichst herabzusetzen. Den Oberkörper dabei so weit wie möglich aufrichten, um durch den Luftwiderstand zusätzliche Bremswirkung zu erzielen.

Während bei Bergfahrten in Österreich Kühe auf der Fahrbahn recht gut und frühzeitig auszumachen sind, geht in Italien und Frankreich die größere Gefahr von Hunden aus, die plötzlich vor das Rad laufen können. Beide Hände stets griffbereit am Lenker halten.

Besonders belastet werden bei Abfahrten die Nackenmuskeln und die Handgelenke. Halten Sie öfters an, um diese zu entlasten. Prüfen Sie bei dieser Gelegenheit auch gleich den Sitz des Ventils am Vorderrad. Wenn es sich verschoben hat, drehen Sie das Rad einfach um.

Und noch etwas sollten Sie beachten: Tragen Sie bei jeder Tour einen Sturzring, besser noch einen Sturzhelm.

Erläuterung zu den Kurzangaben

Strecke
Die Angabe der wichtigsten Orts- und Paßnamen soll als Groborientierung dienen.

Charakter
Neben der Angabe der Höchststeigung erfolgt eine Unterteilung in die Schwierigkeitsgrade »leicht«, »mittelschwer« und »schwer«. Dabei ist zu beachten, daß eine Einteilung der Schwierigkeitsgrade alleine aufgrund objektiver Merkmale wie etwa Streckenlänge, Höhendifferenz oder Höchststeigung nicht möglich ist. Zu berücksichtigen ist in erster Linie, welche Anforderungen die Tour von ihrer Gesamtcharakteristik an die Kondition des Fahrers stellt. So kann auch eine als »leicht« bezeichnete Tour durchaus kurze Steigungsstrecken bis 18% beinhalten, wenn danach weder von der Streckenlänge noch von den Steigungsstrecken Schwierigkeiten zu erwarten sind.

Leichte Radtour: Es werden weder aufgrund der Streckenlänge noch der zu bewältigenden Höhenunterschiede besondere Anforderungen an die Kondition gestellt. Längere flachere Abschnitte überwiegen. Die reine Fahrzeit überschreitet 3–4 Stunden nicht. Leichte Radtouren sind im Alpenraum sehr selten und sollten auch nicht gänzlich unvorbereitet in Angriff genommen werden.

Mittelschwere Radtour: Ihre Befahrung setzt bereits eine gewisse Grundkondition und Vorbereitung voraus. Steigungen von 10% und darüber sind auch über längere Streckenabschnitte zu bewältigen. Die reine Fahrzeit überschreitet in der Regel 4 Stunden, wobei Höhenunterschiede bis zu 2000 Höhenmeter zu bewältigen sind. Mittelschwere Radtouren sind der Regelfall im Alpenraum. Sie sind hervorragend als Training für schwere Radtouren geeignet.

Schwere Radtour: Ausgezeichnete Kondition und ein spezielles Training sind für ein gutes Gelingen unabdingbare Voraussetzungen. Höhenunterschiede von deutlich über 2000 Höhenmeter oder außergewöhnlich starke Steigungen über längere Strecken sind innerhalb einer Etappe zu bewältigen. Mindestens 2000 Trainingskilometer, erprobtes Material und entsprechende Erfahrung sollten für die Bewältigung schwerer Radtouren selbstverständliche Voraussetzungen sein.

Zeit
Bei der ersten der beiden genannten Zeitangaben handelt es sich um die von mir benötigte reine Fahrzeit. Diese kann von konditions-

starken Fahrern sicherlich unterboten werden. Gefahren wurde mit einem Rennrad und Gepäck, dessen Gewicht auch bei Zwei-Tages-Touren nicht mehr als 5 kg betrug. Pausen sind in dieser Zeitangabe nicht enthalten. Als Faustregel empfiehlt es sich, für reine Fahrzeiten bis zu 3 Stunden mindestens ½ Stunde an Pausen für Nahrungsaufnahme, Kartenstudium oder Kleiderwechsel hinzuzurechnen. Die zweite Zeitangabe ist ein Wert, der auch von Tourenfahrern mit 15 und mehr kg Gepäck erreicht werden kann. Pausen wurden jedoch auch hier nicht berücksichtigt. Die beiden Zeitangaben sind als Richtwerte zu sehen, innerhalb derer die Bewältigung der Tour jedermann möglich sein müßte.

Länge
Sie gibt die Streckenlänge vom Ausgangs- bis zum Endpunkt an. Es handelt sich hierbei nicht um eine reine Berechnung anhand von Karten, sondern um die von mir mittels eines Fahrradtachos tatsächlich gemessene Strecke. Sie kann deshalb geringfügig von offiziellen Kilometerangaben abweichen.

Höhendifferenz
Sie wurde aufgrund offizieller Angaben in Karten und Führern errechnet. Kleinere Anstiege und Abfahrten ohne wesentliche Höhenunterschiede zwischen zwei Berechnungspunkten konnten dabei nicht berücksichtigt werden.

Übersetzung
Die Angaben beziehen sich auf die von mir gefahrene kleinste Übersetzung. So bedeutet zum Beispiel 42/26, daß ich zur Bewältigung der Tour neben dem 42er Kettenblatt vorne als größtes Ritzel hinten eines mit 26 Zähnen benötigte. Sind zwei Ritzelangaben vermerkt, so sollte das zweite in jedem Fall vorhanden sein. Gerade bei längeren Touren mit Gepäck ist immer mit einem Nachlassen der Kräfte zu rechnen. Zudem erscheint mir die Verwendung einer kleineren Übersetzung nicht immer sinnvoll. So benötigte ich beispielsweise für die Südseite des Galibier mit einer Übersetzung von 42/23 1 Stunde. Als ich die gleiche Tour zwei Tage später mit einer Übersetzung 42/26 fuhr, war ich 15 Minuten schneller. Verwenden Sie deshalb gerade bei längeren Touren lieber eine größere Übersetzung, und lassen Sie sich in keinem Fall von den von Profis gefahrenen Übersetzungen beeinflussen, da diese für Sie kein Maßstab sein können. Im Regelfall reicht eine Übersetzung mit der Abstufung 13-15-18-21-23-26 aus. Für schwere Touren und mit Gepäck empfiehlt sich die Abstufung 14-17-20-23-26-28. Die Verwendung von Dreifach-Kettenblättern, wie sie etwa in Frankreich auch an reinen Rennrädern sehr verbreitet sind, ist nur für konditionsschwächere

Fahrer, die auch mit einem 28er Ritzel nicht mehr zurechtkommen, notwendig.

Ausgangspunkt

Neben der Ortsangabe ist die Höhenangabe vermerkt. Da es sich, mit Ausnahme der Route des Grandes Alpes, ausschließlich um Rundtouren handelt, ist der Ausgangspunkt immer mit dem Endpunkt identisch.

Paßöffnungszeiten

Hier wurden eventuell bestehende Wintersperren von Straßen oder Alpenpässen angegeben. Zu beachten ist jedoch, daß Verschiebungen der Paßöffnungszeiten oder tagelange Straßensperren aus witterungsbedingten Gründen jederzeit möglich sind. Deshalb vor Fahrtantritt Auskünfte über die Befahrbarkeit der Alpenstraßen bei den jeweiligen Informationsdiensten einholen.

Deutschland	ADAC	Tel. 089/505061
Österreich	ÖAMTC	Salzburg, Tel. (0043)66/220501/0 oder Innsbruck, Tel. (0043) 5222/44521
Italien	ACI	Bozen, Tel. (0039) 471/30004
Schweiz	ACS	Bern, Tel. (0041) 31/224722 oder
	TCS	Genf, Tel. (0041) 22/366000

Karte

Für die Planung und Durchführung der beschriebenen Touren sind Karten mit einem Maßstab bis zu 1:250000 am geeignetsten. In Verbindung mit den Streckenbeschreibungen und den -skizzen in diesem Buch gewährleisten sie nicht nur einen umfassenden Überblick über die Tour, sondern auch ein sicheres Auffinden der Strecke. Empfehlenswert sind etwa für Deutschland, Österreich, Italien und die Schweiz die Generalkarte, Mairs Geographischer Verlag, Maßstab 1:200000, und für Frankreich die Carte Topographique des Institut Geographique National, Maßstab 1:250000. Karten mit einem größeren Maßstab haben zwar den Vorteil, noch mehr über die landschaftlichen Eindrücke zu informieren, dafür sind jedoch für jede Tour eine eigene, meist sogar mehrere Karten notwendig. Alternativ wurden deshalb zusätzlich für Deutschland, Österreich und Italien Karten mit einem Maßstab von 1:50000 von KOMPASS, für die Schweiz die Landeskarte der Schweiz Maßstab 1:100000 und für Frankreich die Carte Topographique des Institut Geographique National im Maßstab 1:100000 angegeben.

Deutschland

UNION

1 Auf Deutschlands höchster Alpenstraße

Südbayern

Strecke Berchtesgaden – Unterau – Oberau – Hennenköpfl/Roßfeld – Mautstelle Süd/Ofnerboden – Hinterbrand – Berchtesgaden

Charakter Mittelschwere Radtour mit maximal 14% Steigung im Berchtesgadener Land

Zeit 2½–3½ Stunden

Länge 34,5 km

Höhendifferenz 1050 m

Übersetzung 42/26

Ausgangspunkt Berchtesgaden (572 m)

Karte Generalkarte 1:200000, Deutschland, Blatt 26; KOMPASS Wanderkarte 1:50000, Blatt 14

Paßöffnungszeiten Ganzjährig befahrbar

Streckenbeschreibung Am südöstlichen Ende Oberbayerns, im Berchtesgadener Land, liegt Deutschlands höchste Alpenstraße, die Roßfeld-Höhenringstraße. Mit ihrer Höhe von nicht einmal 1550 m nimmt sie sich im Vergleich zu anderen Alpenstraßen zwar eher bescheiden aus. Dennoch sollte man ihre Schwierigkeit nicht unterschätzen, auch wenn man die Auffahrt, wie hier beschrieben, über die »leichtere« Nordseite unternimmt. Den Watzmann im Rükken radelt man von Berchtesgaden (km 0,0) Richtung Marktschellenberg auf ebener Straße bis Unterau (km 3,5). Unmittelbar nach dem Ortsschild folgt man der Beschilderung »Roßfeld-Höhenringstraße«, und sofort beginnt die Straße mit 14% anzusteigen. Dies bleibt so bis kurz vor Oberau (km 5,5), während zurückweichender Wald den Blick nach Westen auf die Bergstöcke von Watzmann, Hochkalter und auf die Reiter Alpe freigibt. Die im Ort auf 8% zurückgehende Steigung gibt kaum Gelegenheit zur Erholung, denn bereits am Ortsende nimmt die Steigung wieder auf 12% zu. Im Norden erhebt sich das langgestreckte Massiv des sagenumwobenen Untersbergs, einem der höhlenreichsten Gebirgsstöcke der Ostalpen, und bis zur Mautstelle Nord/Pechhäusl (km 10,5) wird die Steigung nur von kurzen flacheren Stücken unterbrochen. Auch nach der Mautstelle führt die Straße an den bewaldeten Hängen des Kainzenkopfs mit einer ständigen Steigung zwischen 10 und 13% nach oben. Erst bei der Roßfeldalm (km 13,0) geht sowohl der Wald als auch die Steigung zurück. In Fahrtrichtung werden die mächtigen Wandfluchten des Hohen Göll sichtbar, zwei Kehren bringen durch Almmatten zum Parkplatz Roßfeld-Skihütte (km 13,5), und auch bis zum Parkplatz Hennenköpfl (km 14,5), dem höchsten Punkt

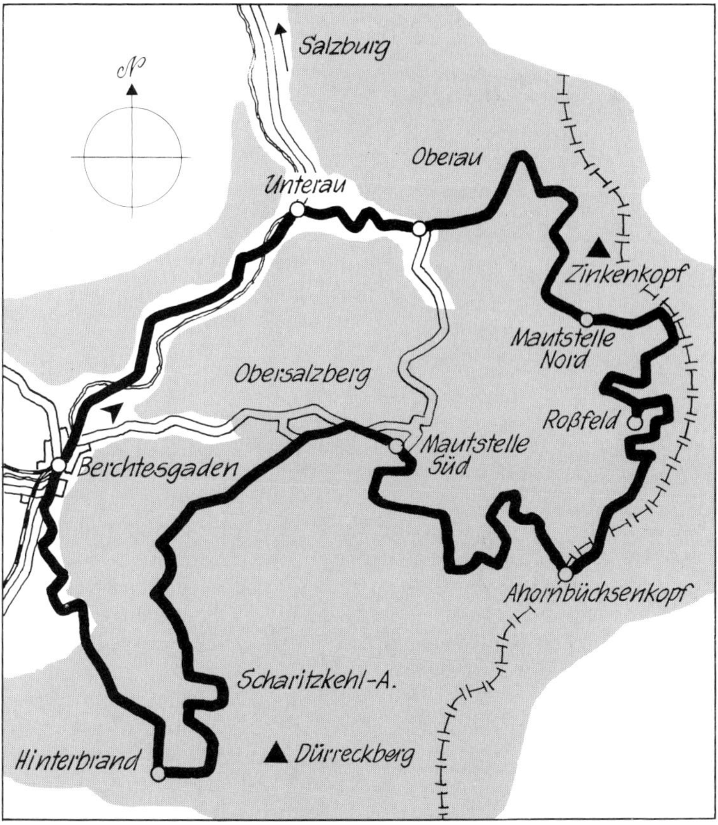
Salzburg
N
Oberau
Unterau
Zinkenkopf
Mautstelle Nord
Obersalzberg
Roßfeld
Mautstelle Süd
Berchtesgaden
Ahornbüchsenkopf
Scharitzkehl-A.
Hinterbrand
Dürreckberg

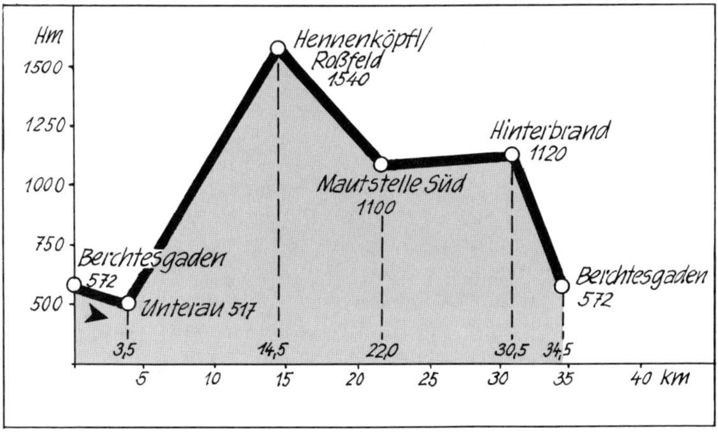
Hm
1500
1250
1000
750
500
Hennenköpfl/ Roßfeld 1540
Hinterbrand 1120
Mautstelle Süd 1100
Berchtesgaden 572
Unterau 517
Berchtesgaden 572
3,5
14,5
22,0
30,5
34,5
5
10
15
20
25
30
35
40 km

der Straße, nimmt die Steigung nur noch einmal kurz auf 13% zu. Eben radelt man nun auf der Grathöhe des Hahnenkamms und wechselt dabei sogar ohne Grenzkontrolle kurz auf österreichisches Gebiet über. Weit reicht der Blick nach Süden und Osten über die Wiesen und bewaldeten Hügel des Salzburger Landes, durch das sich das schmale Band der Salzach zieht, die beim Paß Lueg das Gebirge verläßt. Dem Verlauf der Lammer, die bei Golling in die Salzach mündet, folgend, sind die Schneefelder des Dachsteins zu erkennen, während sich im Westen die Tafelberge der Reiter Alpe und des Lattengebirges hinter Berchtesgaden erheben. Beim Ahornbüchsenkopf (km 16,0) fällt die Straße über eine Kehrengruppe mit 13% wieder ab. An den bewaldeten Hängen des Kehlsteins, einem dem Hohen Göll vorgelagerten Bergrücken, geht das Gefälle etwas zurück, und kurz darauf ist die Mautstelle Süd/Ofnerboden (km 22,0) erreicht. Wer es eilig hat, kann nun bis Berchtesgaden weiter abfahren, besser ist es jedoch, den Rückweg über die unmittelbar nach der Mautstelle nach links abzweigende Dürreckstraße anzutreten. Über die Hügellandschaft des Obersalzbergs, vorbei am riesigen Gebäudekomplex des Platterhofs (km 23,5), der von den Amerikanern zum Hotel General Walker umgebaut wurde, wechseln Anstiege bis 8% mit längeren ebenen Stücken und einer leichten Abfahrt auf den reichgegliederten Bergstock des Watzmanns mit seinen drei Hauptgipfeln und mehreren Nebengipfeln zu, ab. Deutlich ist über dem Watzmannkar der Watzmanngletscher zu erkennen, während die berühmte Watzmann-Ostwand und auch der Königssee den Blicken verborgen bleiben. Dafür erheben sich über dem grünen Talboden der Scharitzkehlalm (km 27,5) die abweisenden glatten Wände des Hohen Göll mit den markanten Spitzen der Pflughörndl, über eine Kehre nimmt die Steigung nochmals kurz auf 10% zu, geht aber unter den schrofigen Wänden des Dürreckbergs bis Hinterbrand (km 30,5) wieder auf 6% zurück. Auf der Vorderbrandstraße fährt man über zwei enge Kehren, am Alpengasthof Vorderbrand (km 31,0) vorbei, in den Hainzengraben ab. Im Vordergrund, an den Hängen des Kehlsteins, ist deutlich die zum Kehlsteinhaus führende Straße zu erkennen, die jedoch ausschließlich von Autobussen der Bundespost befahren werden darf und selbst für Radler gesperrt ist. Noch einmal gibt die Abfahrt den Blick vom Watzmann über Reiter Alpe und Lattengebirge bis zum Untersberg frei, bevor die im Tal sichtbaren Häuser von Berchtesgaden (km 34,5) auf teilweise mit bis zu 23% abfallender Straße rasch erreicht sind.
Hinweis: Wird die Auffahrt zur Roßfeld-Höhenringstraße in umgekehrter Richtung über die Südstrecke begonnen, ist zwischen Berchtesgaden und Obersalzberg auf einer Länge von mehr als 2 km eine durchgehende Steigung von 24% zu überwinden.

2 Durch das Priental zum Zahmen Kaiser

Südbayern/Nordtirol

Strecke Frasdorf - Aschau - Sachrang - Wildbichlpaß - Gasthof Sebi - Niederndorf - Erl - Zollamt Windshausen - Nußdorf - Törwang - Achenmühle - Frasdorf

Charakter Leichte Radtour mit maximal 12% Steigung in den Chiemgauer Bergen

Zeit 2¼-3 Stunden

Länge 54 km

Höhendifferenz 390 m

Übersetzung 42/23

Ausgangspunkt Frasdorf (598 m)

Karte Generalkarte 1:200000, Deutschland, Blatt 26; KOMPASS Wanderkarte 1:50000, Blatt 10, 8 und 9

Paßöffnungszeiten Ganzjährig befahrbar

Streckenbeschreibung Frasdorf (km 0,0), unmittelbar an der Autobahn München-Salzburg gelegen, bietet sich als Ausgangspunkt für diese Umfahrung der westlichen Chiemgauer Alpen, einem kleinen, selbständigen Berggebiet zwischen Inntal und Priental, an. Mit Blick auf den zerklüfteten Felskamm der Kampenwand und die sich anschließenden Felsköpfe der Scheibenwand und der Sonnwendwand wird Aschau (km 3,0), der Hauptort des Prientales, auf meist leicht abfallender Straße erreicht. Im Ort überquert man die Prien, die hier die Berge verläßt und in das Alpenvorland eintritt, und am Ortsende sieht man bereits Hohenaschau, überragt vom Schloß, liegen. Die am Ortsausgang auf 10% ansteigende Straße geht nach etwa 500 m auf 6-8% zurück und fällt dann bis Außerwald leicht ab. Das Zellerhorn, von dessen Hängen ein Wasserfall herabstäubt, die steile felsige Zellerwand, der Heuraffelkopf und der Predigtstuhl, von dessen Hängen ein weiterer Wasserfall bei der Pension Wasserfall (km 9,0) herabschießt, begleiten den Radler zur Rechten, während die linke Talseite von den schrofigen Felsen der Überhängenden Wand begrenzt wird. Beim Weiler Hainbach, unter den bewaldeten Hängen der Aschentaler Wände und der Mühlhornwand, über denen die Spitzen des Geigelsteins und des Breitensteins emporragen, beginnt die Straße mäßig anzusteigen. Dem kurvigen Verlauf der Prien folgend, diese mehrmals überquerend, nimmt die Steigung bis Sachrang (km 15,0) inmitten eines weiten Talkessels zu Füßen des Spitzsteins dabei kaum einmal bis auf 6% zu. Hinter Sachrang, auf leicht abfallender Straße, taucht unvermittelt nach einer Kurve das gesamte Massiv des Zahmen Kaisers, mit dem Heu-

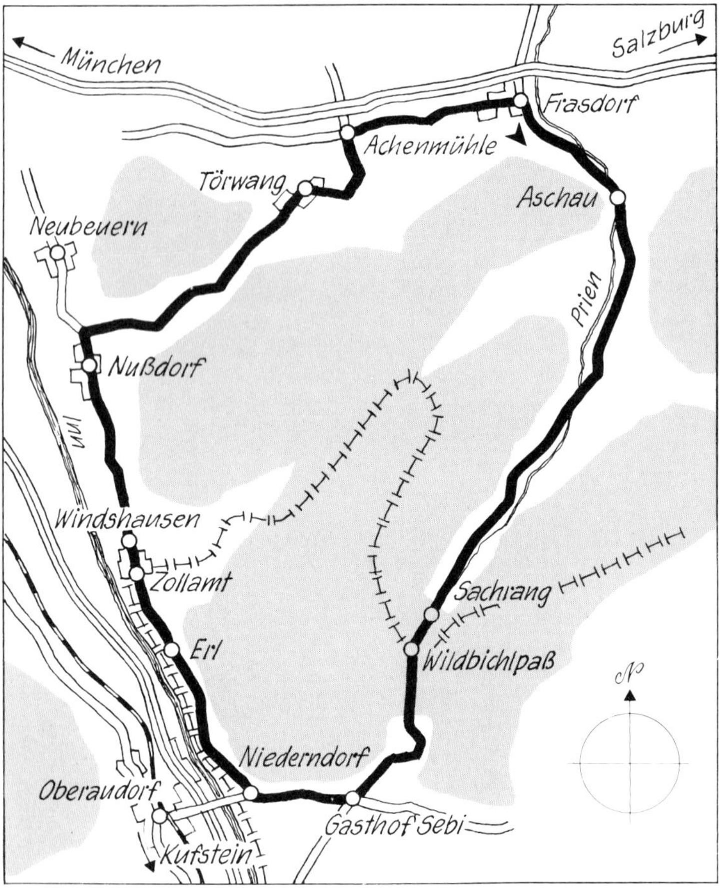
München
Salzburg
Frasdorf
Achenmühle
Törwang
Aschau
Neubeuern
Prien
Nußdorf
Inn
Windshausen
Zollamt
Sachrang
Erl
Wildbichlpaß
Niederndorf
Oberaudorf
Gasthof Sebi
Kufstein

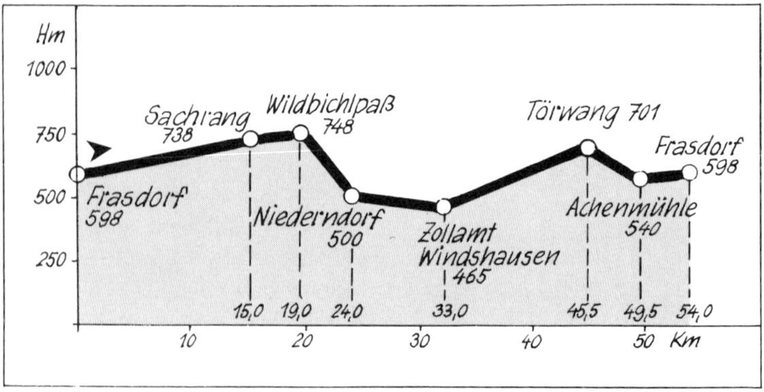
Hm
1000
750
500
250
Sachrang 738
Wildbichlpaß 748
Törwang 701
Frasdorf 598
Frasdorf 598
Niederndorf 500
Zollamt Windshausen 465
Achenmühle 540
15,0
19,0
24,0
33,0
45,5
49,5
54,0
10
20
30
40
50
Km

berg als östlichem und der Naunspitze als westlichem Eckpfeiler, auf. Beim Zollamt Sachrang (km 16,5) überfährt man die bayerisch-österreichische Landesgrenze, die Straße wird etwas schmäler und steigt an den bewaldeten Hängen über dem Ritzgraben kaum merklich zum nicht beschilderten Wildbichlpaß (km 19,0) an. Der zurückweichende Wald gibt weite Blicke hinunter auf das Inntal frei, bevor die nun wieder breit ausgebaute Straße zuerst noch mäßig, dann bis 9% abfällt. Kurven und Kehren bringen den Radler dabei den von schneebedeckten Karen und Rinnen durchzogenen Wänden des hier gar nicht »zahm« wirkenden Zahmen Kaisers mit der Pyramidenspitze als höchster Erhebung näher. Aus den sich westlich von Kufstein erhebenden Bergen des Mangfallgebirges sind vor allem die markanten Formen des Pendling und Brünnsteins zu erkennen. Am Gasthof Sebi (km 22,5) vorbei rollt es im breiten Inntal auf flacher, teilweise leicht abfallender Straße durch Niederndorf (km 24,0) hindurch, bis kurz vor das Zollamt Niederndorf (km 25,5), wo die Straße Richtung Erl abzweigt. Die zuerst noch flach am träge dahinfließenden Inn entlangführende Trasse täuscht, denn bis zum Ortsende von Erl (km 29,5), am Passionsspielhaus vorbei, sind im hügeligen Gelände des Erler Bergs immer wieder kurze 10%ige Anstiege und Abfahrten zu überwinden. Der bewaldete, behäbige Bergrücken des Wildbarren und Jochsteins über dem Inntal im Westen und der Kranzberg über Erl sind dabei die beherrschenden Berggestalten. Der Grenzübertritt in den Freistaat Bayern vollzieht sich zuerst beim Zollamt Erl-Schweigen (km 32,5), vorbei an der Kreuzkirche unter den Felsen des Heubergs mit der Höllwand, und dem unmittelbar darauf folgenden Zollamt Windshausen (km 33,0). Nach Sonnhart steigt die Straße auf 8% bis Labach (km 34,5) an, geht kurz zurück, um dann nochmals auf eine Länge von 500 m auf 10% anzusteigen. Ein Schild deutet die nachfolgende Abfahrt mit Gefälle bis 13% an, die nach Nußdorf (km 37,0) bringt, wobei die Berge um den Wendelstein weit im Westen bleiben. Hinter dem Ort beginnt mit der Richtung Törwang/Grainbach abzweigenden Straße (km 39,0) der Aufstieg zum Samerberg. Der steilsten Stelle der Auffahrt, einem kurzen 12%igen Aufschwung gleich am Beginn, folgt eine fast durchgehende Steigung mit 10% bis Schadhub (km 41,0), bevor die Steigung auf 6–8% bis Roßholzen (km 42,0) zurückgeht. In dem weiten, von Wäldern und Wiesen bedeckten Hochtal unter der Hochries wechseln bis Törwang (km 45,5) Abfahrten und Anstiege, die jedoch nur an einer Stelle nochmals kurz 10% erreichen, miteinander ab. Am Ort vorbei fällt die Straße dann endgültig kurven- und kehrenreich mit Gefälle bis 10% bis Achenmühle (km 49,5) ab. Auf einem leidlich guten Radweg, der zuerst durch den Mischwald rechts der Straße, dann diese überquerend entlang der Autobahn führt, gelangt man ohne Schwierigkeiten zum Ausgangspunkt (km 54,0) zurück.

3 Über Tatzelwurm, Sudelfeld und Ursprungpaß

Südbayern/Nordtirol

Strecke Brannenburg - Tatzelwurm/Parkplatz - Sudelfeldsattel - Bayrischzell - Ursprungpaß - Landl - Thiersee - Kufstein - Zollamt Kiefersfelden - Oberaudorf - Brannenburg

Charakter Leichte Radtour mit maximal 18% Steigung in den Schlierseer Bergen

Zeit 3-4 Stunden

Länge 63,5 km

Höhendifferenz 680 m

Übersetzung 42/26

Ausgangspunkt Brannenburg (472 m)

Karte Generalkarte 1:200000, Deutschland, Blatt 26; KOMPASS Wanderkarte 1:50000, Blatt 8 und 9

Paßöffnungszeiten Ganzjährig befahrbar

Streckenbeschreibung Man verläßt Brannenburg (km 0,0), der Beschilderung Bayrischzell/Tatzelwurm folgend, auf mäßig ansteigender Straße. An der Talstation der Wendelstein-Zahnradbahn vorbei verwehrt die bewaldete Hochsalwand den Blick auf den Gipfel. Nach Überfahren der Mautstelle nimmt die Steigung zu, ein Schild zeigt den Beginn einer 18%igen Passage an, die kurz darauf auf eine Länge von 800 m aus dem Sattel zwingt, bevor ein 100 m langer, unbeleuchteter Felstunnel das Ende dieser Steigungsstrecke signalisiert. Am Förchenbach entlang schlängelt sich die Straße mit Steigungen, die 8% kaum einmal erreichen, durch dichten Nadelwald zum Parkplatz Tatzelwurm (km 8,0). An der Abzweigung zum Tatzelwurm, einer Klamm mit Wasserfällen, wo der Sage nach früher einmal ein Drache gehaust haben soll, vorbei, nimmt die Steigung wieder zu. Eine Kehrenstrecke mit Steigungen bis 12% eröffnet Ausblicke auf die Berghänge über dem Sudelfeld, wo vor allem die steil abfallende felsige Nordostwand des Kleinen Traithen einen fast hochalpinen Eindruck vermittelt. Der Überwindung der Kehrenstrekke folgt eine kurze Abfahrt, bevor die Straße nochmals bis 10% zum Sudelfeldsattel (km 16,0) ansteigt. Die folgende Abfahrt mit Gefälle bis 11% und vier Kehren nach Bayrischzell (km 20,0), mit Sicht auf das Ursprung- und Leitzachtal, dahinter die Berge der Rotwandgruppe, ist rasch überwunden. Am Fuße des Wendelsteins biegt man, der Beschilderung Kufstein/Thiersee folgend, in das Ursprungtal, das als Verlängerung des Leitzachtales hier seinen »Ursprung« hat, ein. Zwischen der Rotwand- und der Sonnwendjoch-

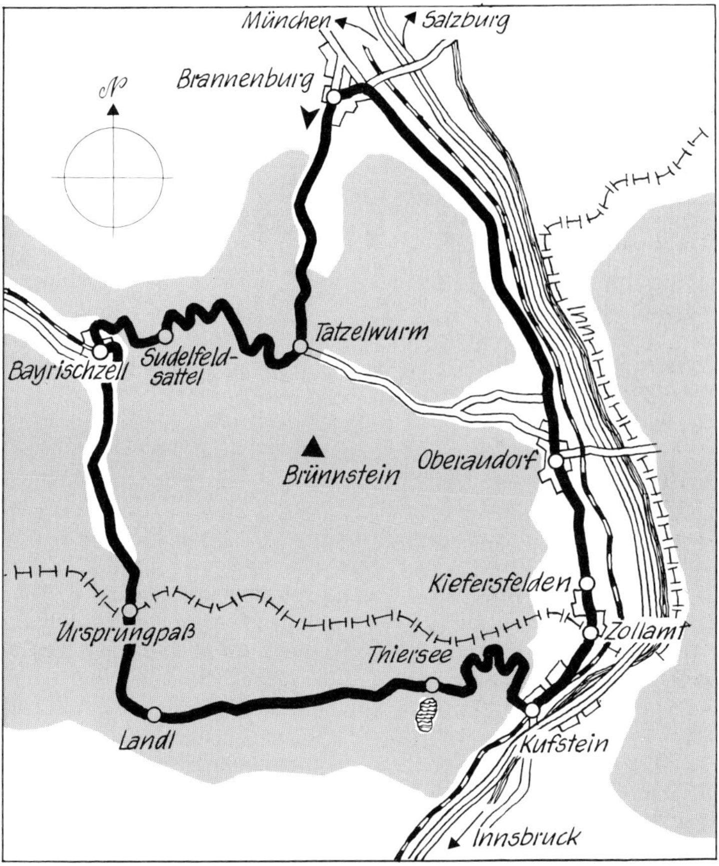
München
Salzburg
Brannenburg
Bayrischzell
Sudelfeld-
sattel
Tatzelwurm
Brünnstein
Oberaudorf
Inn
Kiefersfelden
Ursprungpaß
Zollamt
Thiersee
Landl
Kufstein
Innsbruck

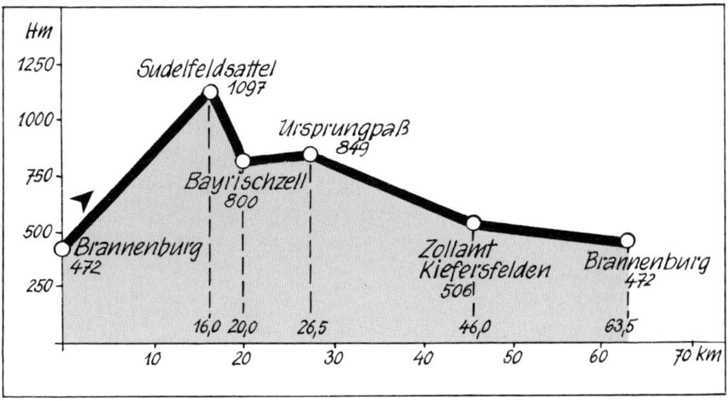
Hm
1250
1000
750
500
250
Sudelfeldsattel
1097
Ursprungpaß
849
Bayrischzell
800
Brannenburg
472
Zollamt
Kiefersfelden
506
Brannenburg
472
16,0
20,0
26,5
46,0
63,5
10
20
30
40
50
60
70 km

gruppe zur Rechten und den dicht bewaldeten Hängen des Kleinen und Großen Traithen zur Linken rollt es auf ebener Straße am Gasthaus Zipflwirt und der Bäckeralm vorbei zum Ursprungpaß (km 26,5). Nach dem Zollamt Bayrischzell wird man vom österreichischen Bundesland Tirol mit einer bis Landl (km 30,5) meist leicht abfallenden Straße empfangen, die jedoch bald nach dem Ort wieder leicht anzusteigen beginnt, bevor man sich nach einer Kurve unvermittelt dem Ortsschild von Thiersee (km 37,5) gegenüber sieht. Durch den Ort, vorbei am gleichnamigen See, über den sich die kühne Spitze des Pendling erhebt, steigt die Straße an. Einer kurzen Abfahrt nach dem Ortsende folgt ein nochmaliger leichter Anstieg, der beim Rasthaus Blick zum Kaiser (km 40,5) endet. Eine noch schönere Aussicht auf den Wilden Kaiser bietet jedoch ein Parkplatz auf der nachfolgenden Abfahrt nach Kufstein (km 43,0). Völlig frei liegt die Grenzstadt da, bewacht von der Festung Geroldseck mit ihrem mächtigen Rundturm, dahinter die gewaltigen Wände des Kaisergebirges. Unter der Inntalautobahn hindurch wendet man sich nicht sofort nach links, sondern folgt dem nächsten Abzweiger Richtung Kiefersfelden/Hechtsee. Am gemächlich dahinfließenden Inn entlang überfährt man beim Zollamt Kiefersfelden (km 46,0) wieder die bayerisch-österreichische Landesgrenze und erreicht mit Kiefersfelden den südlichsten Ort im bayerischen Inntal. Kurvenreich windet sich die in diesem Abschnitt leider vielbefahrene Bundesstraße 15 durch Oberaudorf (km 50,5) nach Niederaudorf (km 53,0). Auf ständig leicht ansteigender und abfallender Straße erwarten den Radler zwischen dem als »Kaiserblick-Berg« bekannten Brünnstein im Westen und den östlich des Inntals aufragenden Gipfeln von Heuberg und Kranzhorn keine großen Schwierigkeiten mehr. Über Fischbach (km 59,5) und Flintsbach (km 61,0), einem der ältesten Orte Oberbayerns, ist der Ausgangspunkt (km 63,5) bald erreicht, wenn nicht der tückische Erler Wind, der meist am Nachmittag das Inntal einwärts bläst, das Vorwärtskommen erschwert.

4 Vom Tegernsee zum Schliersee

Südbayern

Strecke Gmund am Tegernsee - Tegernsee - Rottach-Egern - Brennerklamm - Spitzingsattel - Abzweigung B 307 - Aurach - Fischbachau - Wörnsmühl - Bracher - Hausham - Gmund am Tegernsee

Charakter Leichte Radtour mit maximal 14% Steigung durch das Mangfallgebirge

Zeit 2½-3½ Stunden

Länge 60,5 km

Höhendifferenz 560 m

Übersetzung 42/23-26

Ausgangspunkt Gmund am Tegernsee (740 m)

Karte Generalkarte 1:200000, Deutschland, Blatt 26; KOMPASS Wanderkarte 1:50000, Blatt 8

Paßöffnungszeiten Da die Valepp zwischen Brennerklamm und Spitzingsee nach Schneefällen nicht regelmäßig geräumt wird, ist die Strecke je nach Schneelage meist erst ab Anfang April befahrbar

Streckenbeschreibung Nach Gmund am Tegernsee (km 0,0) radelt man, manchmal nur wenige Meter vom Wasser entfernt, am östlichen Ufer des am stärksten besiedelten Sees Oberbayerns entlang. Entsprechend stark ist das Verkehrsaufkommen, und so ist man froh, bis Tegernsee (km 3,5) einen Radweg benutzen zu können, den man in diesem Fall gerne mit den Spaziergängern teilt. Waren es bisher vor allem der markante Hirschberg und kurz auch die felsigen Höhenrücken der Kampen über dem südwestlichen Ende des Sees, ist es nun der mächtige Wallberg, der sich aus den bewaldeten Hügeln, die den See umgeben, hervorhebt. Am Strandbad und Herzoglich Bayerischen Brauhaus Tegernsee vorbei steigt die Straße kurz auf 6% an und fällt dann bis Rottach-Egern (km 8,0) wieder ab. Unmittelbar nach dem Ortsanfang zweigt eine Straße links Richtung Sutten/Valepp ab. Unter der Nordseite des Wallbergs entlang verlieren sich die letzten Häuser des Ortes bald im Hintergrund. Unmittelbar nach der Mautstelle bei Enterrottach (km 12,5) beginnt die Straße durch den dichten Mischwald an den Hängen der Bodenschneid mit 13% anzusteigen. Die Rottach bleibt unten zurück, aber bereits nach knapp 1 km ist dieses Steigungsstück überwunden, und man radelt kurz darauf wieder auf gleicher Höhe mit dem Bach. Nochmals nimmt die Steigung auf 13% zu, bis sie bei der Talstation der Sutten-Seilbahn (km 15,5), die das Skigebiet um den Stümpfling erschließt, endet. Bei der Monialm gibt zurückweichender Wald auf der rechten Talseite den Blick auf die felsdurchsetzten Nordhänge von Plankenstein und Risserkogel frei, und nochmals steigt die Straße auf einer Länge von 500 m mit 8-10%

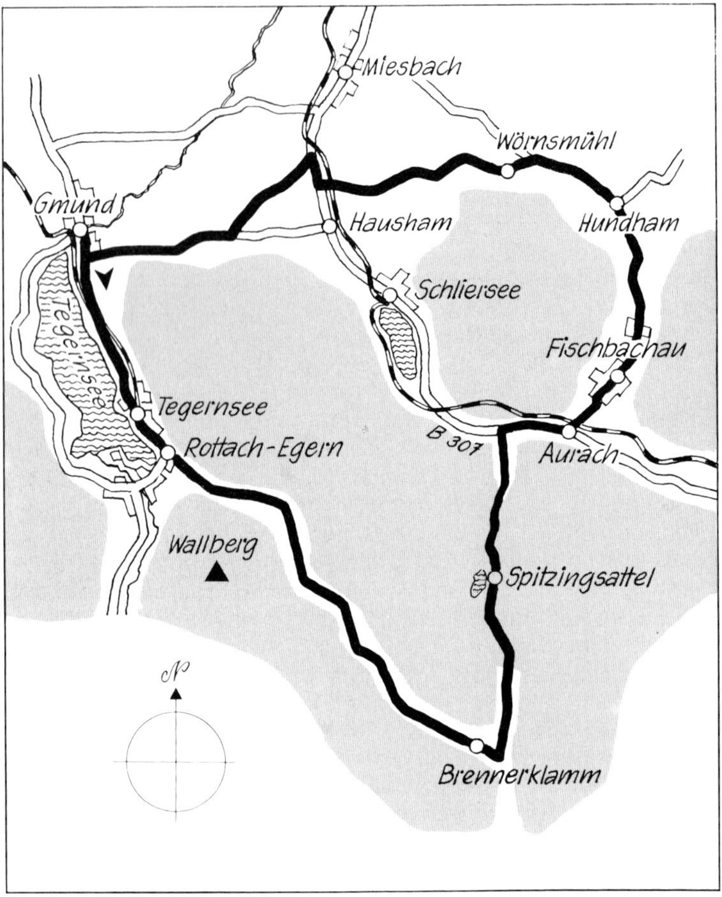
Miesbach
Wörnsmühl
Gmund
Hausham
Hundham
Schliersee
Tegernsee
Fischbachau
Tegernsee
Rottach-Egern
B 307
Aurach
Wallberg
Spitzingsattel
N
Brennerklamm

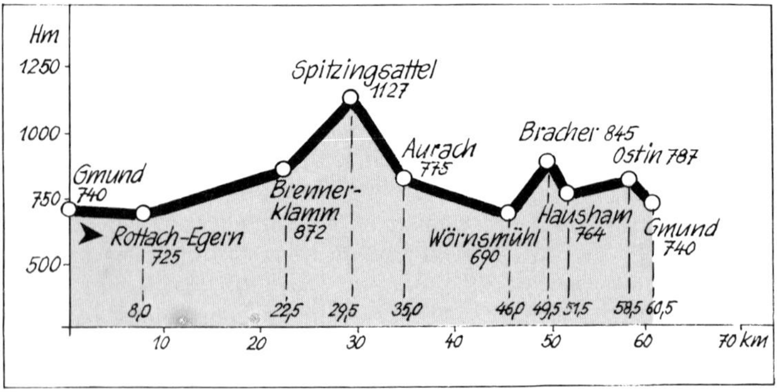
Hm
1250
1000
750
500
Spitzingsattel 1127
Gmund 740
Brenner-klamm 872
Aurach 775
Bracher 845
Ostin 787
Rottach-Egern 725
Wörnsmühl 690
Hausham 764
Gmund 740
8,0
22,5
29,5
35,0
46,0
49,5
51,5
58,5
60,5
10
20
30
40
50
60
70 km

an. Kurze unbefestigte Straßenstücke behindern dabei nicht allzusehr, und an der Weißen Valepp entlang folgt eine lange Abfahrt mit mäßigem Gefälle auf holpriger Straße, die keine höheren Geschwindigkeiten zuläßt, bis zur Brennerklamm (km 22,5). Hier, am Zusammenfluß der Weißen und Roten Valepp, fährt man, sich an der Straßengabelung links haltend, in die Valepp ein. Völlig unbehelligt von Autos - das Tal ist für den öffentlichen Durchgangsverkehr gesperrt - radelt man auf anfangs kaum merklich ansteigender Straße an der Roten Valepp entlang, bevor die Steigung bei der Waitzingeralm (km 25,0) zunimmt. Über kurze Steigungen bis 12%, meist jedoch weit darunter, die schrofige Südseite der Brecherspitz voraus, ist an der Mautstelle bei der Ortschaft Spitzingsee (km 28,0) diese Radfahreridylle leider viel zu schnell wieder zu Ende. Nach einem 100 m langen Tunnel am Ortsende, vorbei an der Talstation der Taubensteinbahn, steigt die Straße über dem östlichen Seeufer bis 8% zum Spitzingsattel (km 29,5), dem höchsten Punkt dieser Tour, an. Weit reicht der Blick von hier nach Norden über den dunkelblauen Schliersee mit der gleichnamigen Ortschaft am Nordende bis ins Hinterland. Die kurvenarme Abfahrt auf gut ausgebauter Straße mit Gefälle bis 14% zwischen den Hängen des Jägerkamps und Hagenbergs zur Rechten und den Schuttreißen der Brecherspitz zur Linken zwingt erst bei der Einmündung in die Bundesstraße 307 (km 33,0) zum Abbremsen. Anstatt direkt über den Schliersee die Rückfahrt anzutreten, sollte man dem landschaftlich schöneren und verkehrsärmeren Umweg über das Leitzachtal den Vorzug geben. Direkt auf den Wendelstein und seine Nachbargipfel Schweinsberg und Breitenstein zu rollt es auf völlig ebener Straße bis Aurach (km 35,0). Über Fischbachau (km 38,5) und Elbach (km 41,0), fast ständig durch kleinere Ortschaften und Weiler inmitten einer reizvollen Voralpenlandschaft, sind bis Wörnsmühl (km 46,0) kleinere Anstiege und Abfahrten zu bewältigen. Kein Hinweisschild deutet an, daß man beim Gasthof Gschwendtner in den etwas abseits der Straße liegenden Ort einfahren muß, durch den eine Straße direkt nach Hausham führt. Die im Ortsteil Eben einsetzende 14%ige Steigung hält glücklicherweise nur kurz an, aber dennoch sind bis zu einer Anhöhe bei Bracher (km 49,5) immer wieder Aufschwünge mit Steigungen bis 12% zu überwinden, bevor die Straße mit Gefälle bis 10% bis Hausham (km 51,5) abfällt. In der sich unmittelbar anschließenden Ortschaft Agatharied überquert man die Schlierach und folgt der Beschilderung Tegernsee. Entlang der nördlichen Ausläufer der Schlierseer Berge erwarten uns dann keine Schwierigkeiten mehr. Nach einem mäßigen Ansteigen fällt die Straße bis Ostin (km 58,5) ab, und nach einem kurzen Gegenanstieg nähert man sich auch schon dem Ausgangspunkt Tegernsee (km 60,5), den man auf abfallender Strecke erreicht.

5 Zum Großen Ahornboden

Südbayern/Nordtirol

Strecke Lenggries - Anger - Winkl - Fall - Vorderriß - Großer Ahornboden - Vorderriß - Wallgau - Einsiedl - Jachenau - Lenggries

Charakter Mittelschwere Radtour mit maximal 9% Steigung im Isarwinkel

Zeit 4½-6½ Stunden

Länge 121,5 km

Höhendifferenz 600 m

Übersetzung 42/21-23

Ausgangspunkt Lenggries (679 m)

Karte Generalkarte 1:200000, Deutschland, Blatt 26 und 25; KOMPASS Wanderkarte 1:50000, Blatt 8, 6 und 26

Paßöffnungszeiten Bis zum Herzoglichen Alpengasthof im Rißbachtal ganzjährig befahrbar; die Weiterfahrt zum Großen Ahornboden ist abhängig von der Schneelage und meist erst nach Ostern möglich

Streckenbeschreibung Lenggries (km 0,0), einer der Hauptorte des Isarwinkels, jenes Gebiets nördlich der Isar zwischen Bad Tölz und der Tiroler Grenze, im Südwesten und Westen begrenzt vom Werdenfelser Land, Kochel- und Walchensee, wird über den Ortsteil Anger verlassen. Nach Winkl (km 5,0) erkennt man rückblickend im Nordwesten die felsige Südseite der Benediktenwand, während mäßige Anstiege und Abfahrten den Radler meist auf Höhe der Isar halten. Nach Überqueren des Flusses (km 12,5) bringt der erste kürzere Anstieg mit 8% Steigung zum Sylvensteinstausee. Über die Faller Klammbrücke, die sich elegant über den See spannt, wird der neu erbaute Ort Fall (km 15,5) erreicht; das alte Fall, durch Ludwig Ganghofers Romane berühmt geworden, ist längst in den Fluten verschwunden. Unter den bewaldeten Hängen des Karwendel-Vorgebirges, am linken Ufer des Sees entlang, warten erst am Seeende, an der Einmündung der Isar, bis zum Weiler Vorderriß (km 23,5) mäßige Anstiege und Abfahrten. Die kleine Brücke über die Isar, die über eine Mautstraße rasch nach Wallgau bringen würde, läßt man fürs erste noch unbeachtet und fährt dafür in das Rißbachtal ein. Das bayerische Zollamt (km 24,0) ist rasch erreicht, und in Fahrtrichtung verstellt der breite, fast bis oben hin bewaldete Vorderkopf noch den Blick auf die Karwendelkette. Am breiten, steinigen Bachbett, in dem sich der Rißbach als kleines Rinnsal seinen Weg sucht, nachdem sein Wasser unmittelbar an der Landesgrenze ausgeleitet und durch einen unterirdischen Stollen zum Walchensee geführt wurde, steigt die Straße meist mäßig an. Die eigentliche Landesgrenze (km 28,5) wird überfahren, und Tirol empfängt den Radler mit einer etwas schmäler und leider auch schlechter werdenden

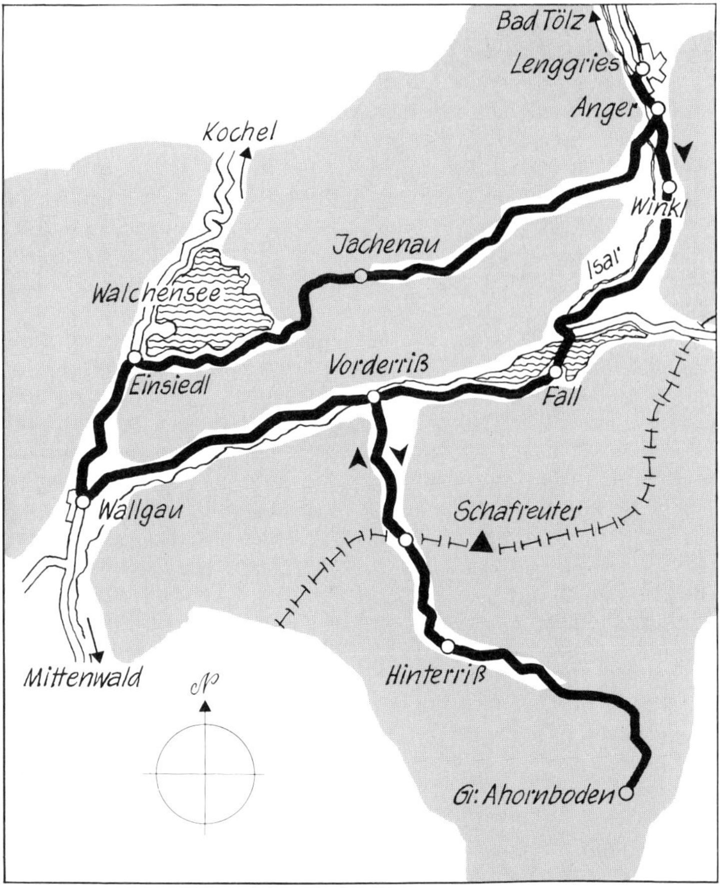
Bad Tölz
Lenggries
Anger
Kochel
Winkl
Isar
Jachenau
Walchensee
Einsiedl
Vorderriß
Fall
Wallgau
Schafreuter
Mittenwald
Hinterriß
N
Gr. Ahornboden

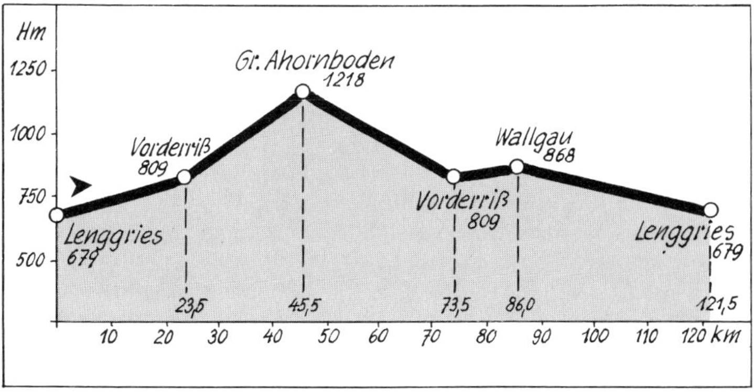
Hm
1250
1000
750
500
Gr. Ahornboden
1218
Vorderriß
809
Wallgau
868
Vorderriß
809
Lenggries
679
Lenggries
679
23,5
45,5
73,5
86,0
121,5
10 20 30 40 50 60 70 80 90 100 110 120 km

Straße. Auch weiterhin ist es kaum einmal nötig, den kleineren Zahnkranz zu benutzen. Der Rißbach verwandelt sich wieder in einen munter schäumenden Wildbach, und die Berge um die Östliche Karwendelspitze werden sichtbar. Eine überdachte Holzbrücke mit Wasserrillen erfordert etwas Vorsicht, und am Vorderskopf vorbei wird die Sicht auf die Karwendelberge immer prachtvoller. Östliche Karwendelspitze und Grabenkarspitze ragen über dem Zollamt Hinterriß (km 34,0) auf, und weit voraus sind schon die das Tal begrenzenden Wände der Bettelkarspitze und Schaufelspitze sichtbar. Beim Herzoglichen Alpengasthof (km 36,0) überfährt man die Mautstelle, und die Straße wird besser. Am Eingang ins Johannestal vorbei überrascht der Blick auf die Felsmauern über dem Kleinen Ahornboden, während im Vordergrund die Gipfel von Risser Falk und Laliderer Falk aufragen. Die leichten Steigungen halten nun etwas länger an, dafür aber auch die immer wieder folgenden Abfahrten, bevor ein längerer 6%iger Anstieg zum Beginn des Großen Ahornbodens führt, den man leicht abfahrend bis zum Alpengasthof Eng (km 45,5) erreicht. Von West nach Ost verstellen Dreizinken-, Grubenkar-, Platten- und Eiskarlspitze jeden Weiterweg, während Gamsjoch und Sonnjoch die seitliche Talbegrenzung bilden. Die Rückfahrt bietet keinerlei Probleme, und auch für die Überwindung der kurzen Gegenanstiege reicht meist der Schwung der vorherigen Abfahrt aus. Wieder in Vorderriß, überquert man diesmal die Isarbrücke (km 73,5) und folgt der Mautstraße, die an der Isar entlang nach Wallgau führt. Weit voraus zeigen sich bald die Wände des Wettersteinmassivs, und bis zur Mautstelle bei Wallgau (km 86,0) lösen kurze Anstiege bis 9% ebensolche Abfahrten ab. Ein weiter Blick reicht nochmals über die Ortschaften des Werdenfelser Landes bis zu den Ketten des Karwendel- und Wettersteingebirges, bevor man dem kleinen Hinweisschild an einer Stadelwand Richtung Kochel am See folgt. Am südlichen Ufer des größten und auch schönsten deutschen Gebirgssees, dessen Nordspitze von den bewaldeten steilen Abhängen von Herzogstand und Jochberg eingezwängt wird, rollt es auf flacher Straße bis zum östlichen See-Ende (km 100,0). Über mehrere kleine Treppen tost der Rißbach in den See, eine kleine Steinbrücke wird überquert, und nur noch kürzere Anstiege und Abfahrten trennen von der Ortschaft Jachenau (km 104,0). Schwierigkeiten erwarten den Radler in der Jachenau, wie das ruhige, von Waldbergen umgebene Tal der Jachen, das den einzigen natürlichen Walchenseeabfluß bildet, genannt wird, nicht. Nach mehr als 100 km in den Beinen wird man jedoch froh sein, endlich am Talende die Abzweigung Lenggries/Bad Tölz (km 119,0) erreicht zu haben. Auf der linken Straßenseite kann man kurz einen Radweg benutzen, bevor man über Anger wieder nach Lenggries (km 121,5) zurückkehrt.

6 In der Leutasch

Südbayern/Nordtirol

Strecke Mittenwald - Zollamt Leutasch - Leutasch-Gasse - Buchensattel - Bairbach - Möserner Sattel - Seefeld - Leutasch-Gasse - Zollamt Leutasch - Mittenwald

Charakter Leichte Radtour mit maximal 14% Steigung zwischen Wetterstein und Karwendel

Zeit 2½-3½ Stunden

Länge 49 km

Höhendifferenz 600 m

Übersetzung 42/23-26

Ausgangspunkt Mittenwald (913 m)

Karte Generalkarte 1:200000, Österreich, Blatt 8; KOMPASS Wanderkarte 1:50000, Blatt 5

Paßöffnungszeiten Ganzjährig befahrbar

Streckenbeschreibung Zwischen den gewaltigen Wänden der vorderen Karwendelkette, mit der Westlichen Karwendelspitze als höchster Erhebung und dem Großen Wetterstein, wie die Untere und Obere Wettersteinspitze auch genannt werden, liegt Mittenwald (km 0,0), einer der Hauptorte des Werdenfelser Landes. Weltberühmt wurde der Ort, dessen Name sich von »Media Silva«, was soviel wie »in der Mitte des Waldes« bedeutet, ableitet, durch seinen Geigenbau. Wer ohnehin beabsichtigt, nur die »Kleine Leutascher Runde« unter die Räder zu nehmen, sollte sich ruhig etwas Zeit für die Sehenswürdigkeiten des Ortes nehmen. Das Pilgerhaus mit seiner barocken Kapelle, das Klotz-Denkmal, das an Mathias Klotz, den Begründer des Geigenbauhandwerks erinnert, das alte Rathaus und die hervorragend erhaltenen Freskomalereien aus dem 18. Jahrhundert an zahlreichen Häusern sind nur einige von ihnen. Dann aber beginnt kurz vor dem Ortsende, der Beschilderung Leutasch folgend, wieder der Ernst des Fahrradlerlebens. Mit Steigungen bis zu 10% verläuft die Straße in die Leutaschklamm, die das höher gelegene Leutaschtal mit dem tieferen Isartal verbindet. Über eine Kehre entschwindet der Ort, und bald darauf zeigt ein Schild, daß man nun in die Republik Österreich einfährt. Durch das dicht bewaldete Tal zwängt sich die schmale Straße über die Leutascher Ache zum Zollamt Leutasch (km 3,0). Bereits bei Erledigung der unvermeidlichen Grenzformalitäten fällt der Blick auf die markanten Erhebungen der Wettersteinspitzen, des Öfelekopfs und der Gehrenspitze auf der rechten Talseite. Das Eldorado für Skilangläufer präsentiert sich mit einer zwar schmalen, dafür aber ebenen Straße bis zum Ortsteil Unterkirchen (km 4,5). Auf einer Länge von

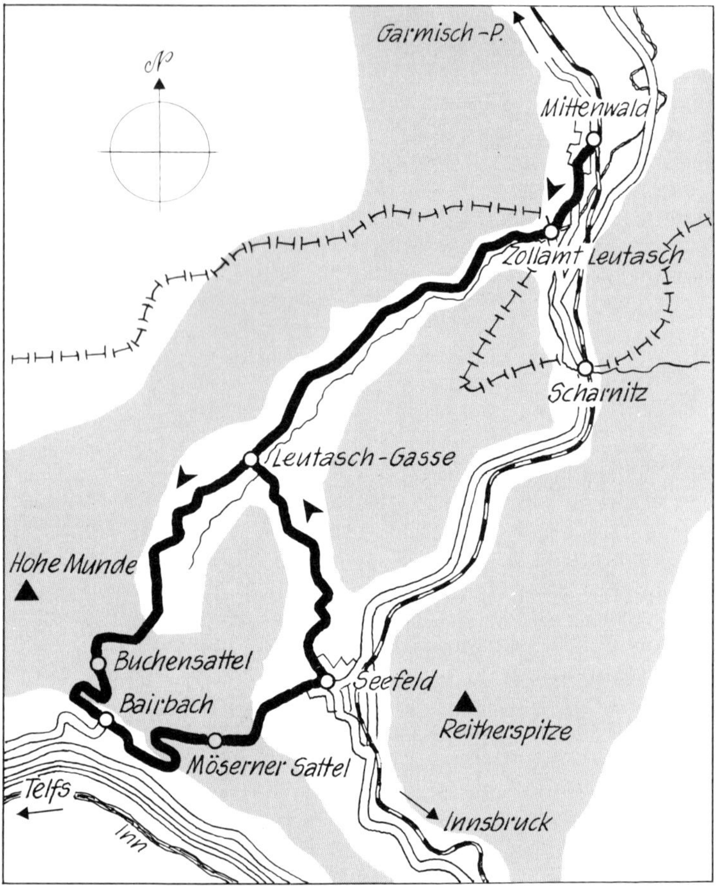
Garmisch-P.
N
Mittenwald
Zollamt Leutasch
Scharnitz
Leutasch-Gasse
Hohe Munde
Buchensattel
Bairbach
Seefeld
Reitherspitze
Möserner Sattel
Telfs
Inn
Innsbruck

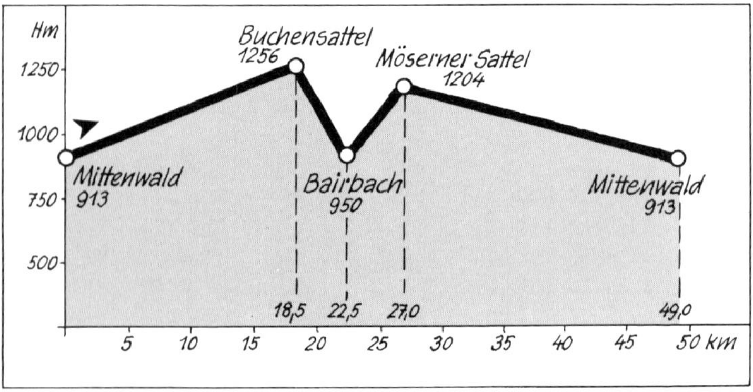
Hm
1250
1000
750
500
Buchensattel
1256
Möserner Sattel
1204
Mittenwald
913
Bairbach
950
Mittenwald
913
18,5
22,5
27,0
49,0
5
10
15
20
25
30
35
40
45
50 km

fast 1 km ziehen sich die Häuser am Fuße der Wettersteinspitzen bis zum Ortsende. An verwitterten Holzhütten vorbei rollt es bis zum Ortsteil Ahrn (km 10,0). Das Tal weitet sich noch etwas, und im Vordergrund ist die Hohe Munde, der bereits zu den Mieminger Bergen zählende »Hausberg« von Leutasch, zu erkennen. Im Ortsteil Gasse (km 12,0), unmittelbar am Fuße der dicht bewaldeten Gehrenspitze, folgt man der Beschilderung Telfs/Buchen. Bis zu den Bergen um das Sellrain-Gebiet, den nördlichen Ausläufern der Stubaier Alpen, reicht der Blick, bevor man auf der zweimal scharf abbiegenden Straße den Ortsteil Kirchplatzl (km 13,0) erreicht. Durch lichten Lärchenwald wird über eine schmale Brücke die Leutascher Ache überquert, im Ortsteil Aue/Platzl die Beschilderung Telfs/Buchen nicht übersehen und der Ortsteil Ostbach (km 14,5) durchfahren. Die ohnehin schmale Straße verengt sich bei der Abzweigung zum Hohe-Munde-Lift (km 16,0) nochmals, und durch einen kleinen Hohlweg beginnt der Anstieg zum Buchensattel. Mit 8–10% steigt das enge, holprige Sträßchen durch Nadelwald an, wobei kurz auch 14% erreicht werden. Der Sattel selbst ist nicht beschildert, aber das Interalpen-Hotel (km 18,5) läßt das Ende der Steigungsstrecke erkennen. Unter den steilen Felsabbrüchen der Südostseite der Hohen Munde eröffnet eine Kehre den Blick auf das tief unten liegende Obere Inntal, in das die nun wieder gut ausgebaute Straße kurven- und kehrenreich mit Gefälle bis 10% abfällt. Das Ortsschild von Bairbach (km 22,5) stoppt die rasante Abfahrt, und auf 10% ansteigender Straße wird der Rückweg in Angriff genommen. Kurvenreich windet sich die Strecke durch den Mühltalwald bei nicht nachlassender Steigung aufwärts. Tief unten entschwindet der Inn, vorne tauchen wieder die Felsabstürze der Hohen Munde auf, bevor in der Ortsmitte von Mösern (km 26,0) die Steigung kurz etwas zurückgeht. Aufatmen kann man jedoch erst kurz nach dem Ortsende, wo es jenseits des nicht beschilderten Möserner Sattels (km 27,0) wieder abwärts rollt. Seefeld, Austragungsort zweier Olympischer Winterspiele (km 29,0), wird an seinem westlichen Ortsrand durchfahren. Auf meist leicht fallender Straße, unterbrochen von einigen ebenen Stücken und kurzen Anstiegen, rückt bald wieder die mächtige Gehrenspitze ins Blickfeld, bevor die Straße endgültig bis Leutasch-Weidach (km 35,5) abfällt. Im Ortsteil Gasse (km 37,0) verläßt man das Leutaschtal in entgegengesetzter Richtung, die Berghänge des Wettersteinmassivs nunmehr zur Linken und den Arnspitzstock zur Rechten. Die Abfahrt durch die Leutaschklamm erfordert zwar keine Kondition mehr, dafür aber eine vorsichtige Fahrweise, bevor man in Mittenwald (km 49,0) den Tag vielleicht mit einer Fahrt mit der Großkabinenseilbahn, die den Höhenunterschied von über 1200 m auf die Westliche Karwendelspitze in nur 6 Minuten überwindet, beschließt.

7 Um Wettersteingebirge und Mieminger Kette

Südbayern/Nordtirol

Strecke Garmisch-Partenkirchen - Klais - Schmalenseehöhe - Mittenwald - Zollamt Leutasch - Buchensattel - Telfs - Obsteig - Holzleithensattel - Nassereith - Fernpaß - Biberwier - Ehrwald - Zollamt Griesen - Garmisch-Partenkirchen

Charakter Mittelschwere Radtour mit maximal 14% Steigung um den höchsten Berg Deutschlands

Zeit 5-6½ Stunden

Länge 105,5 km

Höhendifferenz 1460 m

Übersetzung 42/23-26

Ausgangspunkt Garmisch-Partenkirchen (708 m)

Karte Generalkarte 1:200000, Österreich, Blatt 8; KOMPASS Wanderkarte 1:50000, Blatt 5

Paßöffnungszeiten Ganzjährig befahrbar

Streckenbeschreibung Man beginnt die Tour am besten im Ortsteil Partenkirchen (km 0,0) des Doppelorts Garmisch-Partenkirchen. An der Olympiaschanze vorbei zieht die Bundesstraße 2 über einige Kurven und Kehren mit Steigungen bis 10% bis km 4,5 aufwärts. Leichte Abfahrten und Anstiege bis Klais (km 11,0), wo man froh ist, die vielbefahrene Trasse endlich verlassen zu können, eröffnen erste Blicke auf das Karwendelgebirge, und über weitere kurze leichte Anstiege und Abfahrten wird inmitten einer typisch oberbayerischen Berglandschaft die Schmalenseehöhe (km 13,5) erreicht. Einer kurzen Abfahrt mit Gefälle bis 10% am kleinen Schmalensee vorbei folgt ein nochmaliger kurzer Anstieg, bevor die Straße endgültig kurvenreich mit Gefälle bis 10% nach Mittenwald (km 16,0) abfällt. Im Ort begeistern im Vorbeifahren vor allem die mit Freskomalereien verzierten Häuser entlang der Hauptstraße, dennoch darf vor dem Ortsende die Abzweigung nach Leutasch nicht übersehen werden. Gegenüber der steilen Nordwestflanke der Westlichen Karwendelspitze überwindet die auf 10% ansteigende Straße die dicht bewaldete, enge Leutaschklamm, bevor beim Zollamt Leutasch (km 21,0) wieder ein kurzer Halt eingelegt werden muß. Die Leutasch, ein langgestrecktes Hochgebirgstal, bietet den Radlern eine fast völlig ebene Straße, unter den markanten Felspyramiden der Wettersteinspitzen, des Öfelekopfs und der Gehrenspitze zur Rechten und den schrofigen, bewaldeten Hängen des Arnspitzstocks zur Linken rollt es vorbei an den weit auseinandergezogenen Häusern der Ortsteile Unterkirchen (km 23,0) und Ahrn (km 28,0) bis Leutasch-Gasse (km 30,0). Für die Weiterfahrt ist die im Vordergrund

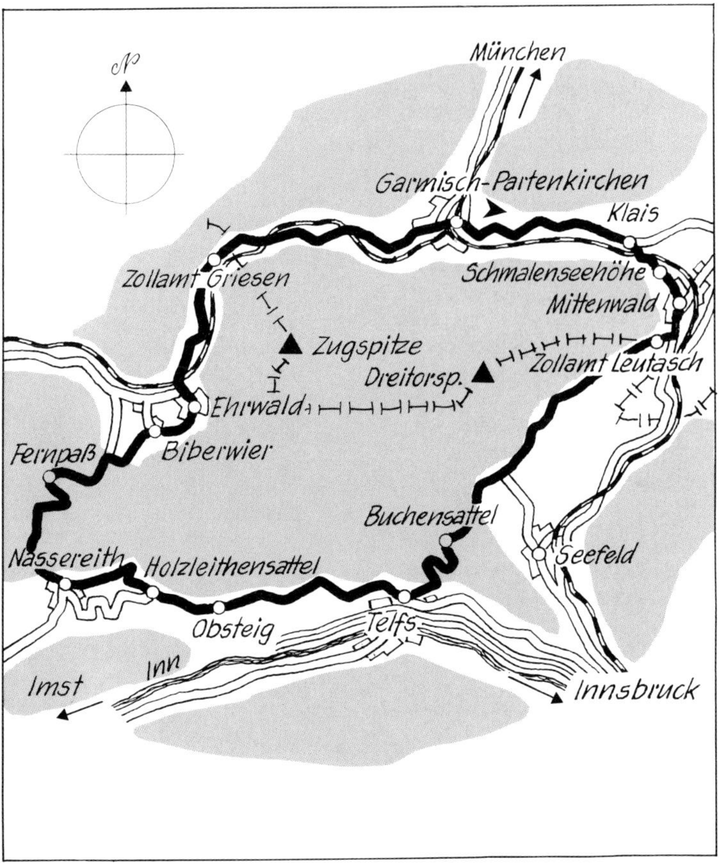
München
Garmisch-Partenkirchen
Klais
Schmalenseehöhe
Mittenwald
Zollamt Griesen
Zugspitze
Dreitorsp.
Zollamt Leutasch
Ehrwald
Biberwier
Fernpaß
Buchensattel
Seefeld
Nassereith
Holzleithensattel
Obsteig
Telfs
Inn
Imst
Innsbruck

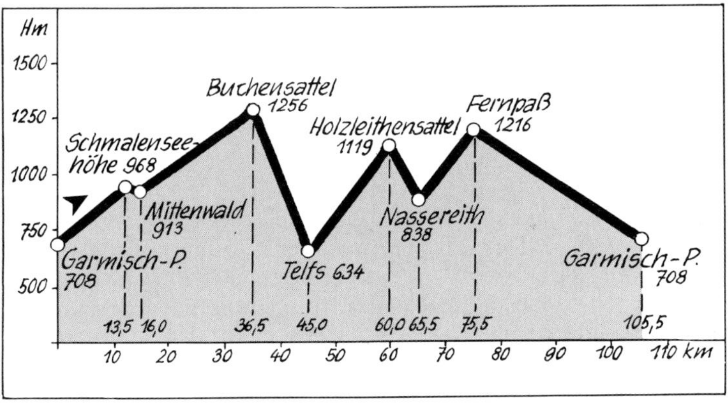
Hm
1500
1250
1000
750
500
Garmisch-P. 708
Schmalensee-höhe 968
Mittenwald 913
Buchensattel 1256
Telfs 634
Holzleithensattel 1119
Nassereith 838
Fernpaß 1216
Garmisch-P. 708
13,5
16,0
36,5
45,0
60,0
65,5
75,5
105,5
10 20 30 40 50 60 70 80 90 100 110 km

aufragende Hohe Munde zwar ein Anhaltspunkt, sicherer ist es jedoch, immer der Beschilderung Telfs/Buchen zu folgen. Über teilweise enge Straßen werden die Ortsteile Kirchplatzl (km 31,0), Aue/Platzl und Ostbach (km 33,0) durchfahren, bevor sich die Straße an der Abzweigung zum Hohe-Munde-Lift vorbei zu einem kleinen Hohlweg verengt. Durch dichten Lärchenwald steigt das enge, holprige Sträßchen zwischen 8 und 10%, kurz auch 14%, zum Interalpen-Hotel auf dem nicht beschilderten Buchensattel (km 36,5) an, bevor man kurven- und kehrenreich auf der nun wieder breit ausgebauten Straße mit Gefälle bis 10% bis Telfs (km 45,0) im Oberen Inntal abfahren kann. Auf der Bundesstraße 189, der Beschilderung Fernpaß/Reutte folgend, verläßt man den Ort durch einen 80 m langen, unbeleuchteten Felstunnel. Auf mäßig ansteigender Straße geht der Wald rechts bald zurück und gibt den Ausblick auf die Südabstürze der Mieminger Berge, mit der Östlichen Griesspitze als höchster Erhebung, frei. Durch mehrere Ortschaften zieht die Straße auf dem Mieminger Plateau zwar mäßig, dafür aber um so stetiger bergauf, und erst in Obsteig (km 57,0) nimmt die Steigung bis zum nicht beschilderten Holzleithensattel (km 60,0) auf 10% zu. Nach einer kurzen Abfahrt kann man in Holzleithen die Alte Holzleithenstraße benutzen, die zwar 17% Gefälle aufweist, dafür aber bis Roßbach (km 64,0) für Kraftfahrzeuge gesperrt ist. Hinter Nassereith (km 65,5) steigt die Straße im Talboden des Gurgltales, das die Lechtaler Alpen von der Mieminger Kette trennt, mäßig an und erreicht bis zum Schloß Fernstein, das unvermittelt nach einer Kurve auftaucht, kaum einmal 6%. Am tiefgrünen Fernsteinsee vorbei hält die Steigung an, eine weite Kehre unter den Hängen des Loreakopfs gestattet einen Blick zurück, bevor mit der Paßhöhe (km 75,0) auch der letzte nennenswerte Anstieg erreicht ist. Bei der Abfahrt mit Gefälle bis 8% rücken zuerst die Berge um die Ehrwalder Sonnenspitze ins Blickfeld, bevor der Block des Wettersteinmassivs auftaucht. Am Weißensee vorbei fällt die Straße bis Biberwier (km 81,0) ab und führt dann am rechten Rand des von der Loisach durchflossenen Ehrwalder Beckens zum gleichnamigen Ort (km 85,0). Unter der Brücke der Zugspitzbahn hindurch, dem windungsreichen Verlauf der jungen Loisach folgend, rollt es unter den bewaldeten Hängen des Daniel bis zum Zollamt Schanz (km 90,0) und weiter zum Zollamt Griesen (km 96,0). Radwege, die man mit Fußgängern teilen muß, gestatten ein teilweises Verlassen der Straße, bevor über Grainau der Ausgangsort, diesmal beim Ortsteil Garmisch (km 105,5), wieder erreicht wird.
Hinweis: Die Tour führt insbesondere zwischen Garmisch und Klais, Telfs und Holzleithen sowie Nassereith und Biberwier über stark befahrene Bundesstraßen. Sie sollte deshalb besser nicht an Wochenenden oder in Zeiten mit Urlaubsreiseverkehr unternommen werden.

8 Um die Tannheimer Gruppe

Südbayern/Nordtirol

Strecke Pfronten-Steinach – Grän – Haldensee – Haller – Nesselwängle – Gaichtpaß – Weißenbach – Reutte – Pflach – Unterpinswang – Vils – Pfronten-Steinach

Charakter Leichte Radtour mit maximal 12% Steigung im Ostallgäu

Zeit 2¼–3 Stunden

Länge 54,5 km

Höhendifferenz 340 m

Übersetzung 42/23

Ausgangspunkt Pfronten-Steinach (850 m)

Karte Generalkarte 1:200000, Deutschland, Blatt 25; KOMPASS Wanderkarte 1:50000, Blatt 4

Paßöffnungszeiten Ganzjährig befahrbar

Streckenbeschreibung Von den insgesamt 13 Dörfern im Pfrontener Becken, deren Doppelname jeweils mit Pfronten beginnt, wählt man für die Umfahrung der Tannheimer Gruppe, also der Berggruppe, die sich zwischen Reutte und Pfronten von Südosten nach Nordwesten erstreckt und im Norden von der Vils und im Süden vom Tannheimer Tal begrenzt wird, Pfronten-Steinach (km 0,0). Der Beschilderung Tannheim/Grän folgend hält sich die Straße auf den ersten Kilometern am dicht bewaldeten Talboden zwischen dem massigen Breitenberg zur Linken und dem schrofigen Kienberg zur Rechten. Bis zum Zollamt Fallmühle (km 6,5) wechseln 6%ige Anstiege mit längeren flacheren Stücken und Abfahrten ab. Über dem Zollhaus erhebt sich der mächtige, spitz zulaufende Kegel des Aggensteins, mit seiner zackigen Felskrone einer der lohnendsten Gipfel im westlichen Bereich der Tannheimer Gruppe und trotz seines brüchigen Gesteins beliebter Kletterberg. Dann nimmt das Engetal den Radler auf, die Steigung bleibt weiterhin mäßig, und an mehreren Weiderosten zwingt ein Verbotsschild, diese neben der Straße zu umfahren. Vor allem bei einer Abfahrt stellen diese Eisengitter mit ihren weiten Abständen eine erhebliche Gefahr dar! Beim Zollwachhaus (km 10,0) drängen sich die Felsen des Rappenschrofens kurz dicht an die Straße, bevor sich das Tal zu weiten beginnt. Fern im Westen erheben sich die imponierenden Gipfel des Rauhhornzuges mit Kugelhorn, Rauhhorn und Geißhorn, und im Vordergrund bilden die Berge der Vilsalpseegruppe, die bis zum Schwarzwassertal reichen und in der Lailachspitze ihre höchste Erhebung haben, den Talabschluß. An Grän (km 12,0) vorbei fährt man an der Straßenkreuzung Richtung Reutte/Weißenbach in das Tannheimer Tal ein, und auch bis zur kleinen Ortschaft Haldensee (km 13,5), am

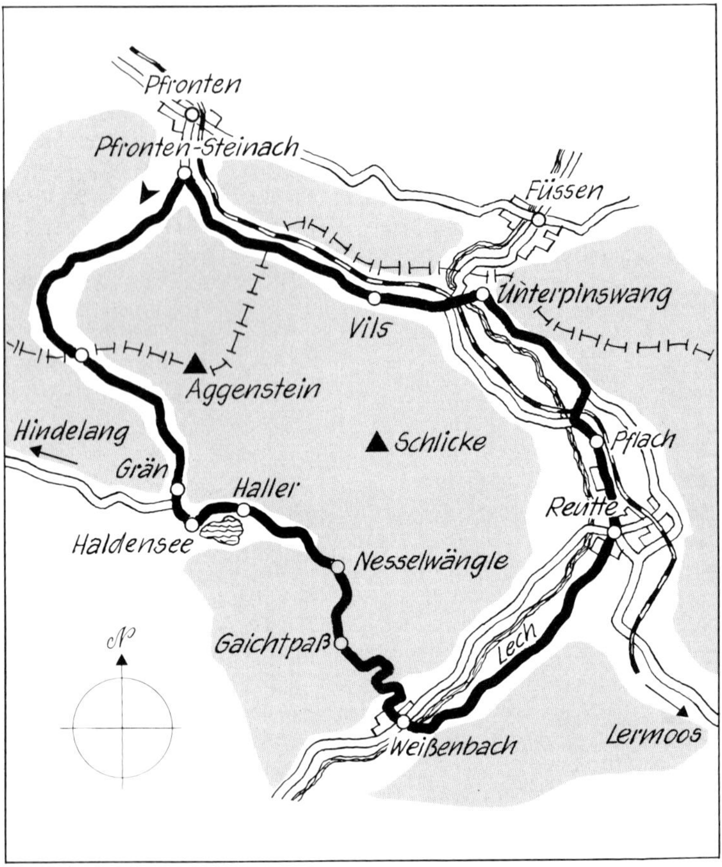
Pfronten
Pfronten-Steinach
Füssen
Unterpinswang
Vils
Aggenstein
Hindelang
Schlicke
Pflach
Grän
Haller
Reutte
Haldensee
Nesselwängle
Gaichtpaß
Lech
Lermoos
Weißenbach

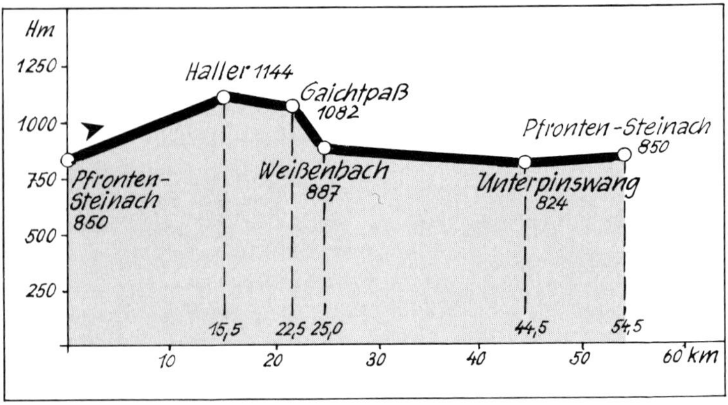
Hm
1250
1000
750
500
250
Haller 1144
Gaichtpaß 1082
Pfronten-Steinach 850
Weißenbach 887
Unterpinswang 824
Pfronten-Steinach 850
15,5
22,5
25,0
44,5
54,5
10
20
30
40
50
60 km

Beginn des gleichnamigen Sees gelegen, fällt die Straße noch ab. Am linken Ufer des gleich einem Juwel zu Füßen der Krinnenspitze liegenden Sees steigt die Strecke am Nordostende durch Haller (km 15,5) mit 7% an, und gleich darauf ist mit dem höchsten Punkt des Tannheimer Tales auch die kaum merkliche Wasserscheide zwischen Vils und Lech erreicht. Über Nesselwängle (km 17,5), einem der Hauptorte des Tales, über dem sich im Norden die bedeutendsten Gipfel der Tannheimer Gruppe erheben, fällt die Straße nun bis zum Weiler Gaicht (km 20,5) ab. Ein kaum spürbarer Anstieg, und an einem Steinbruch vorbei wird bei einer Brücke der nicht beschilderte Gaichtpaß (km 22,5) überfahren. Tief unten das breite, steinige Bachbett des Lech, darüber die Berge der Lechtaler Alpen, fällt die Straße kurven- und kehrenreich mit 7% bis nach Weißenbach am Lech (km 25,0) ab. Während sich weit im Süden über dem Schwarzwassertal der mächtige Hochvogel erhebt, folgt man dem Lauf des Lech, der am Ortsende auf einer kleinen Brücke überquert wird. Unbehelligt vom Verkehr der Bundesstraße rollt es dann durch die Lechauen, zu Füßen der mächtigen Spitze des Thaneller, an Rieden und Ehenbichl vorbei, bis Reutte (km 33,5). Die Umfahrung über die Ortsteile Breitenwang und Mühl kann nur ortskundigen Radlern angeraten werden, und so bleibt es jedem selbst überlassen, wie er das Verkehrsgewühl eines der beliebtesten Fremdenverkehrsorte Tirols am besten überwindet. In Pflach (km 40,5), einem Straßendorf am Nordrand des Reuttener Beckens, folgt man dem Abzweiger nach Pinswang, überwindet am Ortsende den kaum mehr als 200 m langen 12%igen Anstieg zum Kniepaß zu Füßen des Säuling, dann fällt die Straße sofort wieder in den Talboden des Lech ab. Eben rollt es zwischen grünen Wiesen durch Unterpinswang (km 44,5) bis zur Ulrichsbrücke (km 47,0), und lediglich die Hochspannungsmasten und Stromleitungen stören den Blick auf die drohenden Felsabstürze der Vilser Gruppe im Süden. Mit der von Füssen herüberführenden Straße überquert man den Lech und trifft nun wieder auf den Verkehr der Bundesstraße 314, die über leichte Anstiege und Abfahrten zu dem Grenzstädtchen Vils (km 49,0) führt. Auch bis zur Grenze (km 53,0) sind keine Schwierigkeiten mehr zu erwarten. Danach bietet sich sogar ein Radweg auf der linken Straßenseite bis zum Ortsschild von Pfronten (km 54,5) an.

9 Durch die Allgäuer Wälder

Südbayern/Nordtirol

Strecke Wertach - Kranzegg - Rettenberg - Burgberg - Sonthofen - Hindelang - Oberjoch - Unterjoch - Jungholz - Wertach

Charakter Leichte Radtour mit maximal 12% Steigung um den »Wächter des Allgäu«

Zeit 1¾–2½ Stunden

Länge 46,5 km

Höhendifferenz 560 m

Übersetzung 42/23

Ausgangspunkt Wertach (915 m)

Karte Generalkarte 1:200000, Deutschland, Blatt 25; KOMPASS Wanderkarte 1:50000, Blatt 4 und 3

Paßöffnungszeiten Ganzjährig befahrbar

Streckenbeschreibung Der Luftkurort Wertach (km 0,0), unweit des Grüntensees gelegen, ist Ausgangspunkt dieser Radtour, die rund um den Grünten, über Deutschlands kurvenreichste Paßstraße und ohne jegliche Grenzformalitäten sogar kurz nach Österreich führt. Auf den aus Wiesen und Wäldern der Umgebung aufragenden Grünten zu, der wegen seiner isolierten Lage auch »Wächter des Allgäu« genannt wird, wechseln auf den ersten Kilometern leichte Anstiege und Abfahrten ab. Der Grünten, der hier die Spitzen des Übelhorns und des Gigglsteins zeigt, wird bald von bewaldeten Vorbergen verdeckt, und eine lange Abfahrt mit Gefälle bis 10% und zwei Kehren bringt nach Kranzegg (km 7,5). Unter der Westseite des Grünten, der auch mit einem weithin sichtbaren Sendemast des Bayerischen Rundfunks bestückt ist, geht es weiter abwärts, wobei man bis Rettenberg (km 10,5) einen Radweg auf der linken Straßenseite benutzen kann. Im Westen die Berge der Nagelfluhkette und die Hörnergruppe über Fischen, gelangt man bei der Straßenkreuzung Sonthofen/Immenstadt (km 13,0) endgültig in den breiten Talboden der Iller. Weit voraus bilden die Gipfel der Allgäuer Alpen einen mächtigen Talabschluß, und unter den dichtbewaldeten Südhängen des Grünten wird Burgberg (km 15,5) rasch erreicht. Einen Radweg auf der linken Straßenseite benutzend, sind auch bis Sonthofen (km 17,0), am Zusammenfluß der Iller und Ostrach gelegen, keine Schwierigkeiten zu erwarten. Die Ostrach wird überquert, und bereits bei der ersten Straßenkreuzung führt die Bundesstraße 308 Richtung Reutte/Hindelang den Radler bald wieder aus dem Ort heraus. Danach bietet ein Radweg neben der sich fast eben am Talboden haltenden Bundesstraße die Möglichkeit, unbehelligt vom

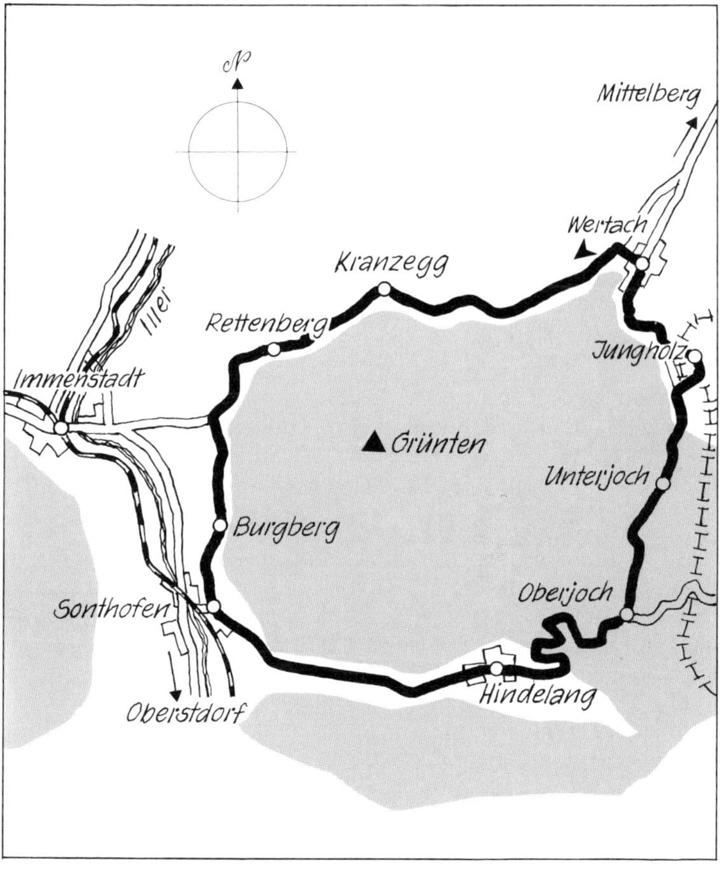
N
Mittelberg
Wertach
Kranzegg
Rettenberg
Iller
Jungholz
Immenstadt
Grünten
Unterjoch
Burgberg
Oberjoch
Sonthofen
Hindelang
Oberstdorf

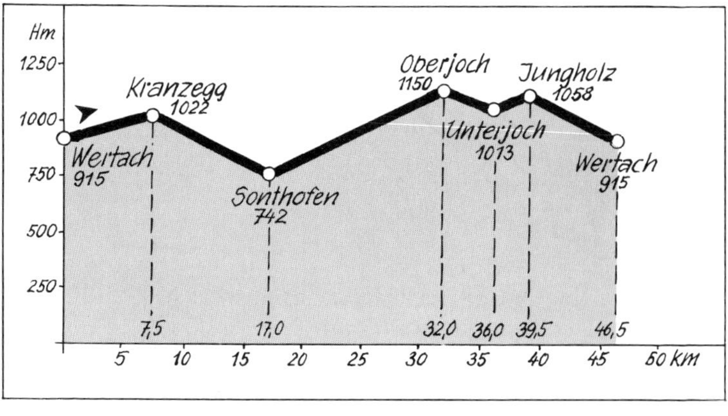
Hm
1250
1000
750
500
250
Kranzegg 1022
Wertach 915
Sonthofen 742
Oberjoch 1150
Unterjoch 1013
Jungholz 1058
Wertach 915
7,5
17,0
32,0
36,0
39,5
46,5
5 10 15 20 25 30 35 40 45 50 KM

Verkehr nach Hindelang (km 23,5) zu gelangen. Links ist kurz wieder die Sendeanlage auf dem Grünten sichtbar, voraus zeigen die Berge über dem Tannheimer Tal ihre felsigen Westabstürze, und auch der Einschnitt der Paßhöhe zwischen dem Iseler Berg und dem Jochschrofen ist bereits zu erkennen. Durch Hindelang wechseln kurze Anstiege mit 8% Steigung mit ebensolchen Abfahrten ab, bevor man am Ortsende endgültig auf die Bundesstraße überwechseln muß. Am Gasthof Letzter Heller vorbei beginnt die Strecke kurvenreich anzusteigen, und am Wildbach, der über mehrere Steintreppen neben der Straße zu Tal schießt, wartet die erste Kehre. Eine Kurve folgt nun unmittelbar der anderen, einmal weite Blicke nach Osten über die Dächer von Bad Oberdorf ins Ostrachtal eröffnend, dann wieder nach Westen über Hindelang und Sonthofen zurück ins Illertal. 106 Kurven sollen es sein, die mit einer Steigung, die 9% nie überschreitet und meist weit darunter bleibt, nach Oberjoch (km 32,0) führen. Und kaum möchte man diese Zahl für möglich halten, denn viel zu schnell ist das in einem weiten Wald- und Wiesensattel gelegene höchste Paßdorf Deutschlands erreicht. Dem Übermaß an Kurven und Kehren der Auffahrt schließt sich eine kurvenarme Abfahrt Richtung Wertach auf der wieder breit ausgebauten Bundesstraße an, die bei einem maximalen Gefälle von 8% ein fast ständiges Mittreten ermöglicht. Im Vorblick hebt sich lediglich die bewaldete Spitze des Sorgschrofens aus der profilierten Hügellandschaft ab, und an Unterjoch (km 36,0) vorbei bremst erst der Abzweiger nach Jungholz (km 39,5) die Fahrt. Landschaftlich bietet der Abstecher nach Jungholz keine Besonderheiten, auch der etwa 1 km lange 12%ige Anstieg in den Ort stellt keine großen Anforderungen an die Kondition. Dennoch sollte man sich das einmalige Erlebnis nicht entgehen lassen, nach Überquerung der Wertach die Republik Österreich einmal ohne jegliche Grenzformalitäten zu betreten. Mit Österreich ist diese Enklave nur durch einen 1 m breiten Streifen, der sich auf dem Gipfelgrat des Sorgschrofens befindet, verbunden. Keine Straße und kein Weg führen von Jungholz nach Tirol, und so sind die etwa 300 Einwohner gezwungen, deutsches Staatsgebiet zu benutzen, wenn sie in ihr Mutterland Tirol wollen. Nach Tirol kam dieses Gebiet durch den Landkauf eines Tannheimer Grundbesitzers bereits im 14. Jahrhundert, wo es trotz heftiger Grenzstreitigkeiten auch bis heute geblieben ist. Der kurze Ausflug wird durch eine lange Abfahrt mit Gefälle bis 12%, die wieder zur Bundesstraße (km 44,5) und damit auf bayerisches Gebiet zurückbringt, beendet. Nach einer kurzen, schluchtartigen Verengung weitet sich das Tal, und zusammen mit der Wertach verläßt man die Berge und kehrt auf meist leicht abfallender Straße zum Ausgangspunkt (km 46,5) zurück.

10 Um die Nagelfluhkette

Südbayern/Vorarlberg

Strecke Immenstadt - Oberstaufen - Weißach - Aach - Riefensberg - Hittisau - Balderschwang - Riedbergpaß - Obermaiselstein - Bolsterlang - Ofterschwang - Bihlerdorf - Blaichach - Immenstadt

Charakter Mittelschwere Radtour mit maximal 18% Steigung über die höchste Paßstraße Deutschlands

Zeit 3-4 Stunden

Länge 74,5 km

Höhendifferenz 880 m

Übersetzung 42/23-26

Ausgangspunkt Immenstadt im Allgäu (729 m)

Karte Generalkarte 1:200000, Deutschland, Blatt 25; KOMPASS Wanderkarte 1:50000, Blatt 3 und 2

Paßöffnungszeiten Ganzjährig befahrbar

Streckenbeschreibung Die Nagelfluhkette ist ein etwa 20 km langer Bergkamm, der sich vom Mittag bei Immenstadt bis zum Hochhädrich bei Hittisau zieht. Bei der Rad-Umfahrung dieser Berggruppe, die man am günstigsten in Immenstadt (km 0,0) beginnt, bleibt das typische Nagelfluhgestein, ein Konglomerat aus Geröll und kalkhaltigen Bindemitteln, der starken Bewaldung wegen jedoch fast vollständig verborgen. Am Fuße des Immenstädter Horns wird, der Beschilderung Lindau/Oberstaufen folgend, durch Bühl eine kleine Anhöhe erklommen und der Alpsee erreicht, der an schönen Sommertagen von den bunten Dreiecken der Surfer und Segler geradezu übersät ist. Am südlichen Seeufer entlang fährt man, am kleinen Teufelssee vorbei, in das Tal der Konstanzer Ache ein. Bei Wiedemannsdorf (km 8,0) kann man die vielbefahrene Bundesstraße 308, die hier auch Teilstück der Deutschen Alpenstraße ist, verlassen und nimmt dafür die leichten Anstiege und Abfahrten an den Hängen der Salmaser Höhe durch die kleinen Ortschaften Salmas (km 10,5) und Knechtenhofen (km 11,5) gerne in Kauf. Der Beschilderung Hinterstaufen folgend führt ein enges Sträßchen unter der Bundesstraße hindurch, und dem kleinen Holzschild Bad Rain nach wartet zu Füßen des Hündlekopfs sogar ein kurzer 18%iger Anstieg, der unmittelbar beim Bahnhof Oberstaufen (km 15,5) endet. Weit im Süden die dunklen Felszüge um den Hochhädrich, verläßt man die Deutsche Alpenstraße und fährt, sich an der Beschilderung Aach/Weißach orientierend, über einige Kurven mit 10% Gefälle nach Weißach (km 17,0) ab. Am Ortsende wird die Weißach überquert, und fast eben rollt es in dem grünen Talboden bis zum Zollamt Aach (km 22,5). Unmittelbar nach der Grenze folgt man der nach Riefensberg abzweigenden Straße. Vorarlberg empfängt den

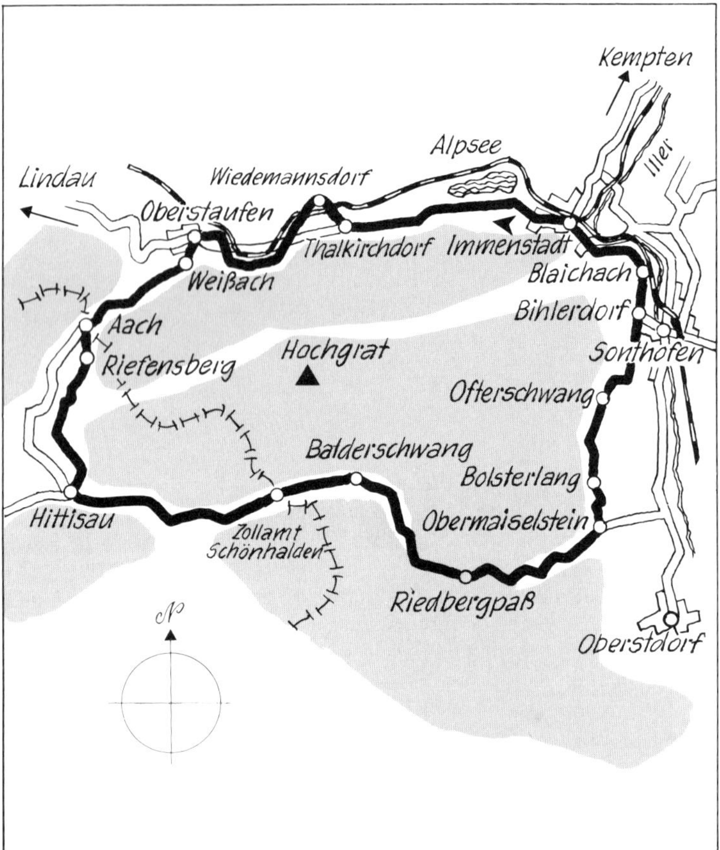
Kempten
Alpsee
Iller
Lindau
Wiedemannsdorf
Oberstaufen
Thalkirchdorf
Immenstadt
Blaichach
Weißach
Bihlerdorf
Aach
Sonthofen
Hochgrat
Riefensberg
Ofterschwang
Balderschwang
Bolsterlang
Hittisau
Obermaiselstein
Zollamt
Schönhalden
Riedbergpaß
Oberstdorf
N

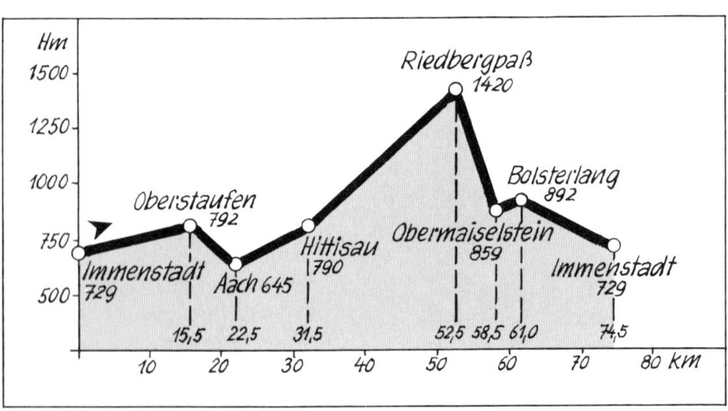
Hm
1500
1250
1000
750
500
Riedbergpaß
1420
Oberstaufen
792
Bolsterlang
892
Obermaiselstein
859
Immenstadt
729
Aach 645
Hittisau
790
Immenstadt
729
15,5
22,5
31,5
52,5
58,5
61,0
74,5
10
20
30
40
50
60
70
80 km

Radler mit einem fast 2 km langen Anstieg mit Steigungen bis 12%. Hinter Riefensberg (km 25,0) wechseln an grünen Wiesenhängen leichte Anstiege und Abfahrten ab, und nach den Häusern von Niemans und Latschenbühl eröffnet sich der weite Blick auf die Berge des Bregenzer Waldes. Einer Abfahrt in den Talboden der Bolgenach folgt ein kurzer Anstieg, der nach Hittisau (km 31,5), in einer Hochebene zwischen der Subersach und der Bolgenach gelegen, bringt. Von den drei hier nach Osten in die Allgäuer Alpen hineinziehenden Tälern fährt man der Beschilderung Balderschwang nach in das gleichnamige Tal ein. Grüne, dicht bewaldete Hügel bilden die Talbegrenzungen, und lediglich weiter im Süden ragen mit den Bergen um die Winterstaude höhere Gipfel auf. Auch die mit 6% ansteigende Straße wird an der Abzweigung Sibratsgfäll (km 35,5) von einer leichten Abfahrt abgelöst und auch danach immer wieder von flacheren Stücken unterbrochen. An einer mit Nagelfluhbrocken bedeckten Wiese vorbei endet die Ausbaustrecke, ein von den bewaldeten Hügeln des Koppachsteins herabstürzendes Bächlein wird auf einer kleinen Brücke überfahren und gleich darauf beim Zollamt Schönhalden (km 42,0) Vorarlberg wieder verlassen. Meist leicht abfahrend nimmt man bei Balderschwang (km 44,0) den Anstieg zum Riedbergpaß in Angriff. Noch aber hält sich die Straße meist eben im Talboden, bevor ein Schild mit der Aufschrift »16% Steigung« (km 48,5) den eigentlichen Paßanstieg ankündigt. In treppenartigen Aufschwüngen, die öfter kurz bis 16% ansteigenden Steigungsstükke immer wieder von flacheren Passagen unterbrochen, ist Deutschlands höchste Paßstraße (km 52,5) schneller erreicht, als es die starke Steigung vermuten läßt. Der Blick auf die Berge der Allgäuer Alpen und des Bregenzer Waldes ist allerdings sehr eingeschränkt, lediglich südlich der Paßhöhe ragt der Besler aus der bewaldeten Umgebung auffällig hervor. Kurvenreich zieht sich die Straße nun mit Gefälle bis 16% an den dicht bewaldeten Hängen des Wannenkopfs in das Tal der Schönberger Ache hinunter und an dieser entlang durch einen 100 m langen, unbeleuchteten Tunnel nach Obermaiselstein (km 58,5). Bei Bolsterlang (km 61,0) kann man die Parade der Hörner abnehmen, die hier mit dem Bolsterlanger Horn beginnt und den Radler auf ständig ansteigender und abfallender Straße entlang des Rangiswanger und Sigiswanger Horns bis Ofterschwang (km 65,5) zu Füßen des gleichnamigen Horns leitet. Dem über Bettenried und Hüttenberg führenden Panoramaweg hoch über dem Illertal folgend fällt die Straße ständig leicht ab, und in Bihlerdorf (km 76,0) trifft man wieder auf die Bundesstraße. Auf ebener Strecke kann man bis Blaichach (km 71,0) einen Radweg auf der linken Straßenseite benutzen, der sich am Ortsende auf der rechten Straßenseite bis kurz vor Immenstadt (km 74,5) fortsetzt.

Österreich

11 Zwischen Ötscher und Hochschwab

Steiermark/Niederösterreich

Strecke Mariazell - Zellerrainpaß - Lunz am See - Göstling an der Ybbs - Lassing - Abzweigung vor Erzhalden - Wildalpen - Weichselboden - Halspaß - Greith - Gußwerk - Mariazell

Charakter Mittelschwere Radtour mit maximal 20% Steigung von der Ybbs zur Salza

Zeit 4½-6 Stunden

Länge 112 km

Höhendifferenz 870 m

Übersetzung 42/26

Ausgangspunkt Mariazell (868 m)

Karte Generalkarte 1:200000, Österreich, Blatt 2; Freytag & Berndt Wanderkarte 1:100000, Blatt 3 und 4

Paßöffnungszeiten Ganzjährig befahrbar

Streckenbeschreibung In St. Sebastian, das sich unmittelbar an Mariazell (km 0,0) anschließt, zweigt die Straße Richtung Lunz am See/Erlaufsee ab. Am Erlaufsee, über dem sich die Bergkuppe der Gemeindealpe erhebt, vorbei beginnt der Aufstieg zum Zellerrainpaß über Aufschwünge mit Steigungen bis 15%, die in einen längeren 20%igen Anstieg bis zur Paßhöhe (km 7,5) übergehen. Das steilste Teilstück der Tour bereits im Rücken, fährt man zuerst mit Gefälle bis 20%, dann mäßiger steil ab. Eine nochmalige Abfahrt mit 12% Gefälle bringt in einen grünen Talboden, die aus den Hochwäldern der Umgebung herausragenden Felsen des Scheiblingsteins sorgen für Abwechslung, und am Ende der Lichtung mündet der die Strecke bisher begleitende Neuhauser Bach in die von den Hängen des Zellerhuts herabkommende Ybbs. Hinter Langau/Maierhöfen (km 19,0), wo eine Straße zum Fuße des Ötscher, der den Blicken verborgen bleibt, abzweigt, sind kürzere Anstiege bis 8%, abgelöst von längeren Abfahrten, bis zur Abzweigung Lunz am See (km 25,5) zu überwinden. Nach dem Durchlaß, einer kurzen, schluchtartigen Verengung, weitet sich das Tal, und Lunz am See (km 29,0) wird erreicht. Der Beschilderung »Göstling/Y.« folgend verläßt man den Ort über eine schmale Straße, die zweimal unbeschrankte Bahnübergänge überquert. In den breiten, von Wiesen und bewaldeten Bergrücken zwischen dem vom Eisenwurzen im Westen und dem Dürrenstein im Osten begrenzten Tal der oberen Ybbs fällt die nun wieder gut ausgebaute Straße bis Göstling (km 40,0) kaum merklich ab. Während sich die Ybbs weiter nördlich ihren Weg sucht, radelt

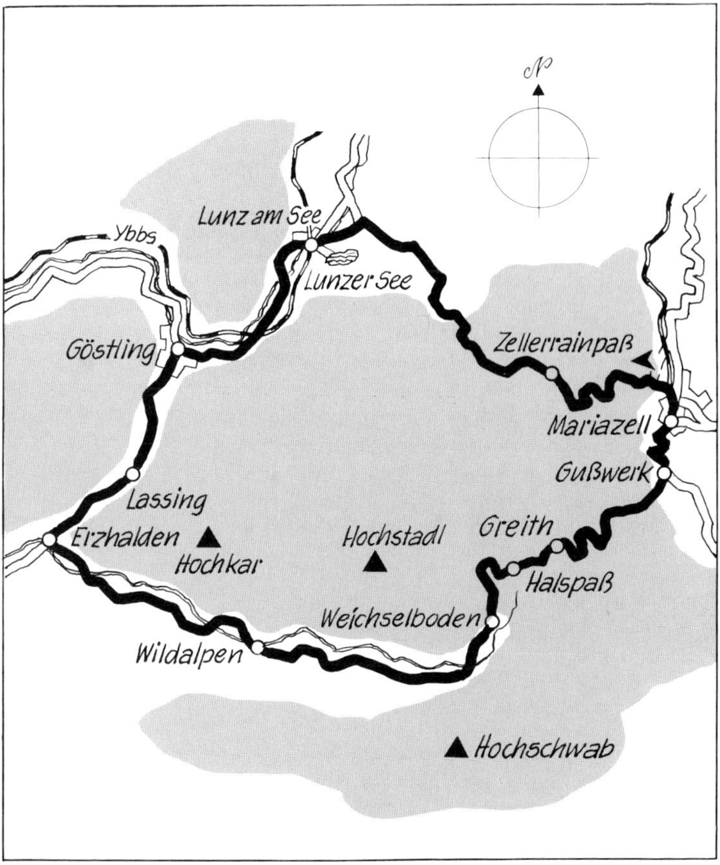
N
Lunz am See
Ybbs
Lunzer See
Göstling
Zellerrainpaß
Mariazell
Gußwerk
Lassing
Erzhalden
Hochkar
Hochstadl
Greith
Halspaß
Weichselboden
Wildalpen
Hochschwab

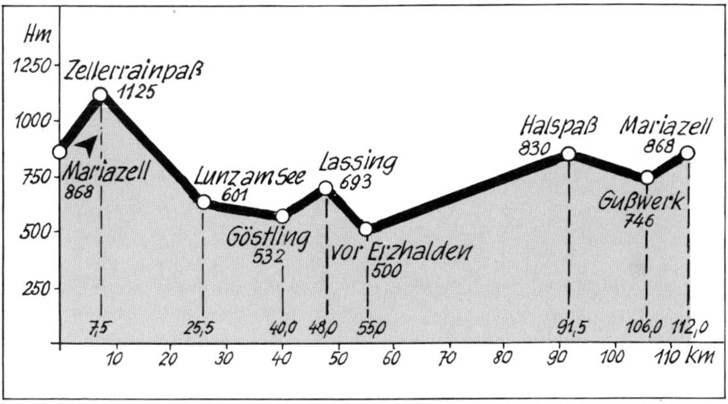
Hm
1250
1000
750
500
250
Zellerrainpaß
1125
Mariazell
868
Lunz am See
601
Göstling
532
Lassing
693
vor Erzhalden
500
Halspaß
830
Mariazell
868
Gußwerk
746
7,5
25,5
40,0
48,0
55,0
91,5
106,0
112,0
10
20
30
40
50
60
70
80
90
100
110 km

man am Ort vorbei in das Tal des Göstling Baches ein. Zwischen bewaldeten Bergkämmen beginnt die Straße zuerst kaum merklich, dann über einen längeren Aufschwung mit 4% Steigung, die kurz einmal 10% erreicht, bis Lassing (km 48,0) anzuziehen. Über eine weite Kehre mit 15%igem Gefälle fährt man in einen grünen Talboden ein, das Gefälle nimmt ab, und einem kurzen Anstieg folgt die Abzweigung Mariazell/Wildalpen (km 55,0). Der landschaftlich schönste Streckenteil, das wildromantische Salzatal, empfängt den Radler auf den ersten Kilometern mit einer längeren Abfahrt bis zum Talboden (km 60,0). Durch den Mischwald an den Hängen des Hochkars und des Großen Torsteins wechseln auf schmäler werdender Straße Steigungen bis 8% mit längeren flacheren Stücken und Abfahrten bis Wildalpen (km 69,0) ab. Weit voraus taucht die felsige Kuppe des Hochstadls auf, mäßigen Anstiegen folgen weitere Abfahrten, und nach einer Kurve sieht man sich unvermittelt den felsigen Abstürzen der Hochstadl-Westwand gegenüber. An einer idyllischen Lichtung mit kleinen Seen, über denen sich die Nordwestwände des Hochschwab erheben, vorbei, hält sich die Straße bis zu den Häusern von Gschöder (km 80,5) flach am Talboden. Manchmal nur eine Handbreit von der Salza entfernt, sind unter den langgestreckten felsigen Mauern der Hochschwab-Nordwand auch bis zur Presceny-Klause (km 85,0) keine Schwierigkeiten zu erwarten. Beim Stauwehr der Presceny-Klause steigt die Straße durch einen 20 m langen Felstunnel kurz auf 20% an, um gleich darauf am linken Ufer der aufgestauten Salza wieder abzufallen, bevor ein nochmaliger kurzer Anstieg die Abfahrt in den Talkessel von Weichselboden (km 87,0) ermöglicht. Eine 200 m lange Lawinengalerie gibt Schutz vor den Schuttreißen der Felswände, und an Rotmoos (km 90,0) vorbei beginnt der Anstieg zum Halspaß. Kurvenreich zieht sich die Straße mit 11% Steigung durch dichten Mischwald auf der linken Talseite dahin, während von der tief unten zurückbleibenden Salza nur noch das Rauschen zu hören ist. Nach der nicht beschilderten Paßhöhe (km 91,5), die schöne Ausblicke auf die Zeller Staritzen im Südosten eröffnet, geht es kurvenreich bis Greith (km 96,5) hinunter. Wieder auf Höhe der Salza, weitet sich nach dem Gasthof Greifensteiner (km 103,0) das Tal. Auf flacher Straße wird mit Gußwerk (km 106,0) auch das Ende des Salzatales erreicht. Bis Rasing (km 109,5) folgt man weiter auf ebener Strecke dem kurvenreichen Verlauf der Salza, während hoch oben bereits der gotische, von zwei barocken Türmen flankierte Hauptturm der Wallfahrtskirche Mariazell zu erkennen ist. Die vier Kehren, die jetzt nach 112,0 erlebnisreichen km noch vom Ausgangspunkt trennen, sind bei einer Steigung von 8% rasch überwunden.

12 Im Gesäuse

Steiermark

Strecke Admont - Gstatterboden - Hieflau - Lainbach - Kirchenlandl - Erbsattel - St. Gallen - Admont

Charakter Leichte Radtour mit maximal 18% Steigung durch die Ennstaler Alpen

Zeit 2¾–3½ Stunden

Länge 62,5 km

Höhendifferenz 600 m

Übersetzung 42/23-26

Ausgangspunkt Admont (641 m)

Karte Generalkarte 1:200000, Österreich, Blatt 4; KOMPASS Wanderkarte 1:50000, Blatt 70

Paßöffnungszeiten Ganzjährig befahrbar

Streckenbeschreibung In Admont (km 0,0), am Benediktinerstift vorbei, weist ein Schild mit der Aufschrift »Gesäuse« den Weg. Weit im Norden die Bergkette der Haller Mauern, fällt die Straße an den moorigen Ufern der Enns leicht ab. Im Vordergrund erhebt sich die mächtige Spitze des Großen Buchensteins, der die nördliche Begrenzung des von der Enns durchflossenen Tales bildet. Nach Durchfahrung einer engen Eisenbahnbrücke (km 4,5) steigt die Straße auf 6% an, rechts werden die Felswände der Reichensteingruppe sichtbar, und weit vorne erhebt sich der wildzerklüftete Zackengrat der Hochtorgruppe. Auf wieder leicht abfallender Trasse wird die Bahnlinie überquert (km 7,0), und zwischen den schrofigen, teils bewaldeten Felsköpfen des Himbersteins zur Linken und der Haindlmauer zur Rechten zwängt sich neben der tosenden und schäumenden Enns die Straße durch diesen Felsdurchbruch, während die Bahn in einen Tunnel ausweichen muß. Bereits nach wenigen hundert Metern fährt man wieder unter der Bahnlinie hindurch in dichten Mischwald auf der rechten Talseite ein. Kurze 10%ige Anstiege werden von längeren Abfahrten abgelöst, links unten taucht die Enns als ruhiger, breiter Fluß auf (km 10,0). Weitere Anstiege bis 8% und Abfahrten ermöglichen ein rasches Vorwärtskommen, dennoch sollte der kleine Parkplatz bei der Bushaltestelle Haindlkarkehre (km 12,5) nicht übersehen werden. Nur kurz öffnet sich der dichte Mischwald neben der Straße und läßt den Blick auf die glatten, abweisenden, steil ins Haindlkar abfallenden Mauern der Hochtorgruppe mit ihrer höchten Erhebung, dem Hochtor, zu. Bis Gstatterboden (km 14,5), dessen mit dunklen Holzschindeln verkleidete Häuser sich der eher düsteren Umgebung anpassen, fällt die Straße wieder leicht ab. Am Stauwehr bei der Kummerbrücke vorbei rücken die schrofigen grauen Wände wieder näher zusammen, vom Hart-

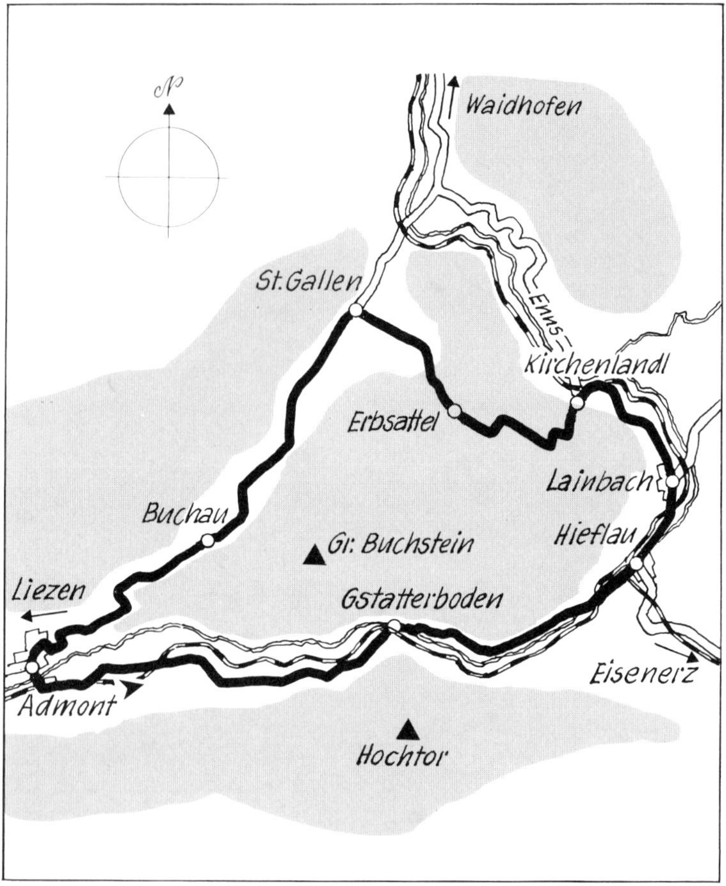
N
Waidhofen
St.Gallen
Enns
Kirchenlandl
Erbsattel
Lainbach
Buchau
Gr. Buchstein
Hieflau
Liezen
Gstatterboden
Admont
Eisenerz
Hochtor

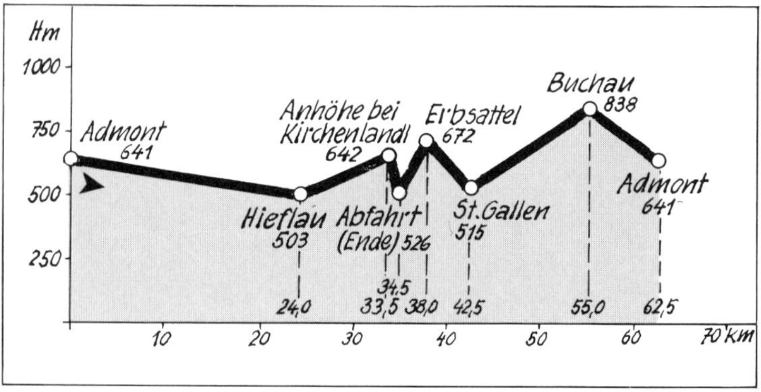
Hm
1000
750
500
250
Admont
641
Hieflau
503
Anhöhe bei
Kirchenlandl
642
Abfahrt
(Ende) 526
Erbsattel
672
St.Gallen
515
Buchau
838
Admont
641
24,0
33,5
34,5
38,0
42,5
55,0
62,5
10
20
30
40
50
60
70 km

lesgraben schießt ein Bach weiß schäumend unter der Eisenbahnbrücke hindurch in die Enns, und nach zwei kurzen Lawinengalerien (km 21,0) wird die Abfahrt von einem 500 m langen, 8%igen Anstieg unterbrochen. Hieflau (km 24,0) wartet erstmals wieder mit malerisch grünen Wiesen und verstreuten Bergbauernhöfen an den felsigen Hängen des Dürrnkogels auf, aber auch mit einer engen und schlechten Straße. Der Beschilderung nach Altenmarkt/Mariazell folgend wird der Ort über eine 14%ige Steigung, die bis zu einer kleinen Kapelle (km 25,5) anhält, rasch verlassen. Der Hochfläche der Wandau schließt sich eine 15%ige Abfahrt an, die man nicht zu schnell angehen sollte, da bereits nach 400 m die aufgestaute Enns über die Wandaubrücke überquert werden muß. Der weiteren Abfahrt nach Lainbach (km 27,5) folgt ein nochmaliger Anstieg, der in den weiten Talboden des Landls bringt. Die Bundesstraße 115 Richtung Altenmarkt wird bereits nach wenigen Kilometern bei der Abzweigung in die Ortschaft Kirchenlandl (km 31,5) wieder verlassen. Durch den Ort, an der Kirche vorbei, steigt die Straße auf 8% an, bevor ein schmales Sträßchen mit Steigungen bis 18% zu einem Gehöft auf einer Anhöhe (km 33,5) führt. Die nachfolgende Abfahrt auf einem unbefestigten Feldweg, mit Gefälle bis zu 21% erfordert stetes Bremsen, bevor man nach 1 km wieder auf die Straße nach St. Gallen trifft. Am Schloß Kassegg vorbei, über dem sich die Felsen des Kleinen Buchensteins erheben, verläuft die Straße mit 6% Steigung zur Wiesenhochfläche des Erbsattel (km 38,0) hinauf. Den Schwung der Auffahrt sollte man ausnützen, denn unter der Burgruine Gallenstein wird es nochmals auf eine Länge von 500 m bis 6% steil, bevor man auf einer Brücke hoch über dem Weißenbach St. Gallen (km 42,5) erreicht. Der Beschilderung nach Liezen/Admont folgend ermöglicht die sich anfangs fast flach am dicht bewaldeten Talboden haltende Fahrbahn ein rasches Vorwärtskommen. Wer jedoch gedacht hat, dieses Tempo bis Admont beibehalten zu können, wird enttäuscht. Unter der Nordseite der Buchensteingruppe verengt sich das Tal, und die Straße beginnt anzusteigen (km 47,0). Immer wieder täuschen flache Stücke das Ende der meist unter 10% liegenden Steigungsstrecken vor, und auch nach einer leichten Abfahrt steigt die Trasse nochmals in das weite Wiesenhochtal der Buchau (km 55,0) an, bevor endlich eine Abfahrt mit Gefälle bis 10% den Radler über eine weite Kehre ins Ennstal entläßt. Reichenstein- und Hochtorgruppe werden wieder sichtbar, und voraus ist Admont bereits zu erkennen. Unter der Bergkette der Haller Mauern vorbei fällt die Straße noch bis km 58,0 leicht ab, und auf ebener Strecke gibt es über Hall (km 61,5) bis zum Ausgangspunkt (km 62,5) keine Schwierigkeiten mehr.

13 Auf den Loser und um den Hallstätter See

Steiermark/Oberösterreich

Strecke Bad Aussee - Altaussee - Loser - Bad Aussee - Pötschenhöhe - St. Agatha - Au - Gosauzwang - Hallstatt - Obertraun - Koppenpaß - Bad Aussee

Charakter Mittelschwere Radtour mit maximal 23% Steigung im Salzkammergut

Zeit 4-5½ Stunden

Länge 75,5 km

Höhendifferenz 1520 m

Übersetzung 42/26

Ausgangspunkt Bad Aussee (647 m)

Karte Generalkarte 1:200000, Österreich, Blatt 4; KOMPASS Wanderkarte 1:50000, Blatt 20

Paßöffnungszeiten Einschließlich der Auffahrt zur Loser-Bergstraße ganzjährig befahrbar

Streckenbeschreibung Man verläßt den engen, verwinkelten Ortskern von Bad Aussee (km 0,0) der Beschilderung »Loser Panoramastraße« folgend. Nur mäßig steigt die Straße an der Altausseer Traun entlang bis Altaussee (km 4,5) an, wo die Abzweigung zur Panoramastraße nicht übersehen werden darf. Bis zur Mautstelle (km 9,0) sind über ein enges, holpriges Sträßchen zwei kurze 12%ige Steigungen zu überwinden, und auch danach werden 10%ige Anstiege von längeren flacheren Stücken unterbrochen, bevor über einen kurzen Aufschwung mit 15% die erste Kehre erreicht wird. Die Firnfelder des Hohen Dachsteins im Südwesten, bringen Kehren mit einer fast durchgehenden Steigung von 10% rasch höher. Felsschichten beginnen den Wald zurückzudrängen, tief unten spiegeln sich die hellen Steilwände der Trisselwand im blaugrünen Wasser des Altausseer Sees. Bei nicht nachlassender Steigung wird nach der fünfzehnten und letzten Kehre das auf einer verkarsteten Hochfläche liegende Loser-Bergrestaurant (km 18,0) erreicht. Weit schweift der Blick über die sanfte Moränenlandschaft des Ausseer Landes bis zu den Niederen Tauern im Südosten, bevor man wieder nach Bad Aussee (km 36,0) abfährt. Zur Fortsetzung der Tour verläßt man den Ort in westlicher Richtung auf einer mit 17% ansteigenden Straße, die auf einer Länge von 500 m bis zum Gasthof Teichwirt anhält. Auf der Salzkammergut-Bundesstraße, der Beschilderung nach Salzburg/Bad Ischl folgend, sind auf der mit maximal 7% ansteigenden Straße bis zur Pötschenhöhe (km 44,5), die auch die Grenze zwischen der Steiermark und Oberösterreich bildet, keine Schwierig-

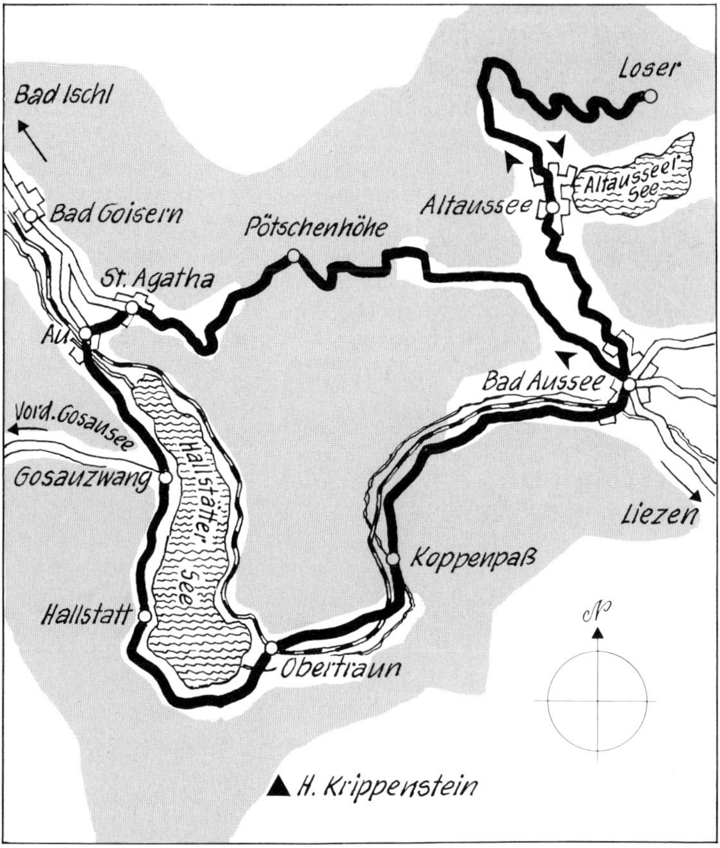
Loser
Bad Ischl
Altausseer See
Altaussee
Bad Goisern
Pötschenhöhe
St. Agatha
Au
Bad Aussee
Vord. Gosausee
Gosauzwang
Hallstätter See
Liezen
Koppenpaß
Hallstatt
Obertraun
N
H. Krippenstein

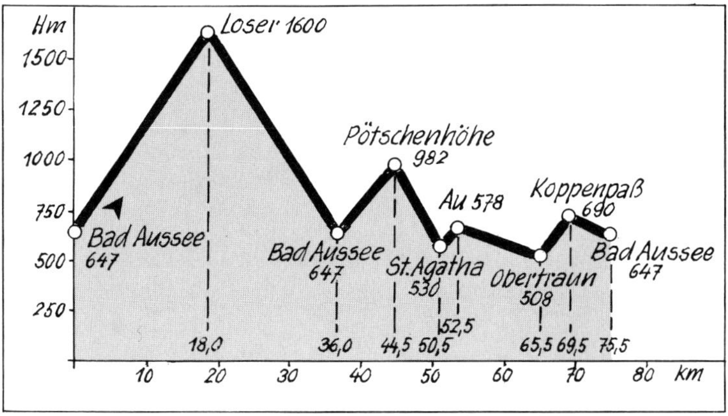
Hm
1500
1250
1000
750
500
250
Loser 1600
Pötschenhöhe 982
Au 578
Koppenpaß 690
Bad Aussee 647
Bad Aussee 647
St. Agatha 530
Obertraun 508
Bad Aussee 647
18,0
36,0
44,5
50,5
52,5
65,5
69,5
75,5
10
20
30
40
50
60
70
80
km

keiten zu erwarten. Mit 9% Gefälle fährt man mit Blick auf den Hallstätter See ins obere Trauntal ab, wo unmittelbar hinter dem Ortsschild von St. Agatha (km 50,5) eine kleine Straße Richtung Obersee/Untersee abzweigt. In Untersee, nicht der Beschilderung »Obersee« nach, sondern leicht rechts haltend, führt ein winziges Sträßchen durch das Moorgebiet am Nordende des Sees bis zur Gemeinde Au (km 52,5) an der Bundesstraße 166. Kurz vor Steeg wird die ausfließende Traun überquert und am Westufer des Sees entlang die sogenannte Gosauzwang (km 56,0) erreicht, wo die Straße zum Vorderen Gosausee abzweigt (siehe Beschreibung Abstecher). Unschwierig geht es weiter nach Hallstatt (km 59,0). Die Einfahrt in den Ort selbst allerdings ist von einer Zeitschaltung abhängig gemacht, die den Einbahnverkehr der schmalen Uferstraße alle 7 Minuten regelt. Etwas Zeit für die Sehenswürdigkeiten von Hallstatt, das nicht nur dem See, sondern einer ganzen Epoche seinen Namen gegeben hat, sollte man sich schon nehmen, bevor man Richtung Obertraun weiterradelt. Über kurze mäßige Anstiege, die mit ebensolchen Abfahrten abwechseln, wird hinter Winkl die hier in den See einfließende Traun überquert und bald darauf Obertraun (km 65,5) erreicht. Scharf biegt die Straße nach Westen ab, und während frontal dicht bewaldete Bergkämme jeden Weiterweg zu versperren drohen, fährt man beim Gasthof Koppenrast (km 67,5) ins Koppental ein. Vorbei an der wildromantischen Koppenbrüller Höhle mit unterirdischen Wasserfällen und Tropfsteinbildung (Führungsdauer 50 Minuten) wird die letzte Steigungsstrecke in Angriff genommen. Nach Überquerung der Bahnlinie steigt die Straße über eine Kehre mit 14% an. Ein kurzes flaches Stück, dann nimmt auf eine Länge von mehr als 500 m die Steigung der kopfsteingepflasterten Trasse auf 23% zu, bevor kurz darauf der Koppenpaß (km 69,5) erreicht wird. Nur mäßig fällt die Straße im oberen Teil zwischen den von Bergahornen durchsetzten Mischwäldern des Hohen Sarsteins und Zinkenkogels wieder ins Bundesland Steiermark ab. Eine 16%ige Gefällstrecke mit einer von Eisenbahnschienen durchzogenen Linkskurve zwingt nochmals zur Vorsicht, bevor beim Bahnhof Bad Aussee (km 75,5) der Ausgangspunkt dieser Tour wieder erreicht wird.

Abstecher zum Vorderen Gosausee (+17,0 km, +424 Hm, +¾–1 Std.) Die 12%ige Steigung am Beginn geht bereits nach 150 m zurück, bis Vordertal (km 6,5) steigt die Straße durch dichten Mischwald, meist auf Höhe des Gosaubaches, nur noch einmal kurz bis 8% an, und auf fast ebener Strecke wird Gosau (km 8,5) erreicht. Erst in Gosau-Hintertal (km 13,0) beginnt die Straße, von längeren flacheren Stücken unterbrochen, auf 8% anzusteigen, bevor der letzte Kilometer bis zu den Parkplätzen der Gosaukammbahn (km 17,0) mit durchgehend 12% Steigung nochmals erheblichen Krafteinsatz erfordert.

14 Unter den Südwänden des Hohen Dachsteins

Steiermark/Salzburger Land

Strecke Schladming - Ramsau-Leiten - Ramsau-Kulm - Ramsau-Ort - Abzweiger Dachstein-Bergstraße - Filzmoos - Eben im Pongau - Radstadt - Forstau - Gleiming - Schladming

Charakter Leichte Radtour mit maximal 14% Steigung vom Ennstal zum Dachstein

Zeit 3–4 Stunden

Länge 59,5 km

Höhendifferenz 620 m

Übersetzung 42/26

Ausgangspunkt Schladming (749 m)

Karte Generalkarte 1:200000, Österreich, Blatt 4; KOMPASS Wanderkarte 1:50000, Blatt 31

Paßöffnungszeiten Einschließlich der Auffahrt zur Dachstein-Bergstraße ganzjährig befahrbar

Streckenbeschreibung Wenn man Schladming (km 0,0) auf der mit 12% ansteigenden Straße, der Beschilderung »Ramsau« folgend, verläßt, fällt der Blick auf die bekannte Weltcupabfahrtsstrecke der Planei, deren grüne Schneise sich durch den bewaldeten Berg mitten in den Ort hineinzuziehen scheint. Wenige hundert Meter nach dem Ortsende von Schladming orientiert man sich in Richtung Ramsau-Leiten. Es geht durch Mischwald, der hin und wieder Blicke auf das Ennstal zuläßt. Durchgehend 12–14% beträgt die Steigung, bis mit den Häusern von Leiten die sogenannte Ramsau, ein Hochplateau zwischen dem Dachsteinmassiv im Norden und dem Ennstal im Süden, erreicht wird. Im Vordergrund die mächtigen Felstürme des Ramsauer Gebirges, wie die östlichen Vorberge der eigentlichen Dachsteingruppe genannt werden, sind der Beschilderung »Dachstein-Gletscherbahn« folgend noch mehrere kurze Steigungen bis 14% zu überwinden, bevor man bei Ramsau-Kulm (km 5,0) wieder auf die Hauptstraße trifft. Lange leichte Abfahrten und Anstiege wechseln mit flachen Teilstücken ab, während vorne über grünen Bergwiesen der ganze Gebirgsstock mit seinen steil abfallenden weißen Kalkwänden immer besser sichtbar wird. Wer sich an der Abzweigung zur Dachsteinstraße (km 11,0) von den zusätzlichen 527 Höhenmetern und Steigungsmaxima bis 15% abschrecken läßt, versäumt sicherlich einen Höhepunkt dieser Tour (siehe Beschreibung Abstecher), zumal die größten Schwierigkeiten bereits überwunden sind. Vorbei an blumenübersäten Böschungen fällt die Straße nun in das sich immer mehr ausweitende Tal der Mandling ab. Nach einer Kurve eröffnet sich der vielleicht schönste Blick auf

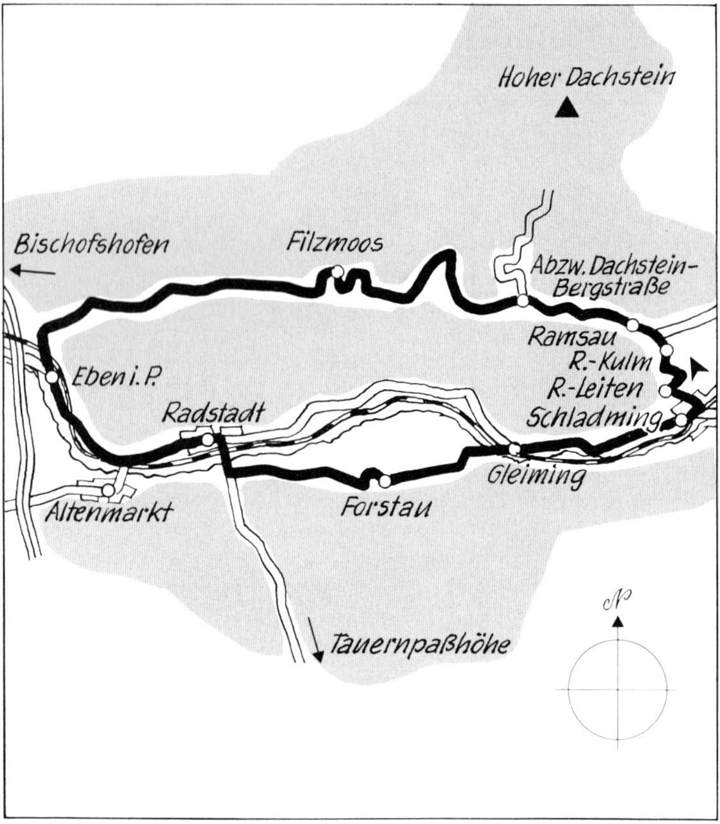
Hoher Dachstein
Bischofshofen
Filzmoos
Abzw. Dachstein-Bergstraße
Ramsau
R.-Kulm
R.-Leiten
Schladming
Eben i. P.
Radstadt
Gleiming
Forstau
Altenmarkt
Tauernpaßhöhe
N

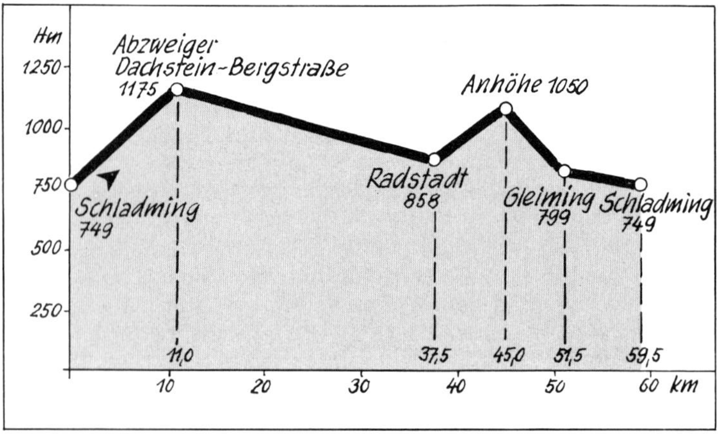
Hm
1250
1000
750
500
250
Abzweiger Dachstein-Bergstraße 1175
Anhöhe 1050
Radstadt 858
Gleiming 799
Schladming 749
Schladming 749
11,0
37,5
45,0
51,5
59,5
10
20
30
40
50
60 km

die mächtigen Südabstürze des Dachsteins. Torstein, Mitterspitz, Hoher Dachstein, Hunerkogel und Koppenkarstein sind nur einige der Bergspitzen dieses gigantischen Felsblocks, über dem deutlich der weiße Rand des Gletscherschneefelds zu sehen ist. Über eine weite Linksschleife wird der von den Geröllfeldern des Dachsteins herabziehende Marbach überquert und gleichzeitig die Steiermark verlassen. Das Bundesland Salzburg empfängt den Radler auf den ersten Kilometern mit ansteigender Straße, entschädigt dafür aber mit einer langen Abfahrt und einem nur noch mäßigen Anstieg bis Filzmoos (km 21,5). Nochmals wird die ganze Aufmerksamkeit auf die charakteristische Felsgestalt der Bischofsmütze im Norden gelenkt, bevor man Richtung Eben im Pongau abbiegt. Auf anfangs noch mäßig geneigter Straße geht es zwischen Bergwiesen und bewaldeten Hügeln bald rasant abwärts. Den Fritzbach mehrmals überquerend trennt uns dann nur noch ein kurzer 10%iger Anstieg, bevor mit Eben im Pongau (km 34,0) auch wieder das breite Ennstal erreicht wird. Ein kurzes Stück auf der Bundesstraße 99 bringt nach Radstadt (km 37,5), wo man der Beschilderung Obertauern folgend unmittelbar am Ortsende die Abzweigung nach Forstau (km 41,5) nicht übersehen darf. Nahezu unbehelligt vom Verkehr, der bei einer ständigen Steigung von 10–12% bald weit unten im Ennstal zurückbleibt, zieht die Straße auf den ersten 2,5 km nach oben. Dann geht die Steigung auf gemäßigte 6–8% zurück, und inmitten von Bergwiesen und Wäldern ist nach einem weiteren Kilometer der höchste Punkt erreicht. Nach Forstau (km 48,5) wird das Tal enger, und auch das Gefälle geht entlang den steilen Schuttflanken des Scheiblingpalfens zurück. Auf enger Straße, begrenzt von Holzzäunen, wird Gleiming (km 51,5) durchfahren und auf einer alten Holzbrücke die Enns überquert. Nur knapp 5 km sind noch auf der Bundesstraße 146 zurückzulegen, bevor man auf einer Seitenstraße nach Schladming (km 59,5) zurückradelt.

Abstecher zur Dachstein-Bergstraße (+5,0 km, +527 Hm, +¾–1 Std.) Kurz hinter der Mautstelle geht es bergauf. Vier mit Namensangaben versehene Kehren mit Steigungen bis 15% müssen überwunden werden, bevor es sich leichter tritt. Dichter Wald gibt dabei nur hin und wieder den Blick auf die Felswände frei. Bei der Glösalm nimmt die Steigung wieder auf 10% zu, dafür wird der Wald lichter, und Torstein, Mitterspitze, Hoher Dachstein, die Dirndln, Scheiblingstein und Vorderer Türlspitz rücken ins Blickfeld. Mit Erreichen der Kehre 5 (Malerwinkel) nimmt die Steigung nochmal bis auf 15% zu, um nach der siebten und letzten Kehre wieder auf gemäßigte 6–8% zurückzugehen. Zwischen Almmatten und lichtem Lärchenwald werden der Alpengasthof Dachstein und gleich darauf der Endpunkt der Straße beim Berghotel Türlwandhütte erreicht.

15 Im Gebiet der Nocken

Kärnten

Strecke Seeboden - Radenthein - Bad Kleinkirchheim - Patergassen - Abzweigung Nockalmstraße - Schiestelscharte - Parkplatz Sackl - Eisentalhöhe - Innerkrems - Kremsbrücke - Gmünd - Seeboden

Charakter Mittelschwere Radtour mit maximal 12% Steigung durch die Gurktaler Alpen

Zeit 4½-5½ Stunden

Länge 103,5 km

Höhendifferenz 1980 m

Übersetzung 42/26

Ausgangspunkt Seeboden (618 m), ca. 3 km nördlich von Spittal an der Drau, am Westende des Millstätter Sees

Karte Generalkarte 1:200000, Österreich, Blatt 6; KOMPASS Wanderkarte 1:50000, Blatt 63

Paßöffnungszeiten Wegen Wintersperre der Nockalmstraße ist die Strecke nur zwischen Pfingsten und 31. Oktober befahrbar

Streckenbeschreibung Die Gurktaler Alpen oder das Nockgebiet, wie diese Berggruppe wegen ihrer charakteristischen Form mit runden Hügeln und weiten Mulden genannt wird, bildet das Herzstück des Kärntner Landes. Eine durchgehend asphaltierte, gut ausgebaute Mautstraße, die alleine zu touristischen Zwecken angelegt wurde, erschließt diese fast noch unberührte Naturlandschaft in eindrucksvoller Weise. Ausgangspunkt der Tour ist der Urlaubsort Seeboden (km 0,0) am Westende des Millstätter Sees, nur etwa 3 km nördlich von Spittal an der Drau. Auf ebener Straße radelt man am linken Seeufer entlang bis Millstatt (km 3,0). Erst in Dellach (km 7,0) steigt die Straße auf 6% an, um am Ortsende bereits wieder leicht abzufallen. Der Beschilderung Villach/Radenthein folgend verläßt man bald darauf den See und fährt in das Tal des Riegerbaches ein. Einem kurzen 8%igen Anstieg folgt eine ebensolche Abfahrt, und auf mäßig ansteigender Straße wird das Städtchen Radenthein (km 15,0) erreicht, wo die Magnesitverarbeitungsindustrie dem Fremdenverkehr noch nicht ganz gewichen ist. Unmittelbar am Ortsende, in Richtung Bad Kleinkirchheim/Turracher Höhe, steigt die Fahrbahn auf einer Länge von 2 km bis St. Peter (km 19,0) auf 10% an. Nur kurz fällt die Straße in der Ortsmitte ab, dann leiten Steigungen zwischen 8 und 10% durch einen dichtbewaldeten, schluchtartigen Talabschnitt nach Bad Kleinkirchheim (km 22,0). Das Tal weitet sich, bewaldete Bergkuppen bestimmen das Landschaftsbild, und durch die langgestreckte, aus mehreren Teilen bestehende Ortschaft geht die Steigung auf 6% zurück, bevor man am Ortsende in den grünen Talboden des Gurktales bis Patergassen (km 30,0) ab-

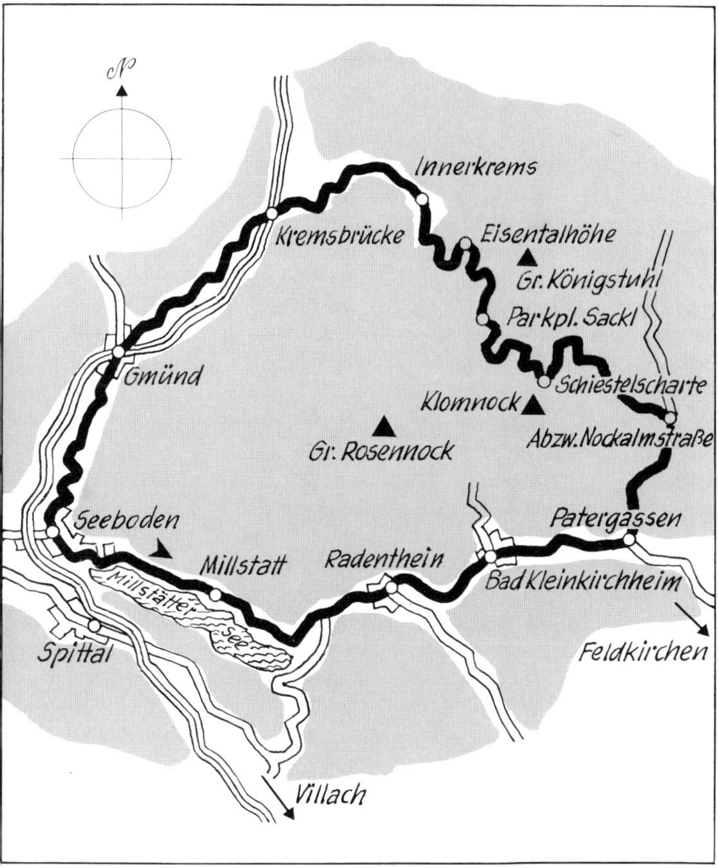
N
Innerkrems
Kremsbrücke
Eisentalhöhe
Gr. Königstuhl
Parkpl. Sackl
Schiestelscharte
Gmünd
Klomnock
Abzw. Nockalmstraße
Gr. Rosennock
Seeboden
Patergassen
Millstatt
Radenthein
Bad Kleinkirchheim
Millstätter See
Spittal
Feldkirchen
Villach

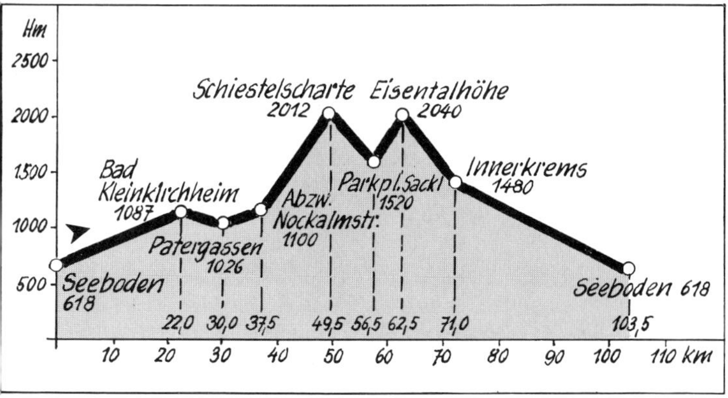
Hm
2500
2000
1500
1000
500
Schiestelscharte 2012
Eisentalhöhe 2040
Bad Kleinkirchheim 1087
Parkpl. Sackl 1520
Innerkrems 1480
Abzw. Nockalmstr. 1100
Patergassen 1026
Seeboden 618
Seeboden 618
22,0
30,0
37,5
49,5
56,5
62,5
71,0
103,5
10
20
30
40
50
60
70
80
90
100
110 km

fährt. Bis Ebene Reichenau (km 35,5) hält sich die Straße fast eben im Talboden, dann bringt ein kurzer 12%iger Anstieg in den Winkl (km 37,5), wie die Abzweigung Nockalmstraße/Turracher Höhe genannt wird. Die 12%ige Steigung, mit der die Straße in das Tal des Winklbaches hinaufzieht, geht bald zurück, bis zur Mautstelle (km 40,5) werden kurze Steigungen bis 10% von längeren flacheren Stücken abgelöst, und bis zum Beginn einer Kehrenstrecke (km 42,0) gestatten Steigungen zwischen 6 und 8% noch ein zügiges Vorwärtskommen. Dann aber werden es 12%, die Baumgrenze ist erreicht und gibt den Blick nach Süden zu den Afritzer Bergen frei. Bis zur Schiestelscharte (km 49,5), einer Einkerbung zwischen Klomnock und Schiestelnock, geht die Steigung kaum einmal unter 10% zurück. Der Auffahrt folgt eine kurvenreiche Abfahrt mit Gefälle bis 12% in das Grundtal, wo die Straße nach Überquerung des Stangbaches (km 56,5), Richtung Innerkrems, unvermittelt wieder auf 10% ansteigt. Am Karlbad (km 59,0), dem wohl letzten Bauernbad, wo man noch heute mittels erhitzter Steine erwärmtes Wasser zur Heilung von Rheumatismus verwendet, hält die Steigung an. Danach folgt wieder eine Kehrengruppe über einen bewaldeten Berghang mit Steigungen zwischen 10 und 12%, bevor die Waldgrenze wieder überfahren und mit der Eisentalhöhe (km 62,5), dem höchsten Punkt des Tages, auch das Ende der Schwierigkeiten erreicht wird. Besonders eindrucksvoll ist die Aussicht, wenn die Täler noch von Morgennebel bedeckt sind, aus dem die braunen Kuppen wie Inseln herausragen. Ein sicherlich unvergeßliches Erlebnis, das einem jedoch nur an wenigen Herbsttagen vergönnt sein wird. Kurvenreich fällt die Straße mit bis zu 12% zum Gasthof Zechneralm (km 65,0) ab. Es folgt ein Waldstück, und nach einer engen Kehrengruppe bei der Nockalm verläßt man bei der Mautstelle in Innerkrems (km 71,0) die Nockalmstraße. Dem gewundenen Verlauf des Kremsbaches nach geht es auf der engen, knapp zweispurigen Straße bis Kremsbrücke (km 80,5) ständig bergab. Unter den Betonpfeilern der Autobahn, die hoch oben einen Großteil des Verkehrs abzieht, hindurch, radelt man an der Lieser entlang auf nunmehr mäßiger, aber fast durchwegs weiter leicht fallender Straße bis Gmünd (km 90,0). Das Rothenburg von Kärnten, wie das alte Städtchen genannt wird, dessen mittelalterliche Stadtmauern noch den einfallenden Türken erfolgreich trotzten, ist sicherlich einen Aufenthalt wert. Die letzten Kilometer bis zum Ausgangspunkt (km 103,5) werden dann auf ebener Straße um so schneller zurückgelegt.
Hinweis: Als beliebte Ferienregion ist die Strecke zwischen Seeboden und Bad Kleinkirchheim stark befahren, ein früher Aufbruch deshalb empfehlenswert. Bei den Abfahrten auf der Nockalmstraße ist wegen der zahlreichen Weideroste Vorsicht geboten.

16 Durch den Triglav-Nationalpark

Kärnten/Friaul/Slowenien

Strecke Hart - Thörl-Maglern - Tarvísio - Predilpaß - Abzweigung Vršič/Kranjska Gora - Trenta - Vršičpaß - Kranjska Gora - Wurzenpaß - Hart

Charakter Schwere Radtour mit maximal 18% Steigung im Dreiländereck

Zeit 5–7 Stunden

Länge 107 km

Höhendifferenz 2060 m

Übersetzung 42/26

Ausgangspunkt Hart (527 m), ca. 6 km südlich von Villach an der B 83

Karte Freytag & Berndt Wanderkarte 1:100000, Blatt 14

Paßöffnungszeiten Wegen Wintersperre der Vršič-Paßstraße ist die Strecke nur zwischen 1. Mai und 31. Oktober befahrbar

Streckenbeschreibung Hart (km 0,0), ca. 6 km südlich von Villach, erscheint noch als günstigster Ausgangspunkt, um dem starken Verkehrsaufkommen, das am Beginn und Ende dieser Tour wartet, so gut wie möglich zu entkommen. Ganz wird dies zumindest bei der Anfahrt bis Tarvísio und der Rückfahrt über den Wurzenpaß nicht gelingen, und so kann eigentlich nur angeraten werden, diese im jugoslawischen Bereich nur schwach frequentierte Tour früh am Morgen und nicht zu den Hauptreisezeiten zu unternehmen. Im breiten Gailtal wechseln bis Arnoldstein (km 6,0) leichte Anstiege mit ebensolchen Abfahrten ab, bevor die Straße mit Steigungen bis 8% über Thörl-Maglern (km 11,0) zur Grenze (km 13,5) führt. Ein 500 m langer, schwach beleuchteter Tunnel nimmt kurz die Sicht auf die Bergspitzen der Julischen Alpen, bevor auf flacher Straße Tarvísio (km 19,5) erreicht wird. Im Ort folgt man der Beschilderung »Cave del Predil« und läßt mit der Einfahrt in das Tal der Slizza endlich auch den Verkehr hinter sich. Auf den im Vordergrund aufragenden Bergstock der Tofana Fuart zu steigt die Straße nur mäßig an. Die Talseite wird gewechselt, eine Kehre (km 26,5) mit 10% Steigung überwunden und bei wieder zurückgehender Steigung Cave del Predil (km 29,5) erreicht. Auch der kurze 10%ige Anstieg nach dem Ortsende wird sofort von einer kleinen Abfahrt abgelöst, bevor es nach Durchfahrung eines 180 m langen Kehrentunnels endgültig steil aufwärts geht. Über dem Raibler See, zu Füßen der Nordwand des Cima del Lago, läßt die 10%ige kurven- und kehrenreiche Steigung durch den dichten Mischwald der östlichen Talseite bis zu den Grenzstationen auf der Paßhöhe (km 34,5) nicht mehr nach. Jugoslawien empfängt den Radler mit einer kurvenreichen Abfahrt mit Gefälle bis 12% und einem eindrucksvollen Blick auf die Westseite

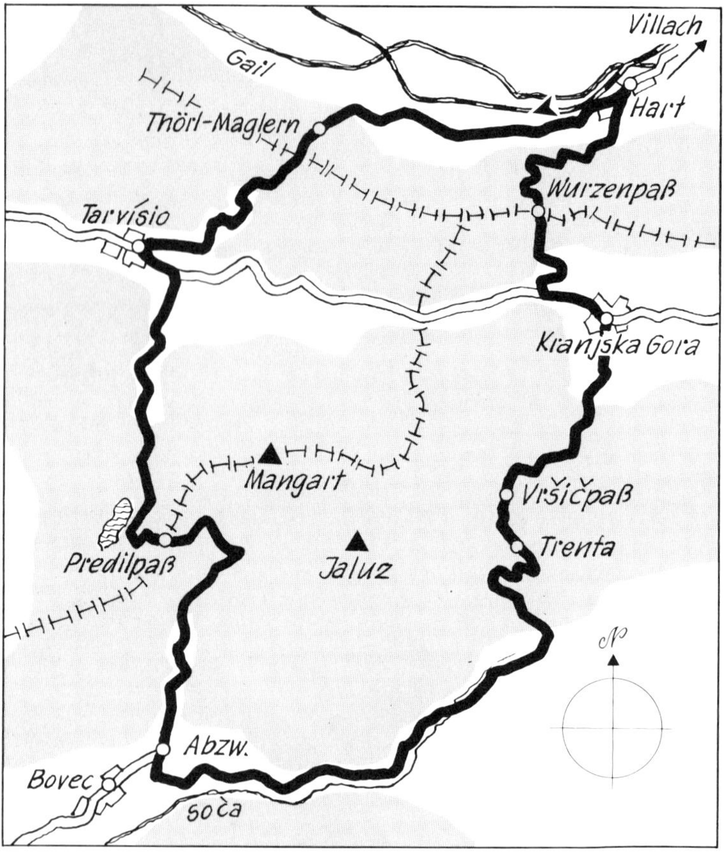
Villach
Gail
Hart
Thörl-Maglern
Wurzenpaß
Tarvísio
Kranjska Gora
Mangart
Vršičpaß
Trenta
Predilpaß
Jaluz
Abzw.
Bovec
Soča

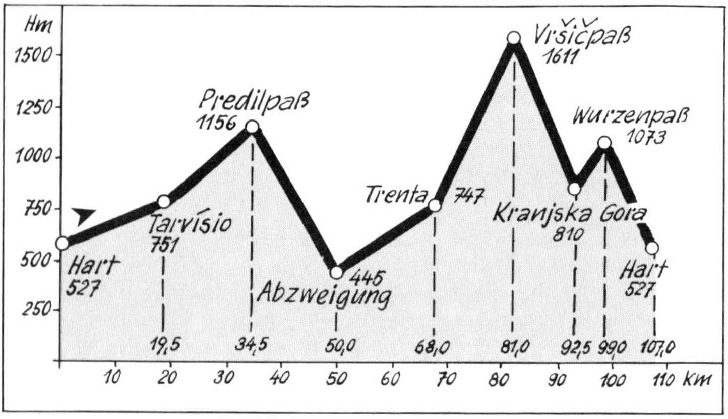
Hm
1500
1250
1000
750
500
250
Hart
527
Tarvísio
751
Predilpaß
1156
445
Abzweigung
Trenta 747
Vršičpaß
1611
Kranjska Gora
810
Wurzenpaß
1073
Hart
527
19,5
34,5
50,0
68,0
81,0
92,5
99,0
107,0
10 20 30 40 50 60 70 80 90 100 110 Km

des Mangart mit dem sich anschließenden gezackten, fast bis ins Tal abfallenden Südwestgrat. Nach Strmec zwingt eine Kehrengruppe zum Abbremsen, bevor die Straße weiter in den grünen Talboden der Koritnica bis Log pod Mangartom (km 41,5) abfällt. Rückblickend die Wände des Mangart, seitwärts die Westabstürze des Jalovec und vorne die schroffen Nordwände der Breter Wand geben dem Tal eine eigentümlich herbe Schönheit, die sich noch verstärkt, wenn die Spitzen der Berge wolkenverhangen sind. Am Talboden der Koritnica (km 46,5) angelangt, wartet ein 300 m langer 10%iger Gegenanstieg, bevor die Straße an einem alten Fort vorbei bis zur Abzweigung Vršič/Kranjska Gora (km 50,0) abfällt. In Kal Koritnica (km 51,0) wird man von dem weiten grünen, von bewaldeten Bergen umgebenen Talkessel des Isonzo und der Einfahrt in den Triglav-Nationalpark empfangen. Auf die pyramidenförmige, bis zum Gipfel bewaldete Spitze mit dem unaussprechlichen Namen Crni vrh zu hält sich die Straße, von kurzen Steigungen abgesehen, bis Soča (km 59,0) hauptsächlich auf Höhe des Isonzo. Auch bis Trenta (km 68,0) überwiegen auf meist nur mäßig ansteigender Strecke lange flache Abschnitte, und in einer Umgebung von kaum mehr gekannter Ursprünglichkeit stört eigentlich nur der sehr schlechte Straßenbelag. Unter den Felswänden des Prisojnik und Razor zieht die Trasse über eine Kehrengruppe mit 11% Steigung aufwärts (km 69,5), bevor man die erkämpften Höhenmeter mit der Abfahrt in eine grüne Talweitung wieder verliert. Treppenartig geht es mit bis zu 12%, unterbrochen von flachen Stücken, bergauf, bevor die Steigung bei der Abzweigung nach Vršič auf 14% zunimmt. Kurven- und kehrenreich windet sich die Straße nun mit einer ständigen Steigung zwischen 10 und 14% durch den Mischwald an den Hängen des Prisojnik nach oben. Ein blaues Schild mit der Aufschrift »50« deutet an, daß insgesamt 50 Kehren zu überwinden sind, wobei glücklicherweise jedoch die 24 Kehren der Abfahrt mitgerechnet wurden. Die Paßhöhe (km 81,0) bildet die Wasserscheide zwischen der Adria und dem Schwarzen Meer und bietet einen prächtigen Tiefblick in das Tal der Pišnica, in welches man nun abfährt. Ein Gefälle von 14% und das Kopfsteinpflaster der eng aufeinanderfolgenden Kehren erfordern eine vorsichtige Fahrweise. In Kranjska Gora (km 92,5) ist der landschaftlich schönste Teil der Tour zurückgelegt, der zunehmende Verkehr und die Auffahrt zum Wurzenpaß stehen noch bevor. Der Beschilderung »Austria/Korensko Sedlo« (km 95,5) folgend, steigt die Straße nach einer weiten Schleife auf einer Länge von 500 m auf 18% an und erreicht bis zur Grenze (km 99,0) noch zweimal kurz Steigungen bis 14%. Die Abfahrt mit bis zu 18%igem Gefälle erfordert dann nochmals die ganze Aufmerksamkeit, bevor mit der Einfahrt in die Bundesstraße 83 unmittelbar darauf der Ausgangspunkt Hart (km 107,0) wieder erreicht wird.

17 Um das Rofangebirge

Nordtirol

Strecke Achenkirch - Maurach - Wiesing - Münster - Kramsach - Brandenberg - Pinegg - Steinberg am Rofan - Achenkirch

Charakter Leichte Radtour mit maximal 12% Steigung zwischen Karwendel- und Kaisergebirge

Zeit 3-4 Stunden

Länge 66,5 km

Höhendifferenz 700 m

Übersetzung 42/23-26

Ausgangspunkt Achenkirch (923 m)

Karte Generalkarte 1:200000, Österreich, Blatt 7; KOMPASS Wanderkarte 1:50000, Blatt 27

Paßöffnungszeiten Da der Abschnitt Pinegg-Steinberg im Winter nicht regelmäßig geräumt wird, ist die Strecke je nach Schneelage meist erst ab Anfang April befahrbar

Streckenbeschreibung Das Rofangebirge ist eine kleine, eigenständige Gebirgsgruppe, vom Karwendelgebirge durch den Achensee getrennt, im Süden und Osten begrenzt vom Inntal und der Brandenberger Ache. Ausgangspunkt für eine Umrundung dieses Berggebiets ist die kleine Ortschaft Achenkirch (km 0,0), wenige Kilometer nach der deutsch-österreichischen Landesgrenze. Unter den bewaldeten Hängen des Unnütz, auf die pyramidenförmige Seekarspitze zu, weit vorne die östlichen Ausläufer des Karwendel über dem Südende des Sees, ist die Nordspitze des Achensees rasch erreicht. Eine 600 m lange, schwach beleuchtete Tunnelgalerie (km 4,5) wird durchfahren, und man radelt auf meist ebener Straße am Ostufer von Tirols größtem und schönstem See entlang. Über dem gegenüberliegenden Ufer scheinen die schrofigen Hänge von Seeberg- und Seekarspitze unmittelbar in den See zu stürzen, aber auch auf der Ostseite ist zwischen Seeufer und den Abhängen der Hochiß, des höchsten Rofangipfels, gerade Platz für die gut ausgebaute Straße. Am Westufer wird das kleine Dorf Pertisau sichtbar, darüber die Felsspitzen der Rappenspitze und des Kaserjochs, und beim Gasthaus Bergkristall (km 8,5) eröffnet sich der Blick auf die mächtigen Karwendelgipfel um die Schaufelspitze über dem Falzturntal. Mäßig, aber doch spürbar fällt die Straße am verlandeten Südende des Sees bis Maurach (km 11,0) ab, um am Ortsende des langgezogenen Straßendorfes, nach zwei kurzen Galerien (km 14,5), endgültig ins Inntal abzubrechen. Die Kanzelkehre (km 15,5) mit dem holprigen Kopfsteinpflaster läßt eine Einhaltung der Geschwindigkeitsbegrenzung auf 30 km/h ratsam erscheinen, danach aber erfordern die weiten Kurven und das maximale Gefälle von 8% kein Abbremsen mehr. Wer die Abzweigung nach Wiesing (km 20,0) ver-

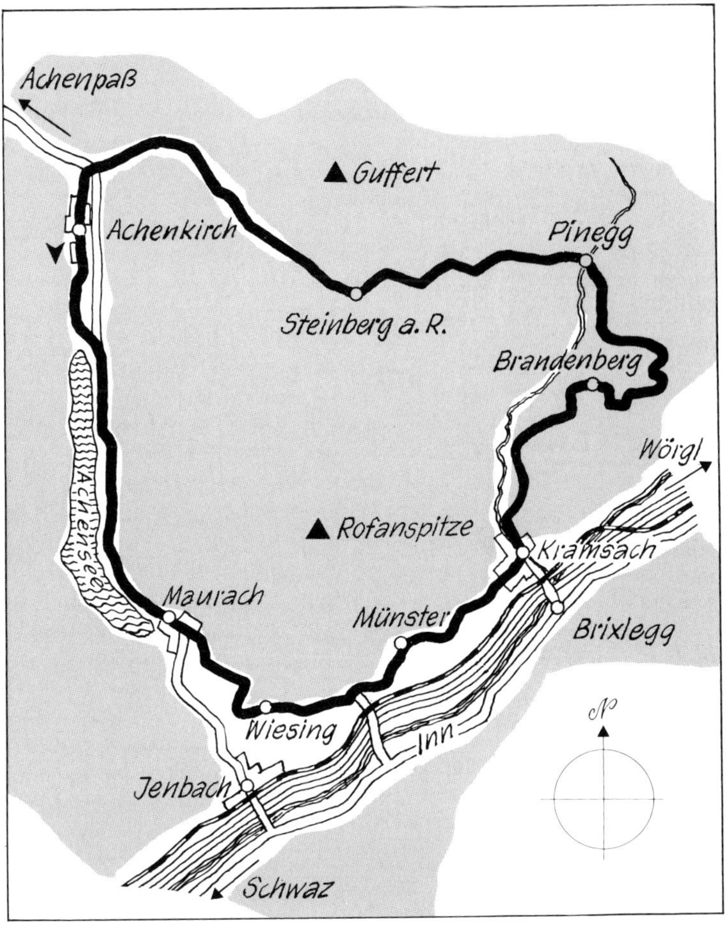
Achenpaß
Gufffert
Achenkirch
Pinegg
Steinberg a. R.
Brandenberg
Wörgl
Achensee
Rofanspitze
Kramsach
Maurach
Münster
Brixlegg
Wiesing
Inn
Jenbach
Schwaz
N

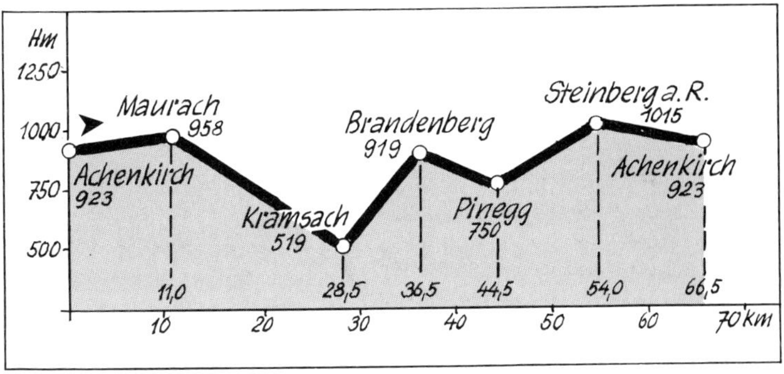
Hm
1250
1000
750
500
Maurach
958
Steinberg a. R.
1015
Brandenberg
919
Achenkirch
923
Achenkirch
923
Kramsach
519
Pinegg
750
11,0
28,5
36,5
44,5
54,0
66,5
10
20
30
40
50
60
70 km

paßt, hat kurz danach, vor der Autobahnbrücke, nochmals die Möglichkeit, von der Bundesstraße abzubiegen und am Ortsende von Wiesing der Beschilderung »Kramsach/Münster« zu folgen. Am Fuße des Rofangebirges, im Süden die Tuxer Voralpen, radelt man am linken Innufer ein kurzes Stück bis Münster (km 23,0) unmittelbar an der Autobahn entlang und erreicht unschwierig Kramsach (km 28,5). Der Beschilderung nach Brandenberg folgend wird der Fluß überquert, und am Ortsende beginnt die Straße unter den bewaldeten Hängen des Valldöppberges bis auf 12% anzusteigen. Die Brandenberger Ache, die jenseits der Grenze als Valepp ihren Ursprung hat, bleibt bald tief unten zurück, und bis km 35,0 hält die Steigung fast unvermindert an, bevor sich die Fahrbahn endlich leicht nach Brandenberg (km 36,5) absenkt. Inmitten eines herrlichen, von Wäldern begrenzten Wiesenhochtales durchfährt man die weit verstreuten Häuser der Ortschaft und orientiert sich kurz vor dem Ortsende (km 39,5) an der Beschilderung »Aschau/Kaiserbachklamm«. Der kurzen Abfahrt folgt ein noch kürzerer Gegenanstieg an einer blumenübersäten Böschung, bevor die teilweise sehr schmale, mit Ausweichen versehene Straße bis zu den Häusern von Pinegg (km 44,5) abfällt. Auf einer kleinen Holzbrücke wird der Fluß überquert, dem kleinen blauen Hinweisschild »Steinberg« nach ein kurzer 10%iger Anstieg bewältigt und der nach links abbiegenden Straße nach Steinberg gefolgt. Wer kurz danach meint, er habe sich verfahren, hat unrecht. Das schmale, unbefestigte Forststräßchen ist tatsächlich das Verbindungsstück nach Steinberg und sogar für den öffentlichen Verkehr freigegeben. Meist mäßig ansteigend, auf der rechten Talseite haltend, zwingen doch einige Male kurze Steigungsstücke zum Schieben, da auf dem steinigen Untergrund der Hinterreifen keinen Halt mehr findet. Bis km 50,5 hält dieses Straßenstück, das wohl die Grenze des Zumutbaren für die schmalen Schlauchreifen darstellt, an, bevor man wieder festen Boden unter die Räder bekommt. Nach einer kurzen Abfahrt steigt die Straße mit 6% an, und ein herrlicher Blick auf die sich immer mehr ausweitende Kette des Rofan, dessen wuchtige Wände, Türme und Zacken von tiefen Scharten getrennt sind, entschädigt den Radler. In einem Waldstück (km 53,0) verläuft die Straße wieder bergab, das in einer Talweitung gelegene Steinberg (km 54,0) wird am Ortsende nur kurz berührt und unter den Felswänden der Südseite des Guffert der letzte Abschnitt dieser Tour in Angriff genommen. Ein unscheinbares Schild am rechten Straßenrand deutet an, daß die Wasserscheide Isar/Inn überfahren wird, und auf meist leicht abfallender Trasse, die bei Achental auf die Bundesstraße trifft, ist der Ausgangspunkt (km 66,5) fast zu schnell wieder erreicht.
Hinweis: Zwischen Pinegg und Steinberg ist die Straße auf eine Länge von fast 6 km nicht befestigt.

18 Die Karwendel-Rundfahrt

Nordtirol/Südbayern

Strecke Innsbruck – Telfs – Buchensattel – Mittenwald – Wallgau – Vorderriß – Kaiserwacht – Achenkirch – Maurach – Schwaz – Volders – Innsbruck

Charakter Schwere Radtour mit maximal 14% Steigung um das Karwendelgebirge

Zeit 6–8 Stunden

Länge 157,5 km

Höhendifferenz 870 m

Übersetzung 42/26

Ausgangspunkt Innsbruck (575 m)

Karte Generalkarte 1:200000, Österreich, Blatt 8; KOMPASS Wanderkarte 1:50000, Blatt 26, 35, 182 und 27

Paßöffnungszeiten Ganzjährig befahrbar

Streckenbeschreibung Mit mehr als 900 km^2 Fläche ist das Karwendelgebirge das größte geschlossene Naturschutzgebiet der Ostalpen. Nur wenige Straßen führen in und gar keine durch diese Gebirgsgruppe, und so bleibt uns nur eine vollständige Umrundung, an die man sich aber vor allem wegen ihrer Länge erst mit einer stattlichen Anzahl von Trainingskilometern heranwagen sollte. Man verläßt Innsbruck (km 0,0) über den Ortsteil Kranebitten. Am Gasthaus Kranebitten vorbei steigt die Straße leicht an, um gleich darauf unter den Felsen der Martinswand wieder abzufallen. Am Inn entlang, der Beschilderung zum Arlberg folgend, wird unschwierig Zirl (km 7,5) erreicht. Weit vorne reihen sich die Felswände der Mieminger Kette entlang der rechten Talseite, und im breiten Inntal verläuft die Straße meist eben bis Telfs (km 22,0). Der im Ort, der Beschilderung »Mösern/Seefeld« nach, einsetzenden Steigung folgt eine kurze Abfahrt bis Sagl (km 24,0), bevor die Strecke endgültig wie eine Rampe mit 14% Steigung fast geradlinig an den Hängen des Lengenbergs nach oben zieht. Eine Kehre bringt nach Bairbach (km 27,0), und am Ort vorbei hält die Steigung auf der nach Leutasch/Buchen führenden Straße unvermindert an. Gewaltig erhebt sich im Vordergrund die felsige Kuppe der Hohen Munde, brüchiger Kalkfels tritt an die Straße, zwei Kehren werden überwunden, und erst nach einer weiteren Kehre, kurz vor dem Interalpen-Hotel (km 31,0), hat man das Ende dieser Steigungsstrecke erreicht. Auf schmäler werdender, unebener Trasse fährt man durch den dichten Nadelwald des Buchensattels in das grüne Plateau der Leutasch ab. Unter der Hohen Munde, die auch hier die linke Talseite beherrscht, erreicht man den Ortsteil Ostbach und folgt nach dem Ortsteil Kirchplatzl (km 36,0) der beim Sportplatz links Richtung Mittenwald/Seefeld abbiegenden Straße. Im Ortsteil Gasse (km 37,5),

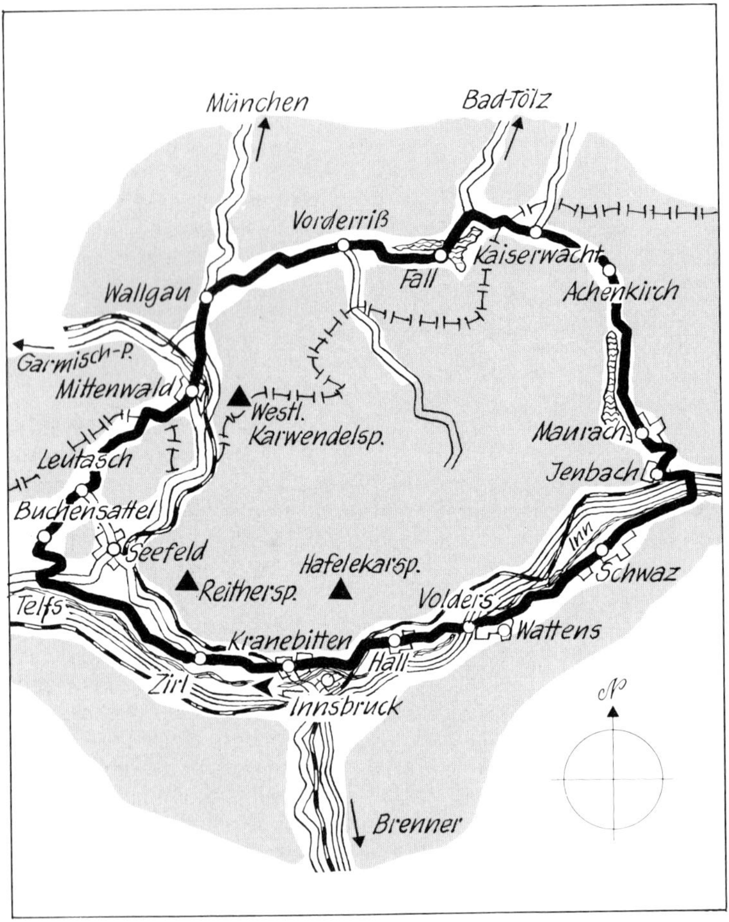
München
Bad-Tölz
Vorderriß
Kaiserwacht
Fall
Achenkirch
Wallgau
Garmisch-P.
Mittenwald
Westl.
Karwendelsp.
Maurach
Leutasch
Jenbach
Buchensattel
Inn
Seefeld
Hafelekarsp.
Schwaz
Reithersp.
Volders
Telfs
Wattens
Kranebitten
Hall
Zirl
Innsbruck
Brenner

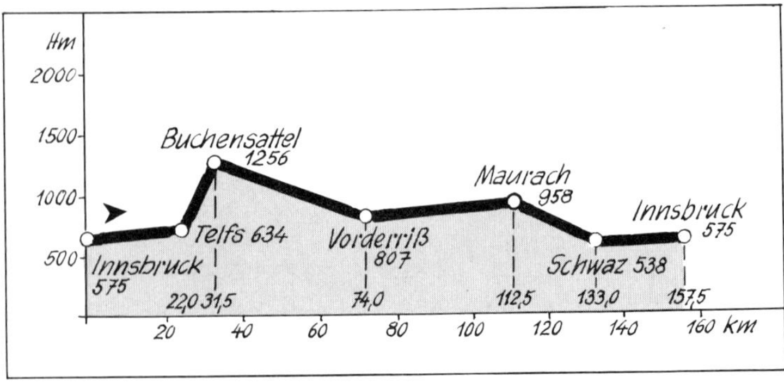
Hm
2000
1500
1000
500
Buchensattel
1256
Maurach
958
Innsbruck
575
Telfs 634
Vorderriß
807
Innsbruck
575
Schwaz 538
22,0
31,5
74,0
112,5
133,0
157,5
20
40
60
80
100
120
140
160 km

unter den schrofigen Hängen der Gehrenspitze, rollt es zwischen den mächtigen Felsabstürzen des Wettersteinmassivs zur Linken und den dicht bewaldeten Bergrücken des Arnspitzstocks zur Rechten auf ebener Straße bis zum Zollamt Leutasch (km 46,5). Kaum merklich steigt die Strecke in die Leutaschklamm an. Tief unten sucht sich das Wasser seinen Weg, über den Wäldern tauchen die Felswände der Westlichen Karwendelspitze auf, und mit Gefälle bis 10% fällt die Straße nach Mittenwald (km 49,5) ab. Im Ort, wo vor allem die Freskomalereien an zahlreichen alten Häusern die Aufmerksamkeit auf sich ziehen, hält man sich immer an die Beschilderung »München/Kochel«, der man auch nach dem Ort, nunmehr an der Isar entlang, folgt. In Krün (km 57,5) wird die Orientierung wieder einfacher, dennoch darf man in Wallgau (km 59,5) auf der im Ort ansteigenden Straße die Abzweigung nach Sylvensteinsee/Hinterriß nicht übersehen. Das schmale Mautsträßchen, auf dem man in den Isarwinkel einfährt, bietet, von einigen kurzen Anstiegen, die kaum einmal 10% erreichen und zudem sofort wieder von Abfahrten abgelöst werden, keine Schwierigkeiten, dennoch läßt der holprige, schlechte Straßenzustand größere Geschwindigkeiten nicht zu. Erst nach Überquerung der Isar bei der Mautstelle Vorderriß (km 74,0) bessert sich die Strecke wieder. Unter den dicht bewaldeten Hängen des Schafreuter verläuft die Trasse, von einigen kurzen Anstiegen bis 8% und ebensolchen Abfahrten abgesehen, meist eben bis Fall (km 81,0). Auf der elegant geschwungenen Faller Klammbrücke überquert man den Sylvensteinsee, und am linken Ufer entlang steigt die Straße am Seende leicht zur Kaiserwacht (km 91,5) an. Nach dem Zollamt Achenkirch (km 92,5) erwartet den Radler beim Gasthaus Marie (km 95,5) noch einmal eine längere Steigung bis 10%, bevor die Straße nach Achenkirch (km 98,5) wieder leicht abfällt. Links taucht kurz die felsige Spitze des Guffert auf, und unter dem behäbigen Bergrücken des Unnütz wechseln längere mäßigere Anstiege mit ebensolchen Abfahrten und ebenen Stücken ab. Nach einer Tunnelgalerie rollt es am linken Ufer des Achensees, der das Rofangebirge vom Karwendel trennt, entlang. Beim Gasthaus Bergkristall (km 110,5) fällt die Trasse leicht zum See-Ende ab, bevor sie zwischen den Häusern von Maurach (km 112,5), die sich entlang der Straße hinziehen, bis zum Ortsende (km 115,5) nochmals mäßig ansteigt. Nach dem holprigen Kopfsteinpflaster der Kanzelkehre (km 117,5) steht einer langen Abfahrt mit Gefälle bis 8% ins Inntal (km 124,0) nichts mehr im Wege. Schwaz (km 133,0) ist die erste größere Stadt, auf die man am linken Innufer trifft, und auch danach sind keinerlei Schwierigkeiten mehr zu erwarten. Dennoch ist man sicherlich froh, wenn man in Volders (km 147,5) wieder auf die rechte Innseite wechselt und bald darauf das Ortsschild von Innsbruck (km 157,5) das Ende dieser Tour ankündigt.

19 Um die Stubaier Alpen

Nordtirol/Südtirol

Strecke Innsbruck - Brennerpaß - Sterzing - Jaufenpaß - St. Leonhard in Passeier - Timmelsjoch - Oetz - Kühtaisattel - Kematen - Innsbruck

Charakter Schwere Radtour mit maximal 16% Steigung zwischen Ötztaler und Zillertaler Alpen

Zeit 10-12 Stunden (2 Tage)

Länge 223 km

Höhendifferenz 5110 m

Übersetzung 42/26-28

Ausgangspunkt Innsbruck (575 m)

Karte Generalkarte 1:200000, Österreich, Blatt 8; KOMPASS Wanderkarte 1:50000, Blatt 36, 44 und 43

Paßöffnungszeiten Wegen Wintersperre der Timmelsjoch-Hochalpenstraße ist die Strecke nur zwischen 15. Juni und 15. Oktober befahrbar; der Grenzübergang auf dem Timmelsjoch ist von 20 Uhr bis 7 Uhr geschlossen

Streckenbeschreibung Über eine weite Kehre mit 8% Steigung wird Innsbruck verlassen, weit vorne ragt die pyramidenförmige Serles auf, und an der Iglsschanze vorbei geht die Steigung zurück. Beim Gasthof Stephansbrücke (km 7,0) nimmt sie auf der durch den Mischwald der rechten Talseite kurvenreich nach oben führenden Straße allerdings wieder auf 8% zu. Beim Gasthof Alte Post (km 12,5) weitet sich das Tal etwas, die Steigung geht zurück, und an der Abzweigung ins Stubaital vorbei ist Matrei (km 19,5) auf fast ebener Straße bald erreicht. Auch bis Steinach (km 24,0) hält sich die Fahrbahn meist flach an der rechten Talseite, die Sill mehrmals überquerend verengt sich das Tal wieder, aber erst nach Stafflach (km 28,5) nimmt die Steigung bis Gries (km 30,5) auf 6% zu. Auf die zu den Zillertaler Alpen gehörenden Berge über der Paßhöhe zu steigt die Trasse in einer weiten Kurve mit 10% Steigung an der linken Talseite an, bevor sie auf Höhe der Autobahn zurückgeht. Am Brennersee vorbei trennt nur noch eine kurze 8%ige Steigung von der Paßhöhe (km 36,5) mit der Grenzstation. Bei der Abfahrt ins Eisacktal nimmt die Brennerautobahn bald den größten Teil des Verkehrs auf, bis Sterzing (km 51,0) fällt die Straße meist ab, und drei schwach beleuchtete Tunnels erfordern Vorsicht. Der Anstieg zum Jaufenpaß beginnt kurz hinter Gasteig (km 54,0). Kurvenreich führt die Strecke mit 10% Steigung durch den Mischwald des Gastjöchls nach oben. Im Nordwesten über dem breiten Ridnauntal zeigen sich die Stubaier Alpen, und hinter Kalch (km 60,0) ist eine 10%ige Kehrenstrecke durch dichten Nadelwald zu bewältigen. Die zurückgehende Steigung gestattet ein schnelleres Vorwärtskommen. Über

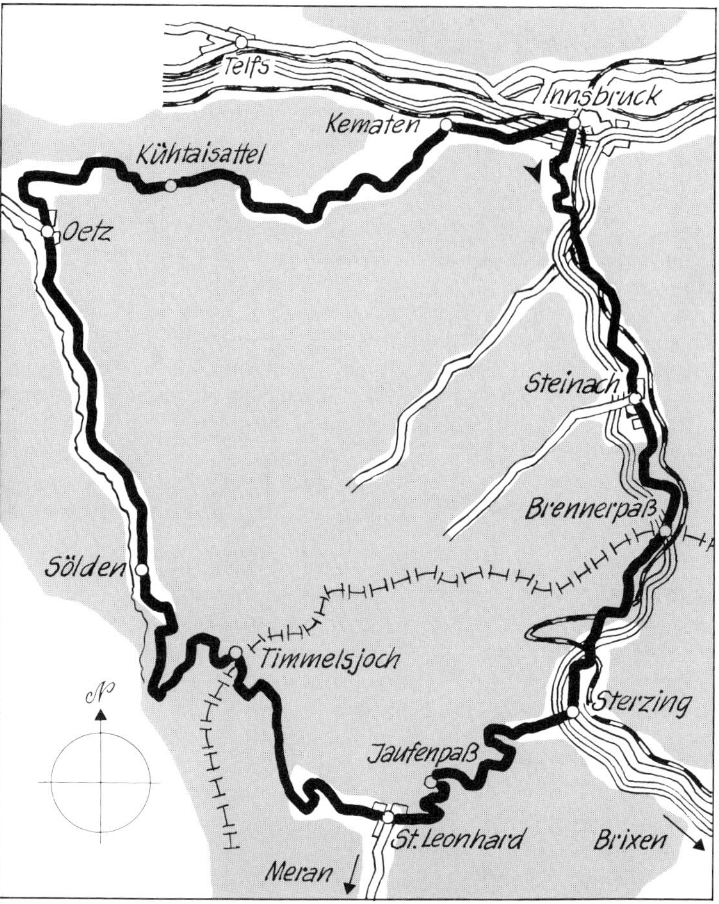
Telfs
Innsbruck
Kematen
Kühtaisattel
Oetz
Steinach
Brennerpaß
Sölden
Timmelsjoch
Sterzing
Jaufenpaß
St. Leonhard
Brixen
Meran
N

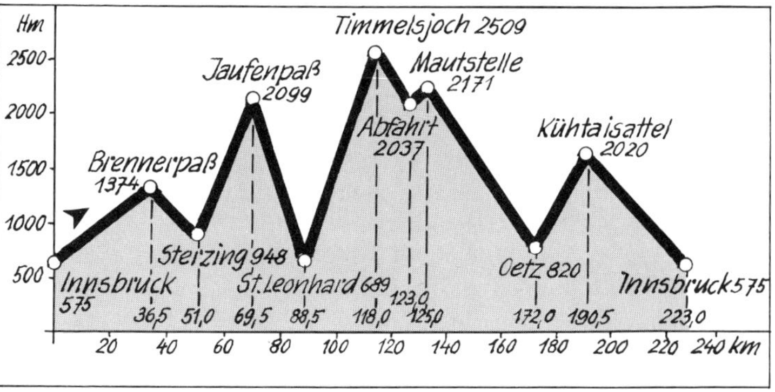
Hm
2500
2000
1500
1000
500
Timmelsjoch 2509
Jaufenpaß 2099
Mautstelle 2171
Abfahrt 2037
Kühtaisattel 2020
Brennerpaß 1374
Sterzing 948
St. Leonhard 689
Oetz 820
Innsbruck 575
Innsbruck 575
36,5
51,0
69,5
88,5
118,0
123,0
125,0
172,0
190,5
223,0
20
40
60
80
100
120
140
160
180
200
220
240 km

dem Jaufenhaus (km 68,0) wird die Paßhöhe (km 69,5) bereits sichtbar, die man über Steigungen zwischen 8 und 10% erreicht. Der Straßenzustand bei der Abfahrt ist kaum besser als bei der Auffahrt, und so sollte man die elf weit auseinandergezogenen Kehren mit Gefälle bis 12% nicht zu schnell angehen. Scharf zweigt die Straße in St. Leonhard (km 88,5), der Heimat des Freiheitskämpfers Andreas Hofer, ins Tal der Passer ab. Die am Ortsende, beim Hotel Passeiererhof, wieder auf 10% zunehmende Steigung wird bis Moos (km 95,5) noch von längeren flacheren Abschnitten unterbrochen, bevor die Straße an den bewaldeten Berghängen der rechten Talseite über eine Kehrengruppe auf einer Länge von fast 3 km auf 13% ansteigt. Mit zuerst auf 10%, dann noch weiter zurückgehender Steigung wird der Schneebergbach überquert, und beim Gasthof Saltnuss (km 104,5) sind bereits die weiten Kehren, die sich an den kahlen Hängen des Banker Jochs emporziehen, zu erkennen. Bis zum Gasthof Hoch-First (km 109,0) geht es nur mäßig bergan; prächtig entwickelt sich der Blick auf die Gletscher um den Granatenkogel. Die am Beginn der Kehrengruppe (km 110,5) auf 10% zunehmende Steigung läßt bis zum Anfang des Scheiteltunnels (km 115,5) nicht nach. Durch eine Reihe längerer Tunnels, hoch über dem Passeier Timmelstal, wird die Paßhöhe (km 118,0) unschwierig erreicht. Die nachfolgende Abfahrt ins Timmelstal ist von einem 2 km langen 10%igen Gegenanstieg bis zur Mautstelle (km 125,0) unterbrochen, bevor man über weitere Kehren mit Gefälle bis 12% nach Untergurgl (km 130,0) ins Ötztal abfährt. Das Ötztal ist eines der längsten Seitentäler der Alpen, und obwohl nur zwei leichte Gegenanstiege hinter Zwieselstein (km 137,0) und vor Umhausen (km 163,0) zu überwinden sind, verhindern lange flache Abschnitte bis Oetz (km 172,0) ein zu schnelles Vorankommen. Auch ist noch der schwere Anstieg zum Kühtaisattel zu bewältigen. Der Beschilderung »Sellrain/Kühtai« folgend steigt die Straße auf dem ersten Kilometer auf 14% an. Bei auf 10–12% zurückgehender Steigung kämpft man sich durch Oetzerau (km 175,5) höher und fährt über eine alte Holzbrücke ins Nedertal ein. Eine Kehrengruppe wird überwunden, in Ochsengarten (km 182,0) läßt die Steigung nach, aber danach erfordert die auf einer Länge von 1 km auf 16% ansteigende Straße nochmals die ganze Kraft. Es folgt ein idyllisches Hochtal mit Fichten und Zirben, dann bringen Steigungen bis 12%, unterbrochen von längeren flacheren Stücken, vorbei am Stausee Längental, zur Dortmunder Hütte (km 189,5) und ein letzter 12%iger Aufschwung zum Kühtaisattel (km 190,5). Die lange Abfahrt endet in Kematen (km 214,0), eben rollt es im Inntal bis Völs (km 218,0), wo nur noch ein 8%iger Anstieg vom Ausgangspunkt (km 223,0) trennt.
Hinweis: Wegen des Tunnels bei der Auffahrt zum Timmelsjoch ist Beleuchtung notwendig.

20 Durch die Lechtaler Alpen

Nordtirol

Strecke Reutte - Weißenbach - Elmen - Bschlabs - Hahntennjoch - Imst - Nassereith - Fernpaß - Biberwier - Lermoos - Heiterwang - Reutte

Charakter Mittelschwere Radtour mit maximal 18% Steigung im Außerfern

Zeit 4¼-6 Stunden

Länge 104,5 km

Höhendifferenz 1440 m

Übersetzung 42/26

Ausgangspunkt Reutte (854 m)

Karte Generalkarte 1:200 000, Österreich, Blatt 8; KOMPASS Wanderkarte 1:50 000, Blatt 4 und 35

Paßöffnungszeiten Wegen Wintersperre der Hahntennjochstraße ist die Strecke nur zwischen 1. Juni und 31. Oktober befahrbar

Streckenbeschreibung Als Außerfern wird das nicht exakt abgegrenzte Gebiet nordwestlich des Fernpasses bezeichnet, das außerhalb der Hochgebirgslandschaften des Zillertales, der Stubaier und der Ötztaler Alpen liegt. Neben dem Tannheimer Tal und seinen Bergen werden auch die Lechtaler Alpen zum Außerfern gezählt, für deren Durchfahrung man am besten den Markt Reutte (km 0,0) als Ausgangspunkt wählt. Während sich auf der westlichen Talseite die Berge der Tannheimer Gruppe erheben, radelt man im Ort der Beschilderung »Ehenbichl« folgend zu Füßen des Thaneller auf der linken Lechseite taleinwärts. Bei Weißenbach (km 8,0) überquert man den Lech und trifft auf die Bundesstraße, die in dem etwas breiter werdenden Tal ein kurzes Stück auf der rechten Lechseite entlangführt. Schon bei der Johannesbrücke (km 12,0) wird das breite Schotterbett wieder überquert. Unter den schrofigen Felszügen der Liegfeistgruppe, die Berge um das Schwarzwassertal mit der Lailach- und Hochvogelgruppe auf der gegenüberliegenden Talseite, die östlichen Ausläufer der Hornbachkette im Vordergrund, rollt es weiter auf ebener Straße bis Stanzach (km 18,5). An der Abzweigung ins Namloser Tal vorbei, wird Elmen (km 24,0) auf weiterhin ebener Straße, manchmal nur eine Handbreit von den Kiesbänken des Lech entfernt, rasch erreicht. Wie eine Rampe beginnt die Strecke nun mit 18% auf einer Länge von 2 km an den steilen, grasbewachsenen, teilweise vermurten Hängen der Rotwand anzusteigen. Erst mit der Einfahrt ins Bschlaber Tal sind es nur noch 10%, während sich in der tief unten liegenden Schlucht der Streimbach seinen Weg zum Lech sucht. Nach Durchfahrung eines kurzen Felstunnels (km 27,5) nimmt die Steigung noch weiter ab, die Straße wird schmäler und erreicht bis Bschlabs (km 31,5) nur noch verein-

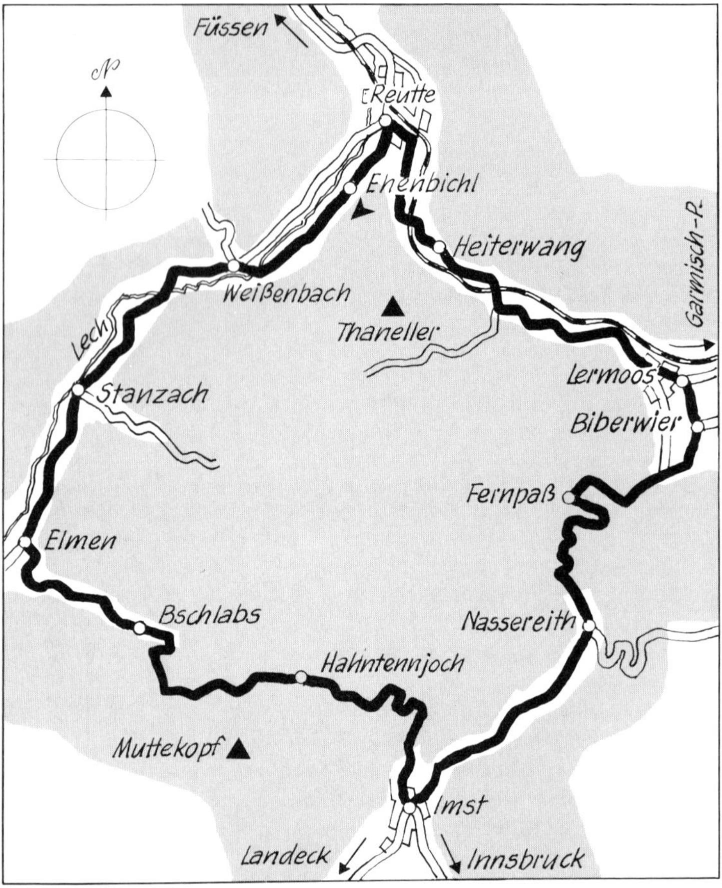

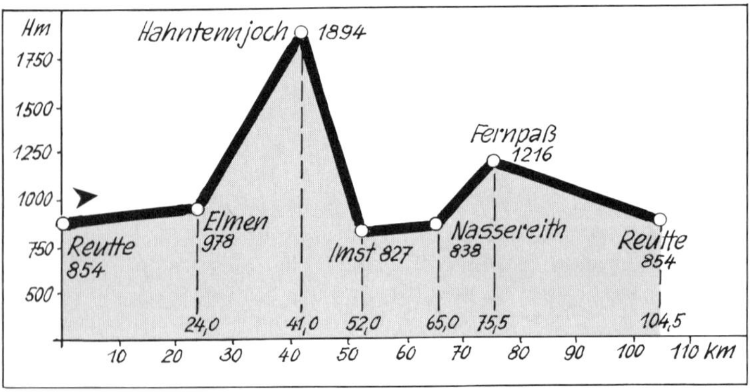

Auffahrt zum Stilfser Joch (Tour 32). ▷

Die Südseite des Galibierpasses (Tour 48).

Abfahrt vom Umbrailpaß (Tour 32). ▷

Auffahrt zum Iseranpaß, Südseite (Tour 44).

Am Croix-de-Fer-Paß, Ostseite (Tour 48).

Im Bergell (Tour 35). ▷

Im Bergell (Tour 35).

Auffahrt zum Iseranpaß, Nordseite (Tour 44).

Am Jaufenpaß, Westseite (Tour 29). ▷

Auf der Südseite des Iseranpasses (Tour 44).

Rast bei der Karwendel-Rundfahrt (Tour 18).

Kurz unter der Izoard-Paßhöhe (Tour 46). ▷

Wallgau in Oberbayern (Tour 18).

AU SOMMET DU
MONT-VENTOUX
ESTAURANT VENDRAN

Auffahrt zum Schwägalppaß, Nordseite (Tour 36).

◁ Kurz unter dem Gipfel des Mont Ventoux (Tour 50).

Die Südseite des Großen-St.-Bernhard-Passes (Tour 43).

Auf der Nockalmstraße (Tour 15).

Auf der Nordseite des Iseranpasses (Tour 44).

Kurz unter der Croix-de-Fer-Paßhöhe (Tour 48).

Am Beginn des Galibierpasses, Südseite (Tour 48).

Die Kehren durch das »Tal des Zitterns«, Val Tremola (Tour 38).

zelt 8%. Fast eben geht es weiterhin kurvig an den Hängen des Egger Muttekopfs entlang, bevor man ins Plötzigtal abbiegt (km 33,5). Zwei Kehren mit 12% Steigung, den Blick zurück auf die Spitzen der Hornbachkette über dem Taleingang eröffnend, sind rasch überwunden, dann läßt bis zur Abzweigung Hahntennjoch/Imst (km 35,5) die Steigung noch einmal nach. Hier beginnt nun die Straße mit der Einfahrt ins Pfafflartal auf 15% anzusteigen. Die in einem weiten Talkessel am Eingang des von mächtigen Bergen umschlossenen Angerletales gelegene Ortschaft Boden bleibt rasch zurück, während es bis zu den Hütten von Pfafflar (km 37,5) gleichmäßig steil weitergeht. In einem Latschengürtel unter den von schneebedeckten Furchen und Rinnen durchzogenen dunklen Felswänden um den Muttekopf nimmt die Steigung dann bis zur Paßhöhe (km 41,0) auf 10% ab. Ein Weiderost erfordert Vorsicht, bevor man die kurvenreiche Abfahrt mit Gefälle bis 15% unter den riesigen Schuttreißen des Scharnitzkogels und Hahrleskopfs in Angriff nimmt. Sowohl der fast geradlinig erscheinende Verlauf als auch der scheinbar gute Straßenbelag täuschen, denn kurvig geht es auf teilweise welliger Trasse abwärts. Hinter einem Lärchenwald sind schon bald die Häuser von Imst zu erkennen, überragt von den Bergen der Tschirgantgruppe. Unmittelbar vor dem Imster Ortsschild (km 52,0) stellt ein Weiderost nochmals eine Gefahr für die schmalen Fahrradreifen dar, bevor man durch den Ort in den Talboden des Gurgltales abfährt. Am linken Rand des breiten Talbodens gibt es bis Nassereith (km 65,0) keine Schwierigkeiten, und auch die Auffahrt zum Fernpaß weist an keiner Stelle mehr als 6% auf. Am Schloß Fernsteinsee (km 70,5) mit den beiden Seen vorbei ist man aber vor allem wegen des starken Autoverkehrs froh, die Paßhöhe (km 75,5) bald erreicht zu haben. Die Abfahrt eröffnet zuerst die Aussicht auf die Ehrwalder Sonnenspitze, bevor das mächtige Wettersteinmassiv auftaucht. Am Weißensee (km 80,0) zweigt man Richtung Lermoos ab und fährt auf fast ständig leicht fallender Straße bis Biberwier ab. Leichte Anstiege und Abfahrten folgen am linken Rand des Ehrwalder Beckens bis Lermoos (km 84,5). Auch am Ortsende führt die Trasse leicht bergan, bevor man wieder auf die Bundesstraße (km 88,0) trifft. Eingerahmt von den Bergen der Lechtaler Alpen wechseln in dem breiten grünen Tal des Grundbaches leichte Anstiege und Abfahrten miteinander ab. Ein letzter Anstieg mit 6% Steigung führt aus der Ortschaft Heiterwang (km 93,5) heraus, bevor man endlich zum Ausgangspunkt in das breite Talbecken von Reutte (km 104,5) abfahren kann.

Hinweis: Die Strecke über den Fernpaß zwischen Imst und Reutte ist sehr stark befahren. Die Tour sollte deshalb nicht in Zeiten mit starkem Urlaubsverkehr unternommen werden.

◁ Abfahrt vom Schwägalppaß (Tour 36).

21 Über Bieler Höhe und Arlberg

Nordtirol/Vorarlberg

Strecke Pians - Ischgl - Galtür - Bieler Höhe - Bludenz - Arlbergpaß - Pians

Charakter Schwere Radtour mit maximal 11% Steigung um die Ferwallgruppe

Zeit 5-7 Stunden

Länge 148 km

Höhendifferenz 2380 m

Übersetzung 42/23-26

Ausgangspunkt Pians (859 m), ca. 6 km westlich von Landeck

Karte Generalkarte 1:200000, Österreich, Blatt 8; KOMPASS Wanderkarte 1:50000, Blatt 41

Paßöffnungszeiten Wegen Wintersperre der Silvretta-Hochalpenstraße ist die Strecke nur zwischen 1. Juni und 15. November befahrbar

Streckenbeschreibung Wie ein gleichschenkeliges Dreieck mit den Endpunkten Bludenz, Landeck und Bieler Höhe bietet sich die Ferwallgruppe dem Betrachter auf der Landkarte dar, und nichts liegt näher als eine Umrundung dieses Gebiets mit dem Fahrrad. Ausgangspunkt ist die kleine Ortschaft Pians (km 0,0), wenige Kilometer westlich von Landeck, wo die Straße auf dem ersten Kilometer ins Paznauntal abfällt. In dem engen bewaldeten Tal wird, von kurzen 8%igen Steigungen abgesehen, auf meist ebener Straße See (km 6,0) erreicht. Ohne nennenswerte Steigungen geht es vorbei an mehreren kleinen Ortschaften bis Nederle (km 17,0), wo die Steigung erstmals über eine Strecke von 2 km auf 10% hinaufgeht, bevor mit Ischgl (km 22,5) der Hauptort des Paznauntales erreicht wird. Bis Galtür (km 32,0), am Fuße der Ballunspitze, nimmt die Länge der Steigungsstrecken zwar zu, 8% werden dabei jedoch kaum überschritten und flachere Stücke gestatten ein zügiges Vorankommen. Bei der Mautstelle-Ost (km 35,0) wird der Beginn der Silvretta-Hochalpenstraße erreicht, aber noch geht es im Talboden des Kleinvermunttales auf den ersten beiden Kilometern nur mäßig bergauf. Dann jedoch nimmt die Steigung auf 11% zu, langsam eröffnet sich der Blick auf die vergletscherten Spitzen der Dreitausender in der Silvrettagruppe über der Paßhöhe (km 42,5), bevor diese über zwei Kehren bei nicht nachlassender Steigung erreicht wird. Bei der Abfahrt ins Großvermunttal wird nicht nur die Grenze des Bundeslandes Tirol zu Vorarlberg überfahren, sondern auch die Wasserscheide zwischen Rhein und Donau. Fünf Kehren mit Gefälle bis 11% bringen zum Vermunt-Stausee (km 48,0), der von den Gletschern der Litzner-Seehorngruppe, mit dem Großen Seehorn als höchster Erhebung, gespeist wird. Weitere 23 Kehren mit Gefälle bis 12% ziehen in dichter Folge zur Mautstelle-West (km 56,5) und damit dem

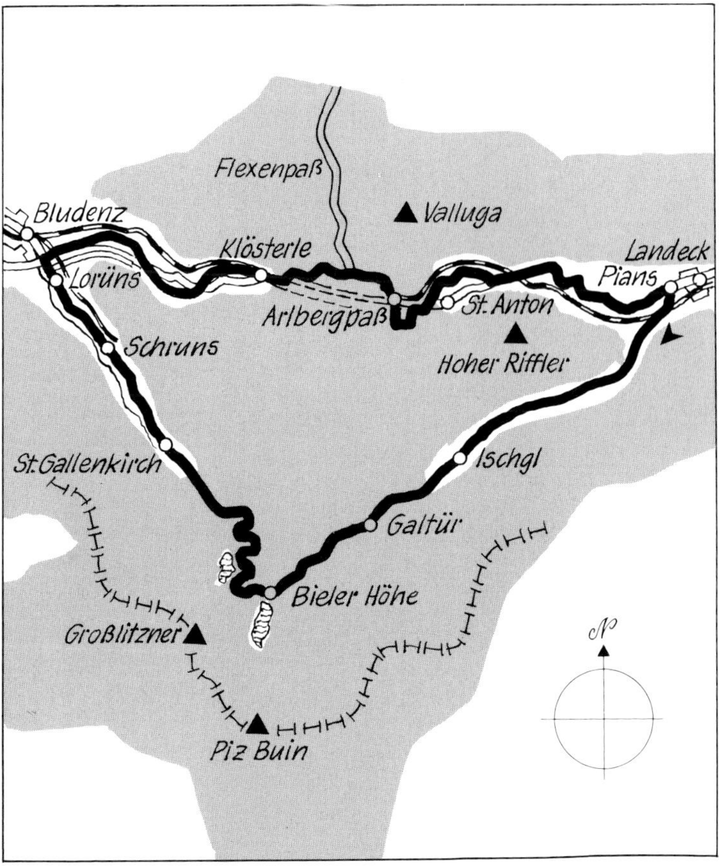
Flexenpaß
Valluga
Bludenz
Klösterle
Landeck
Pians
Lorüns
Arlbergpaß
St. Anton
Schruns
Hoher Riffler
St. Gallenkirch
Ischgl
Galtür
Bieler Höhe
Großlitzner
Piz Buin
N

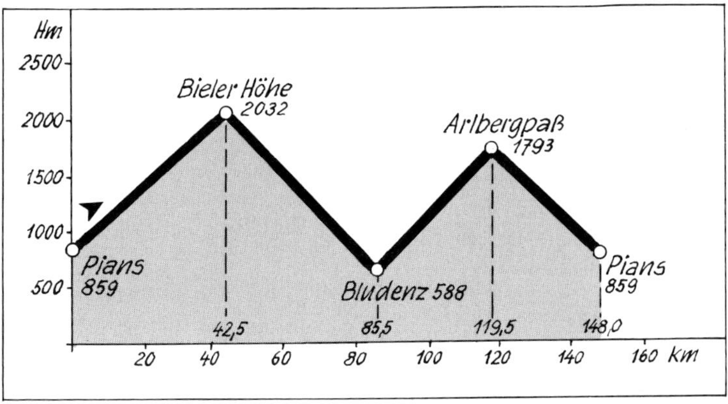
Hm
2500
2000
1500
1000
500
Bieler Höhe 2032
Arlbergpaß 1793
Pians 859
Bludenz 588
Pians 859
42,5
85,5
119,5
148,0
20
40
60
80
100
120
140
160 km

Ende der Silvretta-Hochalpenstraße. Im dichtbesiedelten Montafon rollt es nur noch mäßig abwärts. Ständiges Mittreten ist die Folge, und so hat man genügend Zeit, die charakteristischen Montafoner Bauernhäuser mit dem weißgekalkten Unterbau aus Stein und dem wettergegerbten dunklen Balkenwerk darüber zu betrachten. Nur kurz fällt die Straße am Ortsende von St. Gallenkirch (km 67,0) etwas stärker ab, der Doppelort Schruns/Tschagguns (km 73,0) wird auf wieder fast ebener Trasse erreicht, und in St. Anton (km 81,0) wartet ein leichter Gegenanstieg. Über Lorüns (km 84,0) geht es dann wieder berab, und kurz vor Bludenz (km 85,5) radelt man, der Beschilderung »Innsbruck/Arlberg« folgend, in das Klostertal, das die Ferwallgruppe von den Lechtaler Alpen trennt, ein. Nach Bings (km 88,5) steigt die Strecke bis Braz (km 91,5) auf 8% an, wo man wieder auf die Schnellstraße trifft, deren Autobahnstatus hier aufgehoben wurde. Für den Radler ist es sicherer, der kleinen Straße in den Ort zu folgen, die am Tunnel vorbeiführend an dessen östlichem Ausgang endet, um erst hier auf die Schnellstraße überzuwechseln. Bei der Ausfahrt nach Dalaas (km 98,5) ist man froh, die bis hierher leicht ansteigende Schnellstraße wieder verlassen zu können und nimmt dafür Anstiege bis 8%, von längeren flacheren Stücken unterbrochen, bis Klösterle (km 107,5) gerne in Kauf. Nach Durchfahrung der 670 m langen Großtobel-Galerie beginnt in Langen (km 109,5) der eigentliche Anstieg zum Arlbergpaß. Die auf 10% ansteigende Straße wird vor Stuben (km 113,5) nur kurz etwas flacher, um am Ortsende über eine Kehrengruppe wieder 10% zu erreichen. Rückblickend zeigen sich im Westen die Berge des Rätikon, mit der Schesaplana als höchster Erhebung, während die Galerien an dem Hang voraus den Weiterweg nur vortäuschen, da diese zum Flexenpaß hinaufführen. In der Mulde des Rauzbaches geht die Steigung auf einer Länge von 1 km zurück, bevor die Straße weniger gewunden, aber wieder mit 8 bis 10%iger Steigung zur Paßhöhe (km 119,5) ansteigt. Durch St. Christoph fährt man wieder ins Bundesland Tirol ein. Eine langgezogene Kurve beim Kalten Eck gestattet schöne Ausblicke nach Süden in das Ferwalltal mit dem markanten Horn des Pateriol am Talschluß. Das Gefälle nimmt bis auf 13% zu, und unübersichtliche Kurven sowie eine 500 m lange, unbeleuchtete Lawinengalerie erfordern Vorsicht. St. Anton am Arlberg (km 125,5) wird umfahren, und etwas östlich von St. Jakob (km 130,5) zieht die Schnellstraße wieder den Großteil des Verkehrs ab. Lange hält sich die Straße nur mäßig fallend, meist eben im Talboden des grünen Stanzertales, bevor man wieder auf die Schnellstraße (km 140,0) trifft. An der Rosanna entlang muß man die letzten Kilometer bis Pians (km 148,0) auf ständig abwärts führender Straße dann leider wieder mit zahlreichen Autos teilen.

22 Um das Lechquellengebirge

Vorarlberg

Strecke Bludenz - Ludesch - Raggal - Fontanella - Faschinajoch - Damüls - Au - Hochtannbergpaß - Warth - Lech - Flexenpaß - Bludenz

Charakter Schwere Radtour mit maximal 14% Steigung in Vorarlberg

Zeit 5½-7 Stunden

Länge 108,5 km

Höhendifferenz 2330 m

Übersetzung 42/26

Ausgangspunkt Bludenz (588 m)

Karte Generalkarte 1:200000, Österreich, Blatt 8; KOMPASS Wanderkarte 1:50000, Blatt 32 und 2

Paßöffnungszeiten Ganzjährig befahrbar

Streckenbeschreibung Zwischen der hügeligen Mittelgebirgslandschaft des Bregenzer Waldes im Nordwesten und den massiveren, schrofferen Felszügen der Lechtaler Alpen im Osten liegen die Klostertaler Berge. Zwar wird nur die Hälfte dieses Gebiets vom Lech entwässert, während die Bäche der Randgebiete zum Rhein fließen, dennoch hat diese Gruppe den offiziellen Namen Lechquellengebirge. Obwohl die nunmehr fertiggestellte Verbindungsstraße über das Faschinajoch eine wesentliche Abkürzung für eine Fahrrad-Umrundung dieses Gebiets bedeutet, da der Umweg über das Furkajoch entfällt, ist gewährleistet, daß die verbleibende Strecke noch genügend Anforderungen an die Kondition stellt. Bludenz (km 0,0) wird der Beschilderung »Feldkirch/Bregenz« folgend verlassen, und kurz nach dem Ortsende orientiert man sich an dem Hinweisschild »Nenzing/Großes Walsertal«. An der Felswand Hangender Stein vorbei bleibt bis Ludesch (km 4,0) auf ebener Trasse Zeit zum Einrollen, bevor die Straße in der Ortsmitte, Richtung Raggal auf 12% anzusteigen beginnt. Weit reicht der Blick zurück über das Walgau, wie das sich weit gegen Westen öffnende Tal der unteren Jll genannt wird. Bis Raggal (km 11,0) läßt die Steigung kaum einmal nach. Erst am Ortsende fällt die Straße ab, und man hat die herrliche Landschaft des Großen Walsertales im Blickfeld. Doch schon nach der weitgespannten Brücke über den Marulbach (km 13,5) muß wieder ein leichter Gegenanstieg bis zu den Häusern von Plazera (km 14,5) überwunden werden. Die nachfolgende Abfahrt mit stärkerem Gefälle bringt in den Talboden (km 17,0) des Großen Walsertales und am Lutzbach entlang auf wieder bis 12% ansteigender Straße nach Sonntag (km 19,0). An den Wiesenhängen der linken Talseite führt eine Kehrengruppe bei nicht nachlassender Steigung nach Fontanella (km 22,5), ein längeres ebenes

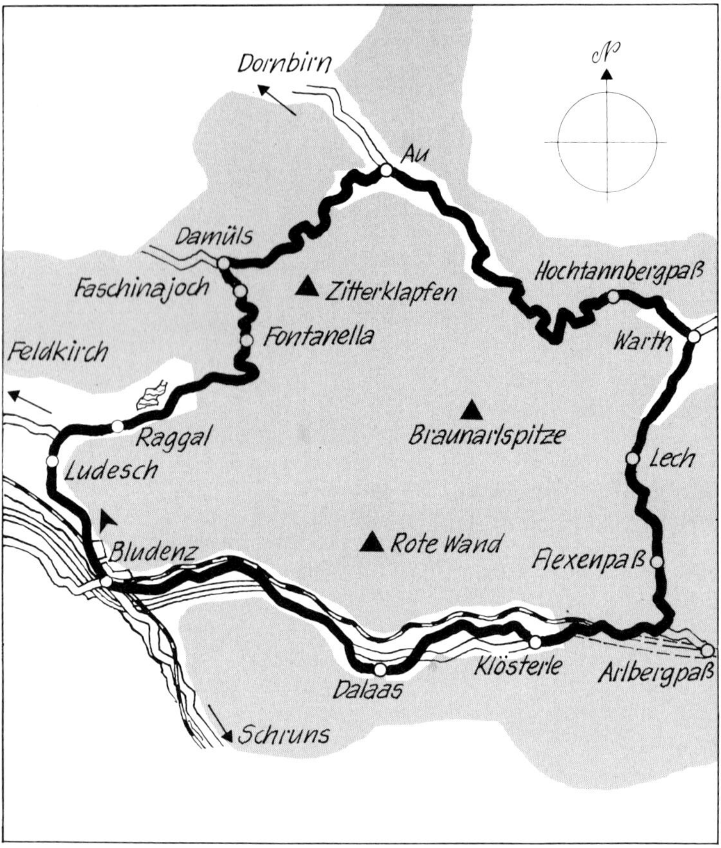
Dornbirn
Au
Damüls
Faschinajoch
Zitterklapfen
Fontanella
Feldkirch
Hochtannbergpaß
Warth
Braunarlspitze
Raggal
Ludesch
Lech
Bludenz
Rote Wand
Flexenpaß
Klösterle
Arlbergpaß
Dalaas
Schruns

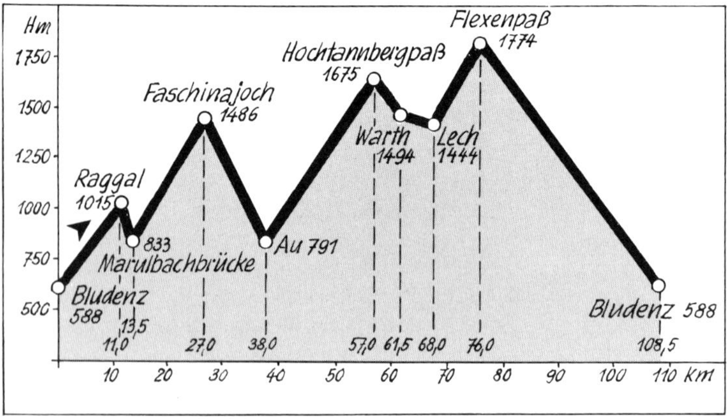
Hm
1750
1500
1250
1000
750
500
Raggal 1015
Faschinajoch 1486
Hochtannbergpaß 1675
Flexenpaß 1774
Warth 1494
Lech 1444
833 Marulbachbrücke
Au 791
Bludenz 588
Bludenz 588
11,0
13,5
27,0
38,0
57,0
61,5
68,0
76,0
108,5
10 20 30 40 50 60 70 80 90 100 110 Km

Stück gibt etwas Gelegenheit zur Erholung, bevor die Steigung bis zur Jochhöhe (km 27,0) wieder durchgehend auf 10–12% zunimmt. Die neugebaute Hahnenköpfle-Galerie erlaubt eine rasante Abfahrt nach Damüls, dessen spätgotischer Kirchturm den Mittelpunkt der weitverstreuten Siedlungen Oberdamüls, Schwende und Uga bildet. Der Beschilderung »Bezau« folgend fährt man auf anfangs schmaler, dann breiter werdender Straße auf der linken Talseite des Argenbaches kurvenreich mit Gefälle bis 14% bis Au (km 38,0) ab. Im weiten Talboden der Bregenzer Ache beginnt dann der Anstieg zum Hochtannbergpaß bis Schoppernau (km 42,0) auf ebener Straße. Auch danach nimmt die Steigung nur langsam zu, bei Hopfreben verengt sich das Tal, und unter den Schuttreißen der Hochkünzelspitze nehmen die Steigungen bis auf 10% zu. Nach der kleinen Talweitung des Unterbodens leitet eine Reihe von Galerien nach Schröcken (km 52,0), dessen Häuser sich eng um die Kirche gruppieren; als Kulisse erheben sich dahinter die gebänderten Felsen von Juppenspitze und Mohnenfluh. Die nachfolgende Kehrengruppe durch den Fuchswald mit einer kaum einmal unter 14% zurückgehenden Steigung bis Neßlegg (km 55,0) stellt sicher den härtesten Teil der Tour dar, und auch die restlichen 2 km mit Steigungen zwischen 12 und 14% bis zum Beginn der Paßhöhe (km 57,0) erfordern nochmals die ganze Kraft. Am östlichen Ende des weiten Wiesensattels mit dem Kälblesee, in dem sich die Felsen der Juppenspitze spiegeln, rollt es mit Blick auf die markante Spitze des Biberkopfs durch mehrere kurze Tunnels bis Warth (km 61,5). Der Beschilderung »Arlberg« folgend biegt man nach Süden in das hier enge Lechtal ein und verliert bis Lech (km 68,0) auf meist ebener Straße nur noch wenig Höhe. Die Auffahrt zum Flexenpaß birgt glücklicherweise keine größeren Probleme. Die Höchststeigung beträgt nicht mehr als 7% und liegt meist sogar weit darunter. Eine nicht enden wollende Lawinengalerie an den Hängen der Edelweißwände bringt nach Zürs (km 74,0), und kurz darauf ist die Paßhöhe (km 76,0) erreicht. Die Abfahrt auf der Südseite mit Gefälle bis 10% führt fast ständig durch Lawinengalerien, auch bis Langen (km 84,5) hinunter hat die Straße ein Gefälle von 10%. Unmittelbar am Ende der Großtobel-Tunnelgalerie sollte man die Schnellstraße verlassen und die alte Paßstraße über Klösterle benutzen. Mit mäßigerem Gefälle trifft man nach Dalaas (km 94,0) wieder auf die Schnellstrecke. Kurz vor Braz (km 100,0) muß man einen Tunnel rechts umfahren, und durch Braz gibt es einige leichte Anstiege, bevor die Straße bis Bings (km 106,0) nochmals mit Gefälle bis 10% abfällt. Die letzten beiden km bis Bludenz-Ost (km 108,5) werden schließlich auf ebener Trasse zurückgelegt.

Italien

23 Um die Sextener Dolomiten

Südtirol/Venetien

Strecke Toblach - Innichen - Kreuzbergpaß - Pádola - Zovo-/Sant'António-Paß - Auronzo di Cadore - Misurina - Schluderbach - Toblach

Charakter Mittelschwere Radtour mit maximal 14% Steigung um »Sonnenuhr« und Drei Zinnen

Zeit 4½-6 Stunden

Länge 89 km

Höhendifferenz 1590 m

Übersetzung 42/23-26

Ausgangspunkt Toblach (1209 m)

Karte Generalkarte 1:200000, Südtirol; KOMPASS Wanderkarte 1:50000, Blatt 58

Paßöffnungszeiten Wegen Wintersperre der Zovo-/Sant'António-Paßstraße ist die Strecke nur zwischen 1. April und 30. November befahrbar

Streckenbeschreibung Von Toblach (km 0,0) fährt man auf ebener Straße ein kurzes Stück nach Innichen (km 4,0). Während sanfte bewaldete Hügel den südlichen Talschluß bilden, ragen über den Wäldern auf der nördlichen Talseite die wild zerrissenen Zacken und Türme der Haunoldgruppe empor. Der Beschilderung Sexten folgend überquert man die Drau, die etwa 100 m über der Talsohle an den Hängen des Toblacher Neunerkofels entspringt. Kurz vor Sexten (km 9,5) weitet sich das Tal und gibt den Blick auf die mächtigen Bergriesen des Gsell, der Dreischusterspitz, dem höchsten Gipfel der Sextener Dolomiten, und die berühmte »Sextener Sonnenuhr« mit Neuner, Zehner, Elfer, Zwölfer und Einser frei. Auf weiter leicht ansteigender Straße wird Moos (km 13,0) erreicht, in dessen Ortsmitte die Straße ins Fischleintal, einem der großartigsten Dolomitentäler, abzweigt (siehe Beschreibung Abstecher). Die Steigung nimmt auf 12% zu, geht aber bereits nach 1 km wieder zurück, und über kurze Anstiege, von längeren flacheren Stücken unterbrochen, kommt man zum Kreuzbergpaß (km 19,5). Mit der Paßhöhe überfährt man nicht nur die Wasserscheide zwischen Adria und Schwarzem Meer, sondern auch die deutsch-italienische Sprachengrenze. Kurven- und kehrenreich fällt die sehr schlechte Straße bis 8% nach Pádola (km 30,0) im Comelicotal ab. Trotz bis zu 12%igen Steigungen ist nach Durchfahrung des Ortes die Zovo-/Sant'António-Paßhöhe (km 35,0) bald erreicht. Über 17, teilweise unübersichtliche Kehren mit bis zu 14%igem Gefälle geht es in rasanter Fahrt hinunter nach Auronzo di Cadore (km 43,0), das, von Berghängen eingekesselt, am Talboden bereits sichtbar ist. Je weiter man hinter Auronzo, einem kilometerlangen Straßendorf am Lago di Santa Caterina, auf kaum merklich ansteigender Straße in das dicht bewaldete Ansieital

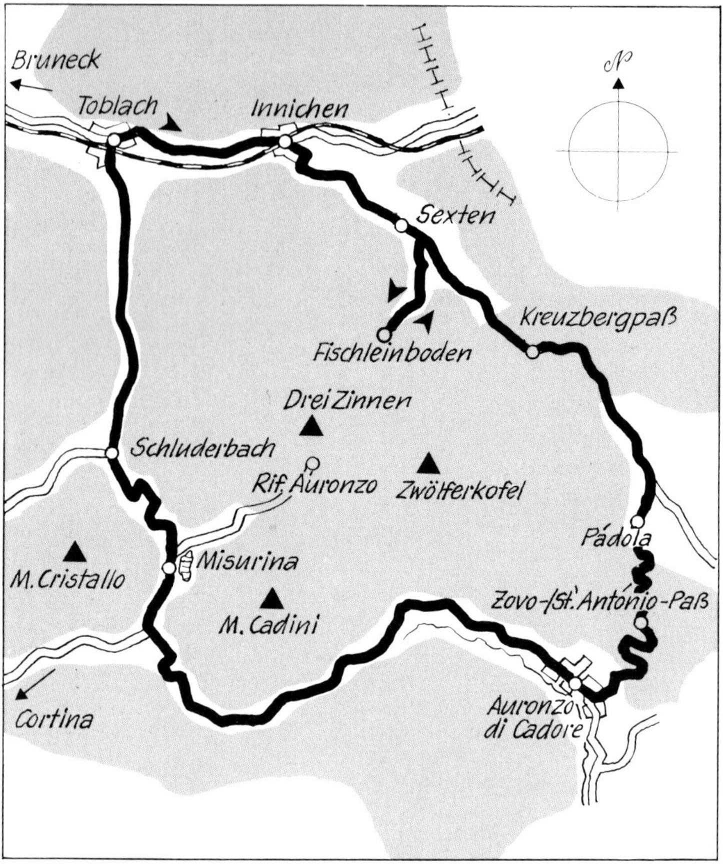
Bruneck
Toblach
Innichen
Sexten
Fischleinboden
Kreuzbergpaß
Drei Zinnen
Schluderbach
Rif. Auronzo
Zwölferkofel
Pádola
Misurina
M. Cristallo
M. Cadini
Zovo-/St. António-Paß
Auronzo di Cadore
Cortina

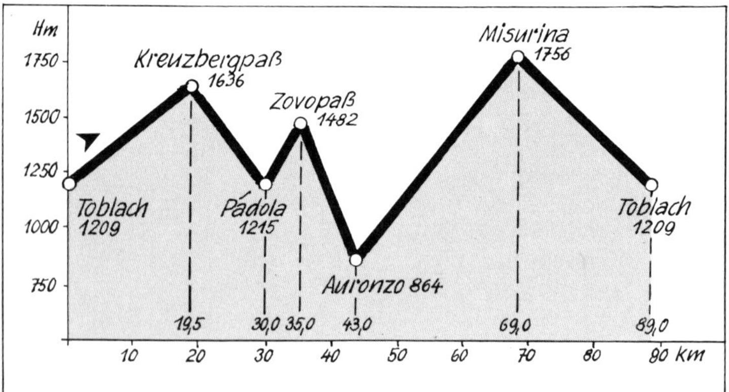
Hm
1750
1500
1250
1000
750
Toblach 1209
Kreuzbergpaß 1636
Pádola 1215
Zovopaß 1482
Auronzo 864
Misurina 1756
Toblach 1209
19,5
30,0
35,0
43,0
69,0
89,0
10 20 30 40 50 60 70 80 90 km

einfährt, desto beeindruckender werden die Ausblicke auf die Berge der Gruppo delle Marmarole und der Sorapisgruppe an der südlichen Talseite. Bevor hinter den Häusern von San Marco (km 59,5) der mächtige Dito di Dio den Weiterweg zu versperren droht, biegt die Straße mit einer Steigung von 10% nach Norden zum Hotel Cristallo (km 64,0) ab. Hier sollte man unbedingt anhalten und den Rundblick auf die Cristallogruppe im Nordwesten, die Sorapis- und Marmarolegruppe im Süden und Südosten und den Col de Varda im Nordosten genießen, denn noch stehen Steigungen bis 14% bis zur Straßengabelung Misurina/Cortina d'Ampezzo (km 67,5) bevor. Danach trennt nur noch ein kurzer 10%iger Anstieg von der Hochfläche von Misurina und der Südseite der Drei Zinnen. Am Lago di Misurina und der Abzweigung zum Rifugio Auronzo (km 70,0) vorbei wird der nicht beschilderte Col Sant'Angelo (km 71,5) und damit das Ende der Schwierigkeiten erreicht. Über Gefälle bis 11% erreicht man Schluderbach (km 76,0) am Fuße der Hohen Gaisl und des Monte Cristallo und über mäßigeres Gefälle den Ausgangspunkt Toblach (km 89,0), nicht ohne jedoch beim Hotel Drei Zinnen noch einen Blick auf die berühmte Nordseite der Drei Zinnen geworfen zu haben.

Abstecher in das Fischleintal (+2,5 km, +150 Hm, +15 Min.) In Moos (km 0,0) fällt die Straße zuerst leicht in den Talboden des Fischleintales ab und beginnt dann am Sporthotel und bei der Talstation der Rotwandwiesenseilbahn vorbei mäßig anzusteigen. Unter den schrofigen, bewaldeten Osthängen des Gsellknotens und der Dreischusterspitz nimmt die Steigung am Fischleinbach entlang zuerst auf 6%, dann auf 10% zu. Kurz darauf ist auch schon die Fischleinbodenhütte (km 2,5) erreicht, wo man noch etwa 200 m zum Hotel Dolomitenhof abfahren kann. Hinter dem Hotel, das die schönste Sicht verstellt, erheben sich über dem engen Talboden des Bacherntales die himmelhohen Wände, Türme und Spitzen des Einserkofels im Westen, von Elferkogel, Zsigmondykopf und Hochleist im Osten, während im Süden der Zwölferkogel den Talschluß bildet.

24 Um den Monte Cristallo und zu den Drei Zinnen

Südtirol/Venetien

Strecke Toblach - Schluderbach - Misurina - Tre-Croci-Paß - Cortina d'Ampezzo - Cimabanche-/Gemärkpaß - Schluderbach - Toblach

Charakter Mittelschwere Radtour mit maximal 12% Steigung auf einer der schönsten Dolomitenstraßen

Zeit 3½–5 Stunden

Länge 65 km

Höhendifferenz 1160 m

Übersetzung 42/23

Ausgangspunkt Toblach (1209 m)

Karte Generalkarte 1:200 000, Südtirol; KOMPASS Wanderkarte 1:50 000, Blatt 57 und 55

Paßöffnungszeiten Ganzjährig befahrbar; Auffahrt zur Drei-Zinnen-Bergstraße nur im Zeitraum 1. Juni bis 30. September möglich

Streckenbeschreibung Blickt man von Toblach (km 0,0) nach Süden ins Höhlensteintal, sind an dessen Ende mit den Spitzen des Cristallino bereits die östlichen Ausläufer der Cristallogruppe sichtbar. Der Beschilderung »Cortina« folgend steigt die Straße am Toblacher See (km 2,5) vorbei nur mäßig an. Zwischen dunklem Tannenwald nähert man sich bald den fast bis zur Straße reichenden Felswänden der Naßwand (km 6,0) und fährt in eine wilde Felsszenerie zwischen den Pragser Dolomiten im Westen und den Sextener Dolomiten im Osten ein. Auf gleichmäßig ansteigender Straße darf man beim Hotel Cristallo (km 10,5) den Blick nach Osten ins Tal der Schwarzen Rienz nicht verpassen, denn kaum 500 m weiter verdeckt der Monte Piano schon wieder den Blick auf die Nordwände der Großen und der Westlichen Zinne. Am hellgrünen Dürrensee entlang wird Schluderbach (km 13,0) inmitten einer großartigen Felswelt zu Füßen der Cristallogruppe erreicht. Mit der Abzweigung nach Osten, Richtung Misurina/Tre-Croci-Paß, wählt man eine der landschaftlich schönsten Strecken in den Dolomiten. Zwischen lichten Lärchenwäldern überquert man ein breites, steiniges Bachbett, dessen kleines Rinnsal von den Schneefeldern des Monte Cristallo gespeist wird. Hier nimmt auch die Steigung auf 11% zu, geht aber nach zwei Kehren auf etwa 8% zurück. Während voraus bereits die Spitzen der Cadinigruppe sichtbar werden, sind nochmals längere Steigungsstücke bis 11% zu bewältigen, bevor mit der nicht beschilderten Paßhöhe des Col Sant'Angelo (km 18,0) ein Hochplateau erreicht wird. Kurz darauf folgt die Abzweigung zum Rifugio Auronzo (km 19,5) am Fuße der Drei Zinnen, dessen 7 km lange Straße mit fast durchgehend 16% Steigung nur die Konditionsstärkeren zu ei-

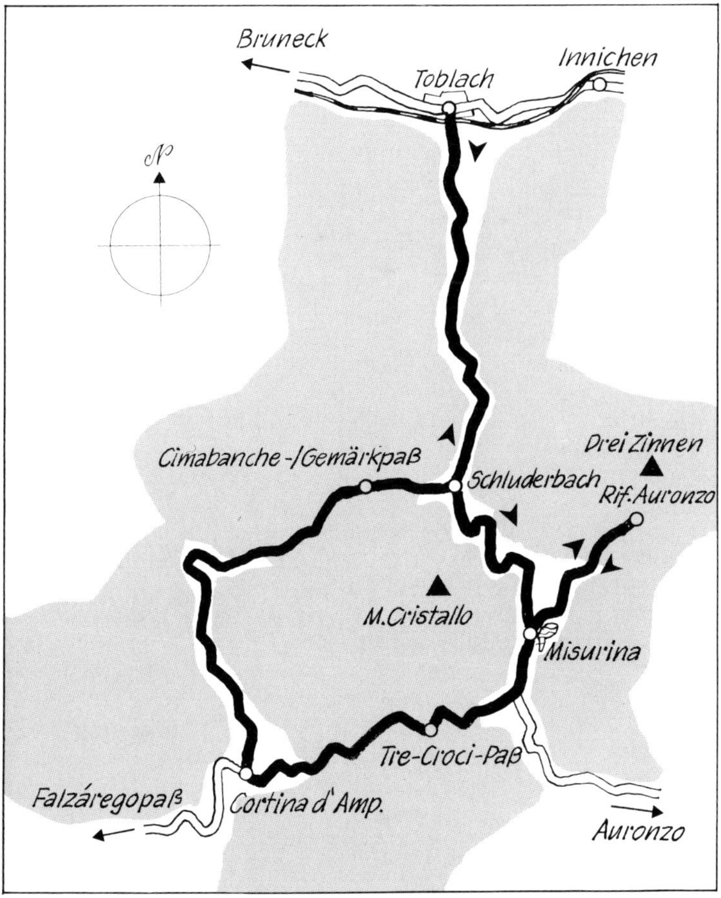
Bruneck
Innichen
Toblach
N
Drei Zinnen
Cimabanche-/Gemärkpaß
Schluderbach
Rif. Auronzo
M. Cristallo
Misurina
Tre-Croci-Paß
Falzáregopaß
Cortina d'Amp.
Auronzo

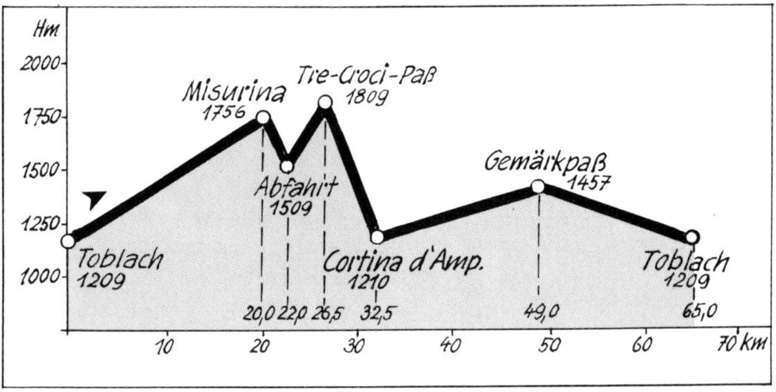
Hm
2000
1750
1500
1250
1000
Misurina
1756
Tre-Croci-Paß
1809
Abfahrt
1509
Gemärkpaß
1457
Toblach
1209
Cortina d'Amp.
1210
Toblach
1209
20,0 22,0 26,5 32,5 49,0 65,0
10 20 30 40 50 60 70 km

nem Abstecher verleiten sollte (siehe Beschreibung Abstecher). Am Misurinasee vorbei geht es mit Blick auf die Felsbastion der Sorapisgruppe im Süden bis zur Abzweigung Auronzo/Pso.-Tre-Croci (km 22,0) bergab. Die Auffahrt zum Tre-Croci-Paß ist zwar sicherlich der beschwerlichere, unter den gewaltigen schwarz-gelben Felsabstürzen des Piz Popena aber auch der schönere Weg. Dennoch müssen die fast 4 km zur Paßhöhe (km 26,5) mit Steigungen bis 12%, glücklicherweise immer wieder von längeren flacheren Stükken unterbrochen, erst bewältigt werden. Dann aber steht die Abfahrt nach Cortina d'Ampezzo (km 32,5) bevor, die bald den Blick auf den Nuvolao, die Zacken der Croda da Lago, des Becco di Mezzodi und den Riesenturm des Pelmo im Südwesten freigibt. Durch den Ort führt die Beschilderung »Bruneck/Toblach«, am Zentrum vorbei, unter die Wände des Pomagnonzuges. Von der Ortsdurchfahrt abgesehen, steigt die Straße am breiten Bachbett des Bóite nur mäßig an. Erst bei km 42,0 nimmt die Steigung über eine Kehre ein kurzes Stück auf 7% zu, wobei die plattengepanzerte Ostwand des Monte Vallon Bianco den Blick auf sich zieht. Danach fällt die Straße wieder leicht ab, bevor nach einem kaum merklichen kurzen Anstieg ein Schild mit der Aufschrift »Pso. Cimabanche« (km 49,0) überrascht. Unter dem rotgestreiften Wandbau der Hohen Gaisl fährt man in die Provinz Südtirol ein. Außer einem teilweise etwas ruppigen Straßenbelag erwarten den Radler auf der nun folgenden ständigen leichten Abfahrt über Schluderbach nach Toblach (km 65,0) keine Schwierigkeiten mehr.

Abstecher zur Drei-Zinnen-Bergstraße (+7,5 km, +669 Hm, +¾–1¼ Std.) Gute Kondition und mindestens ein 26er Ritzel sind die Voraussetzungen, wenn man sich entschließt, der Beschilderung zum Rifugio Auronzo zu folgen. Warum, wird bereits nach wenigen hundert Metern beim Ristorante Ginzernella klar, wenn die Straße auf einer Länge von 1,5 km mit durchgehend 16% Steigung über mehrere Kehren zum Lago Antorno ansteigt. Auf der anschließenden Abfahrt bis kurz hinter der Mautstelle (km 3,0) kann man sich etwas erholen, bevor die Steigung fast unvermittelt wieder 16% beträgt. In Fahrtrichtung ragen die Felsen der Croda del Rifugio auf, die den Blick auf die Südseite der Westlichen und Großen Zinne etwas verstellen. Nur kurz vermindert sich die Steigung auf fast angenehme 10%, um gleich darauf wieder auf gewohnte 16% anzuziehen. Der Beginn einer Kehrenstrecke (km 6,0) eröffnet den Blick auf das Rifugio Auronzo, das über weitere Kehren mit auf 14% reduzierter Steigung nun bald erreicht wird. Der prächtige Rundblick, der vom Dürrenstein im Nordwesten über Hohe Gaisl, Fanes- und Cristallogruppe im Westen, die Cadini- und Marmarolegruppe im Süden bis zum Zwölferkogel im Osten reicht, entschädigt für die Mühen der Auffahrt.

25 Die Haute Route der Dolomiten

Venetien/Südtirol/Trentino

Strecke Cortina d'Ampezzo – Falzáregopaß – Andraz – Rèba/Arabba – Campolongopaß – Corvara/Kurfar – Grödner Joch – Hotel Miramonti – Sellajoch – Canazei – Fedáiapaß – Caprile – Falzáregopaß – Cortina d'Ampezzo

Charakter Schwere Radtour mit maximal 11% Steigung durch das Reich der Dolomiten

Zeit 8½–11 Stunden (2 Tage)

Länge 143 km

Höhendifferenz 3950 m

Übersetzung 42/26

Ausgangspunkt Cortina d'Ampezzo (1211 m)

Karte Generalkarte 1:200000, Südtirol; KOMPASS Wanderkarte 1:50000, Blatt 55

Paßöffnungszeiten Wegen Wintersperre der Fedáia-Paßstraße ist die Strecke nur zwischen 15. April und 15. Oktober befahrbar; außerhalb der Öffnungszeiten bietet sich eine Rückfahrt über das ganzjährig geöffnete Pordoijoch an

Streckenbeschreibung Von Cortina (km 0,0) verläuft die Straße kehrenreich mit 11%iger Steigung Richtung Falzáregopaß hinauf. Die Blicke auf die Mauer des Pomagnonzuges im Nordosten, darüber die Zinnen der Cristallogruppe und im Süden die Berge der Sorapisgruppe entschwinden nach Durchfahrung eines kurzen Felstunnels. Dafür tut sich die Sicht auf Cinque Torri, Nuvolao und Col Piombin über dem Wald der südlichen Talseite auf, und hinter der Hotelsiedlung Pocol (km 5,5) tauchen bei kurz nachlassender Steigung im Norden die Felswände der Tofana auf. Ein längeres flaches Stück unmittelbar unter den wuchtigen gelb-schwarzen Abbrüchen der Tofana di Mezzo und Tofana di Rozes endet an einer Kehrenstrecke, die über nochmalige Steigungen bis 11% zur Paßhöhe (km 16,0) führt. Über 17 kopfsteingepflasterte Kehren mit einem gleichmäßigen Gefälle von 8% geht es nun abwärts, bevor an Andraz (km 26,0) vorbei die Steigung wieder zunimmt. Vorüber an den weit unten im Tal des Cordevole liegenden Ortschaften mit der gewaltigen Wand der Civetta als Abschluß wird Arabba (km 36,0) unschwierig erreicht, und auch die fünf Kehren mit Steigungen bis zu 10% zum Campolongopaß (km 39,5) sind rasch überwunden. Die schlechte Straße bei der Abfahrt nach Corvara (km 45,5) läßt größere Geschwindigkeiten nicht zu, bevor man das Grödner Joch in Angriff nehmen kann. Im anfangs lieblichen Tal steigt die Straße bald auf 10% an, und hinter Colfuschg rücken die schwarz-gelb-grauen Felswände der Sellagruppe bedrohlich näher. Die Kehren unter dem Val de Mesdi lassen bei fast ständiger 10%iger Steigung den Tritt bald langsamer werden, aber auf der Paßhöhe (km 55,0) sind mit

Bruneck
Toblach
St. Ulrich
Grödner Joch
Corvara/Kurfar
Cortina
Tofana
Hotel Miramonti
Falzáregopaß
Sellajoch
Piz Boè
Campolongo-
paß
Col di Lana
Pordoijoch
Arabba
Andraz
Canazei
Fedáiapaß
Caprile
Marmolada
Belluno
N

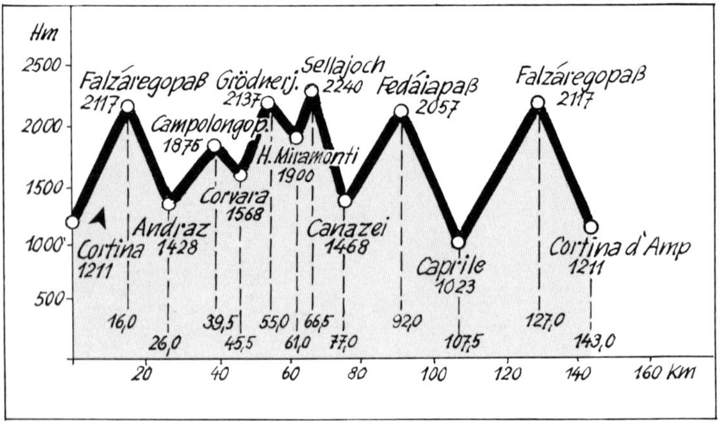
Hm
2500
2000
1500
1000
500
Falzáregopaß
2117
Grödnerj.
2137
Sellajoch
2240
Fedáiapaß
2057
Falzáregopaß
2117
Campolongop.
1875
H. Miramonti
1900
Corvara
1568
Andraz
1428
Canazei
1468
Cortina
1211
Caprile
1023
Cortina d'Amp
1211
16,0
26,0
39,5
45,5
55,0
61,0
66,5
77,0
92,0
107,5
127,0
143,0
20
40
60
80
100
120
140
160 Km

Blick auf die Langkofelgruppe alle Mühen vergessen. Nach der Abfahrt sollte man beim Hotel Miramonti (km 61,0) überlegen, ob man die nur 3 km nach Wolkenstein abfährt oder noch die bereits sichtbaren Kehren des Sellajochs bezwingt und in Canazei eine Ruhepause einlegt. Den, der sich zur Weiterfahrt entschließt, trennen bald nur noch wenige Tannen und Felsblöcke von der Felswand des weit aus dem Sellamassiv vorspringenden Großen Murfreitturms zur Linken, während der Langkofel zur Rechten doch weiter entfernt ist. Nur kurze flachere Stücke gestatten auf der fast ständig mit 10% ansteigenden Straße ein Ausruhen, bevor die riesigen Felsbrocken der »Steinernen Stadt« um das Sellajochhaus (km 65,0) die Aufmerksamkeit erregen. Auf leicht zurückgehender Steigung sind die letzten Höhenmeter bis zum Paß (km 66,5) dann auch noch zu bewältigen. Nochmals gilt die ganze Aufmerksamkeit den Kehren und Kurven der Abfahrt unter den Wänden der Südseite des Piz Ciavázes und der Ostseite der Pordoispitze. An der Abzweigung zum Pordoijoch (km 71,0) sollte beim Denkmal des berühmten »Campionissimo« Fausto Coppi ein kurzer Halt eingelegt werden, bevor man den ersten Tag in Canazei (km 77,0) ausklingen läßt. Die Auffahrt zum Fedáiapaß läßt mit einem flachen Stück durch die Orte Alba und Penia (km 80,0) Zeit zum Einrollen, bevor die Steigung am Beginn einer Kehrenstrecke auf 10% zunimmt. Insgesamt fünf Kehren gestatten wechselseitig Ausblicke auf die mächtige Felskuppe der Roda di Mulon, die plattigen Felswände des Vernel und der Punta di Cornate. Auf etwas nachlassender Steigung führt eine Reihe von Lawinengalerien direkt auf einen etwa 300 m langen, unbeleuchteten Tunnel zu, nach dessen Durchfahrung man den Fedáia-Stausee (km 92,0) und die Nordwand der Marmolada vor sich liegen sieht. Die Abfahrt nach Caprile (km 107,5), zuerst an Wiesen und Heuhütten vorbei, dann durch die prachtvolle Sottogudaschlucht, weist Gefällstrecken bis 16% auf. Obwohl bereits vor dem Ort eine Straße zum Falzáregopaß abzweigt, sollte man doch in den Ort hineinfahren und an den bewaldeten Hängen des Colle S. Lùcia der Beschilderung »Cortina/Falzárego« folgen. Steigungen bis 8%, immer wieder von flacheren Stücken unterbrochen, lassen den Beginn des letzten Passes (km 117,5), der noch vom Ausgangspunkt trennt, rasch erreichen. Die 17 Kehren sind nun in umgekehrter Reihenfolge und auch Geschwindigkeit zu bewältigen, dafür kann man bei einer Steigung, die 8% nie über-, aber auch nicht wesentlich unterschreitet, die reizvolle Umgebung besser betrachten. Mit der Paßhöhe (km 127,0) ist schon fast das Ende dieser Tour erreicht, aber auch der Blick auf Tofana, Cinque Torri, Cristallo und Sorapis bei der Abfahrt nach Cortina (km 143,0) wird die gewonnenen landschaftlichen Eindrücke nicht so schnell vergessen lassen.

26 Die Sella-Runde

Südtirol

Strecke Wolkenstein - Hotel Miramonti - Grödner Joch - Corvara/Kurfar - Campolongopaß - Rèba/Arabba - Pordoijoch - Abzweiger Sellajoch/Canazei - Sellajoch - Wolkenstein

Charakter Mittelschwere Radtour mit maximal 11% Steigung um das Herz der Dolomiten

Zeit 4-5 Stunden

Länge 57 km

Höhendifferenz 1980 m

Übersetzung 42/23-26

Ausgangspunkt Wolkenstein im Grödnertal (1563 m)

Karte Generalkarte 1:200000, Südtirol; KOMPASS Wanderkarte 1:50000, Blatt 55

Paßöffnungszeiten Ganzjährig befahrbar

Streckenbeschreibung Als letzte Ortschaft des Grödnertales ist Wolkenstein (km 0,0) idealer Ausgangspunkt für eine der vielleicht bekanntesten Radtouren in den Alpen, der Umrundung des Sellamassivs. Über eine Kehre mit 10% Steigung wird der Ort verlassen, Langkofel und Sellamassiv rücken ins Blickfeld, und schon nach kurzer Zeit ist die Abzweigung Grödner Joch/Sellajoch beim Hotel Miramonti (km 3,5) erreicht. Durch grüne Almmatten windet sich die Straße auf den nächsten beiden Kilometern zum Hotel Gerard mit einer Steigung von 8% nach oben und gewährleistet dabei prachtvolle Blicke auf die Ostseite des Langkofels. Ein fast 2 km langes Flachstück leitet entlang der Sella-Nordwestseite unmittelbar unter die gewaltigen Felsbauten von Murfreitspitze und Murfreittürme, bevor über die nächsten beiden Kilometer mit wieder auf 8% ansteigender Straße die Jochhöhe (km 9,5) zwischen dem massigen Pyramidenbau der Großen Tschierspitze im Norden und den Vorbauten des Sellastocks im Süden erreicht wird. Noch ein Blick auf Langkofel und Schlern im Westen, bevor man auf schlechter Straße mit Gefälle bis 12% und teilweise engen Kurven im oberen Bereich abfährt. Zwischen den Felsen des Saß Tschampatsch und Tschamblo und den düsteren schwarz-gelb-grauen Wandabstürzen der Sella wird die Strecke erst in Colfuschg (km 16,5) besser, und Wiesen und lichter Nadelwald lassen die Umgebung wieder reizvoller erscheinen. Nach relativ kurzer Fahrzeit ist es in Corvara (km 19,5) für einen längeren Aufenthalt noch zu früh. Kurven- und kehrenreich wird der Ort auf 10% ansteigender Straße in südlicher Richtung verlassen. Schon nach 2 km nimmt die Steigung im Wiesental des Rütortbaches wieder merklich ab, und bald genießt man auf dem grü-

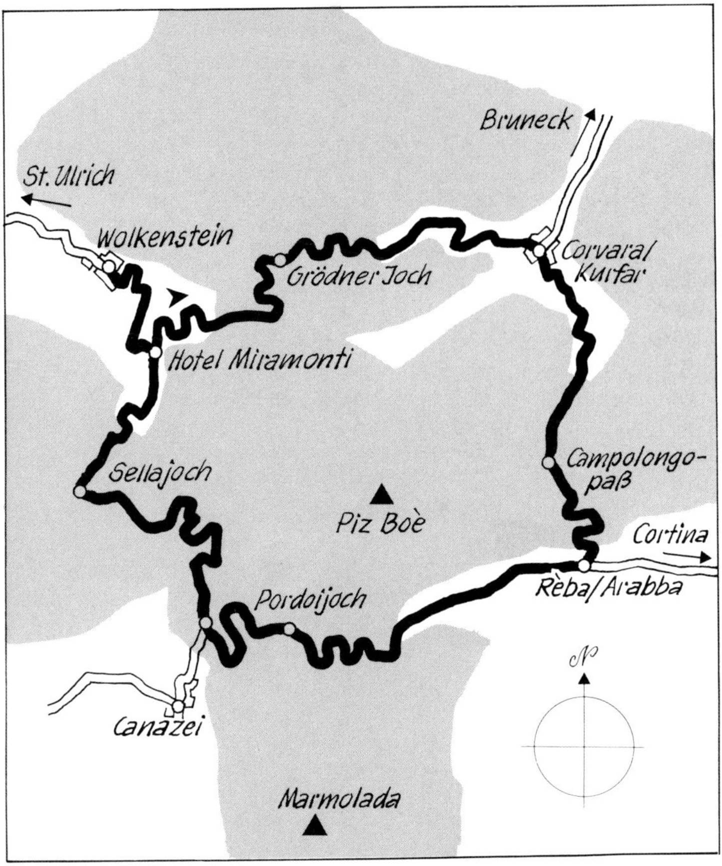
Bruneck
St. Ulrich
Wolkenstein
Grödner Joch
Corvara/
Kurfar
Hotel Miramonti
Campolongo-
paß
Sellajoch
Piz Boè
Cortina
Rèba/Arabba
Pordoijoch
N
Canazei
Marmolada

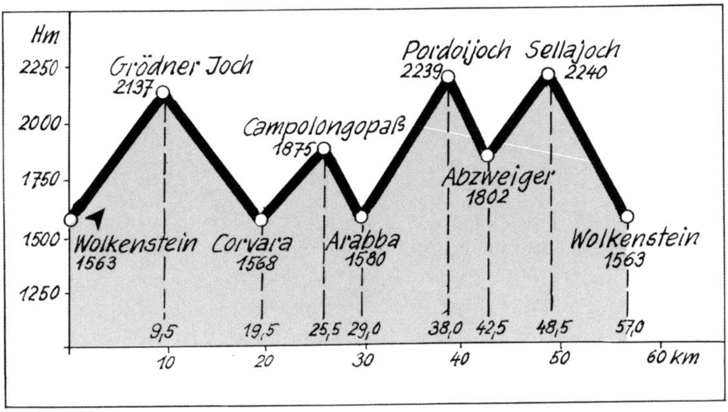
Hm
2250
2000
1750
1500
1250
Grödner Joch
2137
Campolongopaß
1875
Pordoijoch
2239
Sellajoch
2240
Abzweiger
1802
Wolkenstein
1563
Corvara
1568
Arabba
1580
Wolkenstein
1563
9,5
19,5
25,5
29,0
38,0
42,5
48,5
57,0
10
20
30
40
50
60 km

nen Sattel der Paßhöhe (km 25,5) den Blick auf die eisbedeckte Marmolada im Süden. Die nachfolgende Abfahrt nach Arabba (km 29,0) ist kurz und weist nur im unteren Teil einige Kehren mit Gefälle bis 10% auf. 33 Kehren mit einer Steigung, die 8% zwar nie über-, dafür aber auch nie wesentlich unterschreitet, sind beim Anstieg zum Pordoijoch zu bewältigen. Zwischen dem Sellastock zur Rechten und den begrünten Hängen der dunklen, aus Eruptivgestein bestehenden Padonberge zur Linken erwartet den Radler zudem keinerlei Schatten. Auch das nächste Gasthaus, das ein Auffüllen der Wasserflaschen ermöglichen würde, steht erst kurz unterhalb der Paßhöhe. Die Paßhöhe (km 38,0), eine baumlose Hochfläche am Fuße des felsigen Sasso Beccè, bietet Ausblicke zur Rosengartengruppe im Westen und über das Buchenstein hinweg bis zu den Ampezzaner Dolomiten im Osten. Ein Obelisk erinnert an den Bau der Straße, die nun kehrenreich mit 8% Gefälle Richtung Canazei ins Fassatal hinunter führt. Aber bereits bei der Abzweigung zum Sellajoch (km 42,5) ist die Abfahrt wieder zu Ende und über zwei Kehren mit 10% Steigung wird das unmittelbar unter den mächtigen schwarz-gelben Felswänden der Pordoi-Nordwestwand gelegene Albergo Pian Ciavanais erreicht. Die Steigung geht etwas zurück und nimmt erst wieder am Beginn einer Kehrenstrecke am Fuße des Piz Ciavázes zu. Kopfsteingepflasterte Kehren mit bis zu 11%igen Steigungen erlauben zwischen Felsbrocken und Kiefern nur ein langsames Höherkommen. Rückblickend zeigen sich die Firnfelder der Marmolada, daneben die plattengepanzerten Wände der Vernellgruppe, während westlich des Contrintales der Kalkturm der Punta del'Uomo und die Spitzen von Collaz, Cima delle Vallate und Costabella erkennbar sind. In Fahrtrichtung tauchen wie in einem Fensterrahmen die Spitzen der Langkofelgruppe über der Paßhöhe auf. Das Joch (km 48,5) selbst empfängt den Radler zuerst mit einem je nach Jahreszeit und Wetter stärkeren oder schwächeren Ausflugsverkehr, aber bei günstigen Bedingungen mit der schönsten Aussicht aller Dolomitenpässe. Zum Greifen nahe erscheint die Ostwand des Langkofels, weiter entfernt im Norden ragen die Spitzen der Geislergruppe, an die sich die Rot- und Tschierspitzen anschließen, empor. Der untere Teil, der sich zum Grödner Joch hinaufziehenden Straße erinnert an den Beginn der Tour, rückblickend zeigen sich Marmolada und Vernel, während rechts der massive Felsbau des Sellastocks mit seinen vorspringenden Türmen den Ausblick nach Osten verwehrt. Der schlechte Belag im oberen Straßenteil erfordert bei der Abfahrt mit 9% Gefälle, vorbei an den Felstrümmern der »Steinernen Stadt«, erhöhte Vorsicht und eine langsame Fahrweise. Im unteren Teil wird der Straßenbelag besser und der Ausgangspunkt Wolkenstein (km 57,0) eigentlich viel zu schnell wieder erreicht.

27 Um die Königin der Dolomiten

Trentino/Venetien

Strecke Canazei - Fedáiapaß - Caprile - Alleghe - Cencenighe - San-Pellegrino-Paß - Moena - Canazei

Charakter Schwere Radtour mit maximal 18% Steigung um die Marmolada

Zeit 4½-6 Stunden

Länge 89 km

Höhendifferenz 2020 m

Übersetzung 42/26

Ausgangspunkt Canazei (1468 m)

Karte Generalkarte 1:200000, Südtirol; KOMPASS Wanderkarte 1:50000, Blatt 59 und 76

Paßöffnungszeiten Wegen Wintersperre der Fedáia-Paßstraße ist die Strecke nur zwischen 15. April und 15. Oktober befahrbar

Streckenbeschreibung Canazei (km 0,0), der Hauptort des oberen Fassatales, mit den Felsmauern der Pordoiwand und der Vernelgruppe im Hintergrund, wird auf mäßig ansteigender Straße verlassen. Erst hinter dem Dörfchen Penia (km 3,0), dem letzten Ort des Tales, nimmt die Steigung auf 10% zu. Über Kehren überwindet man eine Talstufe, es wird wieder flacher, der Wald lichtet sich und gibt den Blick auf die mächtige Felskuppe der Roda di Mulon und die plattigen Felswände des Vernel und die Punta di Cornate frei. Am Ende des Taleinschnitts bringen vier numerierte Kehren mit einer gleichmäßigen Steigung von 10% höher. In Fahrtrichtung ist der Verlauf der Straße an den Hängen der Cima Crode Lariče bereits bis zur Paßhöhe zu erkennen, die mit insgesamt zehn Galerien jedoch nur unzureichend vor Lawinen geschützt ist. Durch einen 300 m langen, unbeleuchteten Tunnel wird die Hochfläche des Fedáiapasses, die im Süden von den felsigen Abstürzen der Marmolada und im Norden von den Wiesenhängen des aus dunklem vulkanischen Gestein bestehenden Padonkammes begrenzt wird, erreicht. Unschwierig geht es weiter zur Paßhöhe (km 14,5) am Ostende des Fedáia-Stausees, wobei man zwischen der nördlich um den See herumführenden Straße oder der Staumauer und der südlich anschließenden Straße wählen kann. Die ersten Kehren der Abfahrt mit Gefälle bis 16% vermitteln eindrucksvolle Ausblicke auf die Nordwestwand der Civetta. Das Tal verengt sich, das Gefälle geht auf 10% zurück, und durch Lärchenwald erreicht man das von Bergen umgebene Malga Ciapéla (km 19,0) mit der Spitze des Sasso Bianco im Hintergrund. Den Schwung der Abfahrt sollte man ausnutzen, um den kurzen 8%igen Aufschwung nach einer Galerie hoch über der Sottogudaschlucht rasch zu überwinden. Nach einem 250 m langen Tunnel überquert man nochmals eine Schlucht und

Sellajoch
Falzáregopaß
Pordoijoch
Canazei
Fedáiapaß
Pozza di Fassa
Marmolada
Caprile
Alleghe
Moena
San-Pellegrino-Paß
Predazzo
Cencenighe
N

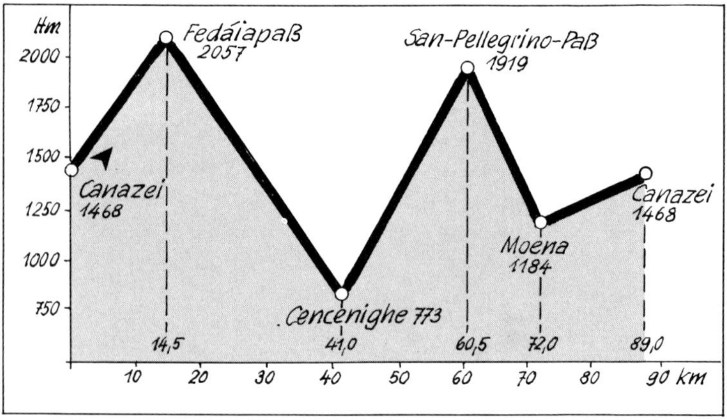

Hm
2000
1750
1500
1250
1000
750
Fedáiapaß 2057
San-Pellegrino-Paß 1919
Canazei 1468
Canazei 1468
Moena 1184
Cencenighe 773
14,5
41,0
60,5
72,0
89,0
10
20
30
40
50
60
70
80
90 km

kann weit voraus die Berge der Tofana über dem Falzáregopaß erkennen. In Pian (km 23,5) geht das Gefälle zurück, ein nochmaliger kurzer Gegenanstieg mit 10% Steigung ist zu überwinden, bevor man über Saviner di Laste (km 28,0) weiter bis Caprile (km 29,5) abfährt. Eben führt die Straße am breiten, steinigen Bachbett des Cordevole entlang direkt auf die gewaltig aufragende Mauer der Civetta zu. Die in Alleghe (km 32,0) am Ostufer des gleichnamigen Sees gelegene, auf 8% ansteigende Straße fällt bereits in der Ortsmitte wieder ab, und man erreicht ohne Schwierigkeiten meist abfahrend Cencenighe (km 41,0). Der Beschilderung »Falcade/Canale d'Agordo« folgend beginnt die Straße durch einen 400 m langen, schwach beleuchteten Tunnel auf 10% anzusteigen. Das schluchtartige Tal weitet sich erst hinter Mas (km 44,0), und Wiesen geben den Blick auf die Felstürme der westlichen Ausläufer der Marmolada frei. In Canale d'Agordo (km 45,5) wird die Strecke etwas weniger steil, und über dem Val di Garès tauchen die Spitzen der nördlichen Palagruppe auf. Am Ort vorbei beginnt die Straße wieder auf 10% anzusteigen, bevor eine längere Abfahrt bis Falcade (km 48,5) mit prächtigen Ausblicken auf die Zinnen und Türme der Berge um die Cima di Focobon über dem Valle di Valles überrascht. Die hoch oben aufragende Kirche von Falcade Alto (km 52,5) wird über Kehren mit einer durchgehenden Steigung von 12% erreicht. Kurven- und kehrenreich steigt die Straße durch dichten Wald zwischen 8 und 10% weiter an, bevor ein Schild 14% ankündigt. Auf den folgenden 3 km sollte niemand an seiner Kondition zweifeln, denn die tatsächliche Steigung liegt über weite Strecken bei 18%. Bei der Bar Fior di Roccia (km 58,0) wird es dann weniger steil, wenn auch bis zu der in einem weiten Hochtal gelegenen Paßhöhe (km 60,5) noch bis 10% angesagt sind. Bis Moena (km 72,0) kann dann eine lange Abfahrt mit Gefälle bis 14% erfolgen, die nur von wenigen Kehren im unteren Teil gebremst wird. Unter den Felstürmen das Latemar und der Rosengartengruppe, die sich über den Wiesen und Wäldern der nördlichen Talseite erheben, wechseln über Vigo di Fassa (km 78,5) bis Mazzin (km 83,0) leichte Steigungen mit ebensolchen Abfahrten ab. Die Wände des Sella- und Pordoistocks tauchen auf, weit voraus ist Canazei bereits zu erkennen, und nach der bis Campestrin (km 84,5) abfallenden Straße stehen nur noch mäßige Steigungen bis zum Ausgangspunkt (km 89,0) bevor.

28 Auf steilen Wegen zum Rosengarten

Südtirol

Strecke Blumau - Tiers - Nigerpaß - Tscheinerhütte - Karerpaß - Welschnofen - Birchabruck - Gummer - Steinegg - Blumau

Charakter Schwere Radtour mit maximal 24% Steigung zwischen Schlern und Latemar

Zeit 3¾-5 Stunden

Länge 61 km

Höhendifferenz 1800 m

Übersetzung 42/28-30

Ausgangspunkt Blumau (305 m)

Karte Generalkarte 1:200000, Südtirol; KOMPASS Wanderkarte 1:50000, Blatt 54

Paßöffnungszeiten Ganzjährig befahrbar

Streckenbeschreibung Wer in Blumau (km 0,0) dem kleinen blauen Hinweisschild Richtung Brie/Breien folgt, hat eine der schwersten, aber auch schönsten Radtouren des Alpenraums vor sich. Zunächst geht es in eine gestrüppüberwucherte Felsschlucht, Steigungen bis 10% werden von längeren flacheren Stücken unterbrochen, bevor die Straße zwischen zwei Häusern (km 3,0) erstmals kurz auf 20% ansteigt. Die von einem Schild angezeigte nachfolgende 20%ige Steigung erreicht bereits eine Länge von fast 200 m, geht aber zwischen zwei Felsbrocken hindurch wieder zurück und nimmt bis zum Gasthaus Halbweg (km 4,5) nur noch einmal kurz auf 18% zu. Danach beginnt ein Steigungsstück, das seinesgleichen im Alpenraum sucht. In dem sich weitenden Tal sind es auf der linken Talseite hoch über dem Breibach über mehr als 2 km Länge bis zu 24%. Erst ein Hinweisschild 150 m vor der Einmündung in die über das Prösler Ried heraufführende Straße kündigt das Ende dieser Passage an. Der sich nach der nächsten Kurve eröffnende Blick auf Tiers (km 8,0) und die Nadelwälder des Purgametschtales, über denen sich schlank und senkrecht die Vajolettürme neben den hohen Wänden der Rosengartenspitze erheben, entschädigt für die Mühen der Auffahrt. Nach dem Ort wechseln in dem weiten grünen Hochtal kurze Anstiege bis 10% mit längeren flacheren Stücken und Abfahrten bis zum Gasthaus Rosengarten (km 11,0) ab. Das waldreiche Purgametschtal empfängt den Radler mit einer 20%igen Steigung, die nach 200 m auf 15% zurückgeht. Unter der Laurinswand wird über eine Kehrenstrecke durch dichten Nadelwald mit Steigungen zwischen 10 und 12% die Nigerhütte (km 19,0) erreicht, wo der Ni-

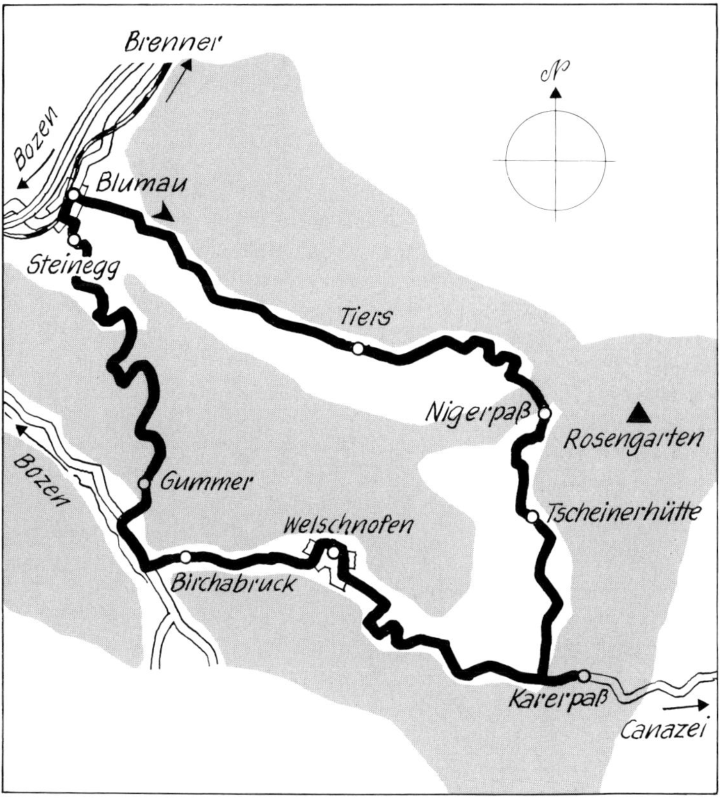
Brenner
Bozen
Blumau
Steinegg
Tiers
Nigerpaß
Rosengarten
Gummer
Tscheinerhütte
Welschnofen
Birchabruck
Bozen
Karerpaß
Canazei

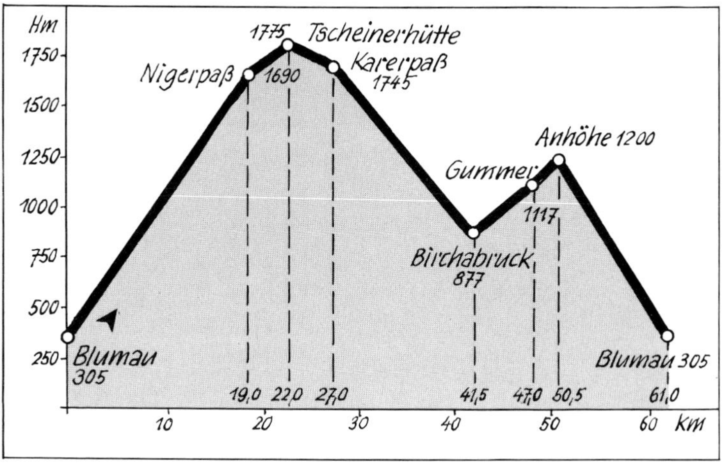
Hm
1750
1500
1250
1000
750
500
250
1775
Tscheinerhütte
Nigerpaß
1690
Karerpaß
1745
Anhöhe 1200
Gummer
1117
Birchabruck
877
Blumau
305
Blumau 305
19,0
22,0
27,0
41,5
47,0
50,5
61,0
10
20
30
40
50
60
Km

gerpaß nur tangiert wird. Fast eben verläuft die Straße nun an der Talstation des Laurin-Gondellifts vorbei zur Tscheinerhütte (km 22,0) auf die Nordseite der Latemargruppe zu bis zum Castell Latemar (km 26,5), wo man auf die zum Karerpaß führende Große Dolomitenstraße trifft. Die wenigen Höhenmeter zum Karerpaß (km 27,0) sollte man nicht scheuen, bevor man die Rückfahrt in Angriff nimmt. Am vielgerühmten Karersee (km 30,5), inmitten eines Hochwaldes gelegen, über dem sich die Türme und Zacken des Latemar erheben, muß man auf jeden Fall eine Rast einlegen, bevor man weiter über Welschnofen (km 34,5) abfährt und nach Passieren eines 400 m langen, schwach beleuchteten Tunnels Birchabruck (km 41,5) erreicht. An einer Straßenteilung (km 43,5) nach dem Ort ist die Abfahrt vorläufig zu Ende. Eine kehrenreiche Auffahrt mit ständigen Steigungen zwischen 10 und 12% bis Gummer (km 47,0) erfordert nochmals den ganzen Krafteinsatz. Auch durch den Ort steigt die Straße weiter an und geht erst am Ortsende, der Beschilderung Steinegg folgend, zurück. Steigungen bis 10% sind noch zu überwinden, bevor die Straße zwischen den Lärchenwäldern des Gummersbergs ihren höchsten Punkt erreicht. Die nachfolgende Abfahrt nach Steinegg (km 55,5) mit Gefälle bis 12% zählt sicherlich zu den schönsten des Alpenraums. Zum Greifen nahe das gewaltige Schlernmassiv und der Rosengarten, weit über dem Eisacktal die schneebedeckten Ketten der Bergspitzen vom Ortler über die Ötztaler bis zu den Zillertaler Alpen und unten die idyllische Wald- und Wiesenlandschaft des Tierser Tales mit seinen verstreuten Weilern und Gehöften. Der nachfolgende Steilabbruch ins Eisacktal mit dem hellen Band der Autobahn wird über 15 eng aufeinanderfolgende Kehren, die direkt zum Ausgangsort Blumau (km 61,0) zurückführen, überwunden.

29 Über Jaufenpaß und Penser Joch

Südtirol

Strecke Sterzing - Jaufenpaß - St. Leonhard in Passeier - Meran - Burgstall - Gargazon - Bozen/Gries - Penser Joch - Sterzing

Charakter Schwere Radtour mit maximal 12% Steigung durch die Sarntaler Alpen

Zeit 7–9 Stunden

Länge 150,5 km

Höhendifferenz 3120 m

Übersetzung 42/26

Ausgangspunkt Sterzing (948 m)

Karte Generalkarte 1:200000, Südtirol; KOMPASS Wanderkarte 1:50000, Blatt 44, 53 und 54

Paßöffnungszeiten Wegen Wintersperre der Alpenpässe ist die Strecke nur zwischen 1. Juni und 31. Oktober befahrbar

Streckenbeschreibung Umgeben von wesentlich bekannteren Nachbarn wie Ötztaler, Stubaier, Zillertaler Alpen und den Dolomiten, führen die Sarntaler Alpen ein eher ruhiges Dasein. Es gibt dort keine Gletscher, die Gipfel erreichen nirgends die Dreitausendmetermarke, und auch direkte Kletterberge finden sich nicht. Dafür aber zwei Paßstraßen, die für ein Kennenlernen dieser Gebirgsgruppe mit dem Fahrrad geradezu ideale Voraussetzungen bilden. Zu diesem Zweck verläßt man das Städtchen Sterzing (km 0,0), der Beschilderung Jaufenpaß folgend, auf anfangs noch ebener Fahrbahn. Kurz hinter Gasteig (km 3,0) beginnt die Straße auf 10% anzusteigen, und auch ihr Zustand verschlechtert sich zusehends. Kurvenreich windet sie sich bei kaum einmal zurückgehender Steigung anfangs durch dichten Nadelwald, dann zwischen grünen Wiesen nach Kalch (km 9,0). Im Norden zeigen sich die vergletscherten Spitzen der Stubaier Alpen, bevor wieder eine Kehrengruppe ansteht und mit 10%iger Steigung durch dichten Wald nach oben führt. Am Ende der Kehrenstrecke geht die Steigung zurück, die Baumgrenze wird überfahren, und voraus erkennt man bereits die Paßhöhe. Bis zum Jaufenhaus (km 17,0) nimmt die Steigung wieder auf 8–10% zu und läßt auch nicht nach, bis die Paßhöhe (km 18,5) über zwei großzügig angelegte Kehren erreicht ist. Bei der Abfahrt zeigen sich die Gipfel der Texelgruppe, die mit ihren Gletschern und steilen Flanken zu den schönsten Gebirgsketten Südtirols zählt, doch erfordert der weiterhin schlechte Zustand der nur knapp zweispurigen Straße die ganze Aufmerksamkeit. Erst im unteren Bereich bessern sich die Verhältnisse etwas, und so ist man froh, wenn man die Abfahrt in St. Leonhard (km 37,5) beenden kann. Das Passeiertal auswärts, vorbei am Gasthof Sandwirt, dem Geburtshaus Andreas Hofers,

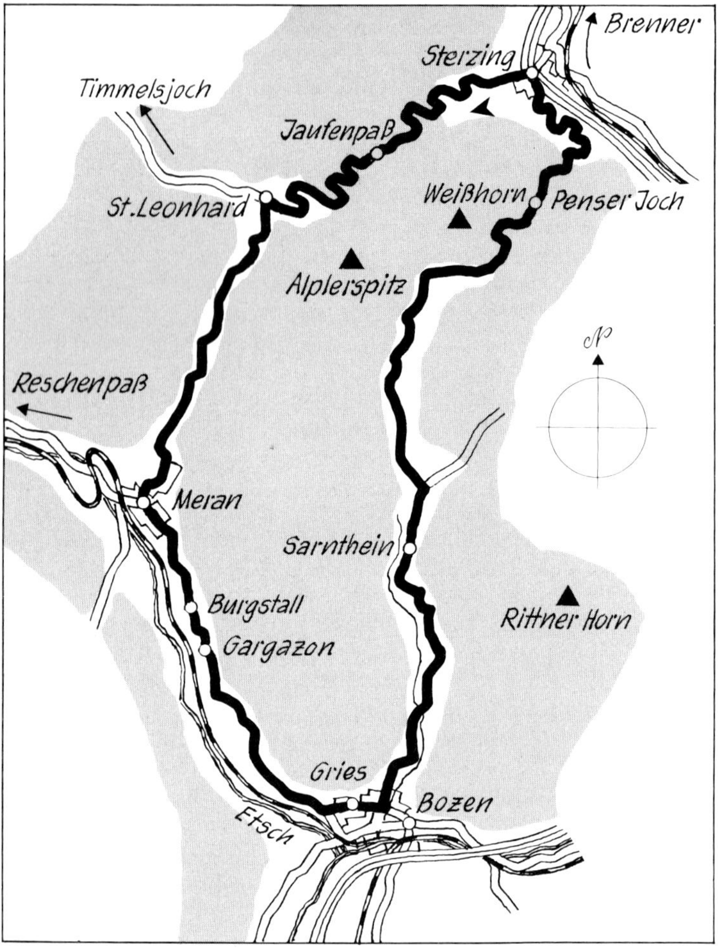
Brenner
Sterzing
Timmelsjoch
Jaufenpaß
St. Leonhard
Weißhorn
Penser Joch
Alplerspitz
Reschenpaß
Meran
Sarnthein
Burgstall
Rittner Horn
Gargazon
Gries
Bozen
Etsch

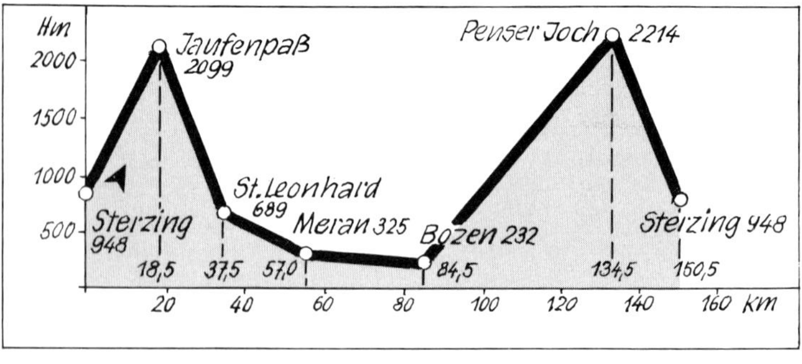
Hm
2000
1500
1000
500
Jaufenpaß 2099
St. Leonhard 689
Meran 325
Bozen 232
Penser Joch 2214
Sterzing 948
Sterzing 948
18,5
37,5
57,0
84,5
134,5
150,5
20
40
60
80
100
120
140
160 km

folgt man dem Lauf der Passer nach Meran. Mäßig steigt die Straße durch Saltaus (km 49,0) an, der schmucke Ort Riffian (km 52,5) wird durchfahren, die Rebenhänge und Obstbäume links und rechts der Straße mehren sich, und bis Meran (km 57,0) fällt die Straße wieder etwas stärker ab. Bozen, das nächste Ziel, ist gut ausgeschildert, und am linken Rand des fruchtbaren Etschtales erwarten den Radler auf meist ebener, teilweise leicht fallender Straße keine Schwierigkeiten. Hinter Siebeneich (km 80,0) zweigt eine Straße Richtung Sarnthein ab, die Bozen selbst nur an seinem nordwestlichen Rand berührt und durch den Vorort Gries ins Sarntal führt. Rötlicher Porphyrfels, Weinberge und teilweise verfallene Burgen bestimmen das Bild, und an den Hängen der linken Talseite steigt die Straße durch eine Reihe numerierter Tunnels auf 10% an. Nach Tunnel Nr.6 geht die Steigung zurück, und man gewinnt entlang der Talfer durch weitere Tunnels nur noch langsam an Höhe. Beim Gasthof Halbweg (km 95,5) ist der letzte Tunnel durchfahren und über zwei Kehren bei wieder auf 10% zunehmender Steigung das Gemeindegebiet von Sarntal erreicht. Bis Bundschen (km 101,0) wechseln 10%ige Anstiege mit ebeneren Abschnitten ab, grüne Wiesen und bewaldete Bergkuppen tauchen auf, und in Fahrtrichtung wird das in einem Talkessel gelegene Sarnthein sichtbar. Bereits vor dem Ort (km 104,5) folgt man der zum Penser Joch abzweigenden Straße. Bis Weißenbach (km 121,0) hält sich die Trasse nur mäßig ansteigend im Talboden. Durch ein freundliches Hochtal gelangt man über Steigungen bis 8%, meist jedoch weit darunter, in den Talschluß nach Pens (km 126,0), wo eine Höhenangabe »1500 m« andeutet, daß noch 700 schwere Höhenmeter bevorstehen. Zwischen schrofigen, felsdurchsetzten Berghängen nimmt die Steigung zuerst auf 10%, dann, nach einer Schleife an den Hängen der Astenberger Almen, auf 12% zu. Über die kargen Weideflächen der Penser Alm hält die Steigung über weite Kehren bis zur Paßhöhe (km 134,5) unvermindert an. Die Einkehr im Gasthof Alpenrosenhof auf der Paßhöhe ist nun zweifellos verdient, zumal die rasante Abfahrt mit Blick auf die Zillertaler Alpen durch drei Kehren nur unwesentlich abgebremst wird. Hinter Egg (km 142,5) taucht bald das breite Eisacktal und kurz danach der Ausgangspunkt Sterzing (km 150,5) auf.
Hinweis: Wegen der Tunnels bei der Auffahrt zum Penser Joch ist Beleuchtung notwendig.

30 Über Mendelkamm und Südtiroler Weinstraße

Südtirol/Trentino

Strecke Kaltern - Mendelpaß - Ronzone - Cávareno - Romeno - Dermulo - Mezzolombardo - Mezzocorona - Roverè della Luna - Margreid - Tramin - Kaltern

Charakter Mittelschwere Radtour mit maximal 10% Steigung vom Oberetschtal ins Trentino

Zeit 3¾-5 Stunden

Länge 86 km

Höhendifferenz 1160 m

Übersetzung 42/23-26

Ausgangspunkt Kaltern (426 m)

Karte Generalkarte 1:200000, Südtirol; KOMPASS Wanderkarte 1:50000, Blatt 53 und 74

Paßöffnungszeiten Ganzjährig befahrbar

Streckenbeschreibung Besser als das verkehrsreiche Bozen eignet sich der Markt Kaltern (km 0,0) am Nordufer des gleichnamigen Sees, den man über die Autobahnausfahrt Egna/Ora erreicht, als Ausgangspunkt für die Auffahrt zum Mendelpaß. Während man auf mit 10% ansteigender Straße über rötliches Kopfsteinpflaster den Ort durchfährt, ist hoch oben an den bewaldeten, steil abfallenden Hängen des Mendelkamms die Straße als weißes Band gut zu erkennen. Am Ortsende geht die Steigung etwas zurück, nimmt aber bis St. Nikolaus wieder auf 10% zu. Kurven- und kehrenreich steigt die Trasse bei kaum einmal nachlassender Steigung durch den Ort an, bevor man nach dem Ortsende (km 5,0) auf die von Bozen kommende Straße und die eigentliche Paßauffahrt trifft. Es geht durch dichten Mischwald, teilweise numerierte und mit Höhenangaben versehene Kehren informieren ständig über das Höherkommen. Am Beginn des Bandes (km 11,0), wo die Straße unmittelbar in den Fels geschlagen wurde, fällt die Steigung auf 8% zurück. Der ebenfalls zurückgehende Wald ermöglicht Ausblicke auf das Überetschtal tief unten und die sich darüber erhebenden Dolomiten vom Schlern über den Rosengarten bis zur Latemargruppe. Ein Schild (km 13,0) zeigt den Beginn der letzten neun noch zu bewältigenden Kehren an, die in rascher Folge wieder durch dichten Mischwald mit Steigungen bis 10% zur Paßhöhe (km 16,0) führen. Die Abfahrt ins Nonstal sollte man aber erst nach der Auffahrt zum Monte Pénegal (siehe Beschreibung Abstecher) beginnen, da man sonst den landschaftlichen Höhepunkt dieser Tour versäumt. Kurz unterhalb der Paßhöhe, die auch die deutsch-italienische Sprachengrenze bildet, orientiert man sich an der Beschilderung »Passo Tonale/Madonna

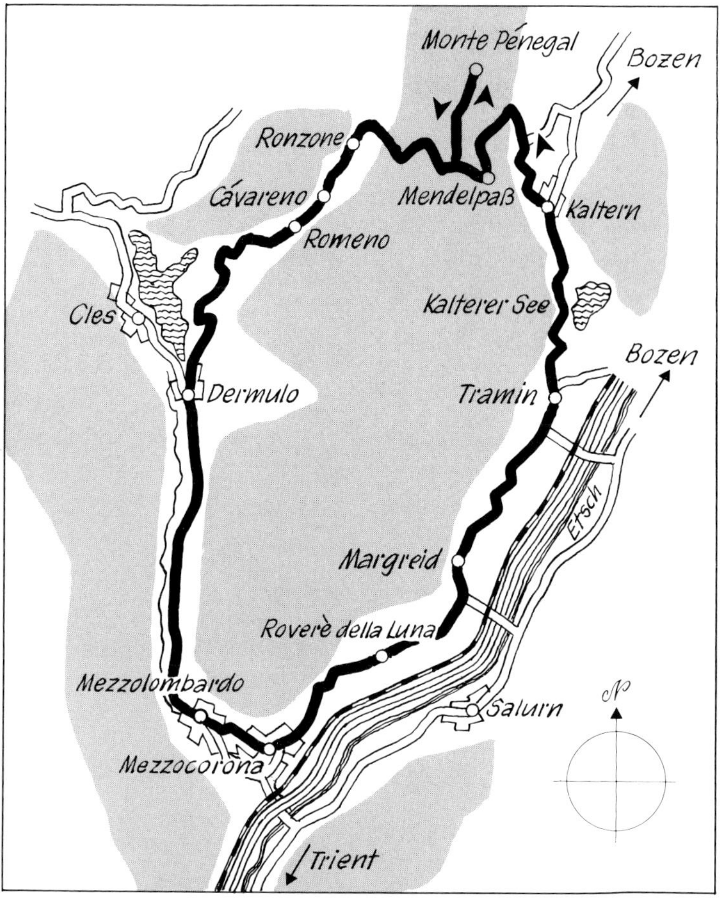
Monte Pénegal
Bozen
Ronzone
Cávareno
Mendelpaß
Kaltern
Romeno
Cles
Kalterer See
Bozen
Dermulo
Tramin
Etsch
Margreid
Roverè della Luna
Mezzolombardo
Salurn
Mezzocorona
Trient
N

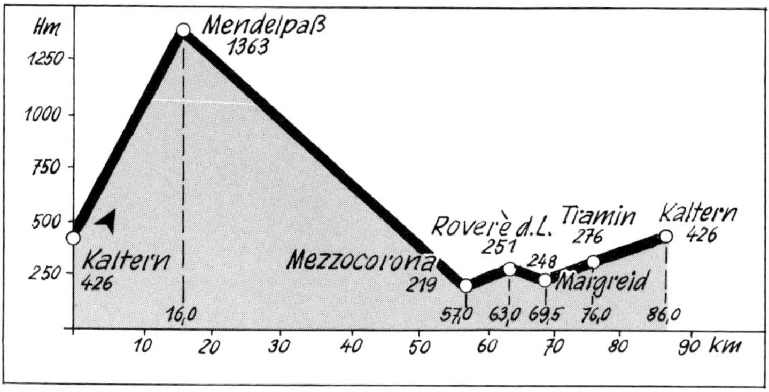
Hm
1250
1000
750
500
250
Mendelpaß
1363
Kaltern
426
Mezzocorona
219
Roverè d.L.
251
248
Tramin
276
Margreid
Kaltern
426
16,0
57,0
63,0
69,5
76,0
86,0
10
20
30
40
50
60
70
80
90 km

di Campiglio«. Auf der folgenden Abfahrt mit Gefälle bis 8% erfordern Belagschäden bis Ronzone (km 21,5) erhöhte Vorsicht. Weiter der Beschilderung »Passo Tonale/Cávareno« nach weicht der Wald bald zurück und gibt den Blick auf das weite Nonstal mit den Bergen der Brenta- und Presanellagruppe, des Ortlermassivs und der Berge über dem Ultener Tal im Hintergrund frei. Auf die östlichen Ausläufer der Brenta zu fällt die Straße bis hinter Cávareno (km 26,0) ab, um bis Romeno (km 29,0) mäßig anzusteigen. Schon im Ort, der Beschilderung nach Trento folgend, beginnt die Straße zwischen Apfelbaumplantagen mit Gefälle bis 8% kurvenreich wieder abwärts zu verlaufen, bevor man in Dermulo (km 43,0) auf die Staatsstraße 43 trifft. Auf der linken Seite des sich schluchtartig verengenden Tales wartet bei Sabino (km 46,0), wo man fast am Talboden angelangt ist, noch ein etwa 1 km langer Gegenanstieg mit 8% Steigung, bevor nach der Rocchettaklamm (km 50,0) die Straße endgültig bis Mezzolombardo (km 54,0) abfällt. Über Mezzocorona (km 57,0) zieht sich die Trasse meist völlig flach unter steil abfallenden, mehr als 1000 m hohen Felswänden bis Roverè della Luna (km 63,0). Unter der vorspringenden Felswand des Giggerecks zweigt die Strecke bei der Salurner Klause (km 65,5), die gleichzeitig Beginn der Südtiroler Weinstraße ist, Richtung Margreid ab. Die hinter Margreid (km 69,5), dem südlichsten Dorf an der Weinstraße, am westlichen Hang des Etschtales mit 10% ansteigende Straße eröffnet Blicke auf die schier unendlich erscheinenden Weinberge, zwischen denen vereinzelte Weiler und Gehöfte aufleuchten, bevor die Strecke bis Tramin (km 76,0) wieder abfällt. Auch dieser Weinort, zu Füßen des zerklüfteten Roènstockes, dessen Gewürztraminer den Ort weltbekannt gemacht hat, offeriert zuerst einen 8%igen Anstieg, dem wiederum eine längere Abfahrt folgt. Am Südende des Kalterer Sees steigt die Straße dann nochmals bis 8% an, unterbrochen von längeren flacheren Stücken, bis zum Ausgangsort Kaltern (km 86,0).

Abstecher zum Monte Pénegal (+4,0 km, +374 Hm, +½ Stunde)

Gute Kondition und mindestens ein 26er Ritzel sind Voraussetzung, wenn man der etwa 300 m nach der Paßhöhe abzweigenden Straße zum Monte Pénegal folgen will. Kehrenreich beginnt die Strecke durch dichten Wald sofort mit 12% anzusteigen. Bei km 1,5 nimmt die Steigung auf eine Länge von 300 m auf 18% zu, geht kurz auf 10% zurück, um nochmals über mehr als 500 m auf 18% anzusteigen. Bis zum Endpunkt der Straße beim Hotel Facchin (km 4,0) werden die Steigungen bis 12% von längeren flacheren Stücken abgelöst. Wenige Schritte sind es dann nur noch zu einem der umfassendsten Aussichtspunkte der Dolomiten, dessen Rundpanorama von der Ortler-, Presanella- und Brentagruppe im Westen über die Sarntaler, Ötztaler und Zillertaler Alpen im Norden und die Dolomiten im Osten reicht.

31 Um die Brenta

Trentino

Strecke Mezzolombardo - Fai della Paganella - Ándalo - Molveno - San Lorenzo in Banale - vor Tavodo - Sclemo - Preore - Tione di Trento - Campo-Carlomagno-Paß - Dimaro - Malé - Cles - Mezzolombardo

Charakter Schwere Radtour mit maximal 12% Steigung auf den Spuren Karls des Großen

Zeit 6½-8 Stunden

Länge 142,5 km

Höhendifferenz 2120 m

Übersetzung 42/23-26

Ausgangspunkt Mezzolombardo (227 m)

Karte Generalkarte 1:200000, Südtirol und Gardasee/Venedig; KOMPASS Wanderkarte 1:50000, Blatt 73

Paßöffnungszeiten Ganzjährig befahrbar

Streckenbeschreibung Wer auf der Reise in den Süden sein Rennrad dabei hat und bereits über eine gute Kondition verfügt, sollte die Autobahn bei der Ausfahrt S. Michele a. A./Mezzocorona verlassen, um von Mezzolombardo (km 0,0) aus eine Umrundung der Brentagruppe zu unternehmen. Bereits wenige hundert Meter nach dem Ort, das Nonstal einwärts, folgt man der Beschilderung Molveno/Ándalo. Auf einer mit 10% ansteigenden Straße, die sich kurven- und kehrenreich durch den Lärchenwald an den Hängen des Monte Corno hochwindet, bleibt der Verkehr der Staatsstraße 43 bald weit unten zurück. Hoch über der Furche des Etschtales vermindert sich die Steigung auf 8%, die schneebedeckten Gipfel der Dolomiten östlich der Etsch tauchen auf, und zwischen Wiesen und Äckern wird die auf einer Hochebene zu Füßen des Monte Fausior liegende Ortschaft Fai della Paganella (km 9,5) erreicht. Der Beschilderung »Ándalo« folgend steigt die Straße kurz auf 12% an, während über bewaldeten Bergrücken erstmals die Spitzen der Brenta auftauchen, dann fällt sie bis zum Hotel Dolomiti mäßig ab. An der Talstation der Paganella-Seilbahn vorbei nimmt die Steigung nochmals auf 8% zu, bevor man endgültig in den grünen Talkessel von Ándalo (km 16,0) abfährt, über dem sich die gesamte Ostseite der Brenta wie eine Mauer mit glatten, hohen Wänden, zerklüfteten Spitzen und schroffen Türmen erhebt. Bis Molveno (km 21,0) am Nordufer des gleichnamigen Sees geht es zuerst mäßig, dann stärker mit Gefälle bis 10% weiter abwärts. Völlig eben führt die schmäler werdende Straße am linken Ufer des Sees unter den bewaldeten Berghängen der Paganella entlang zu dessen Südende (km 27,5),

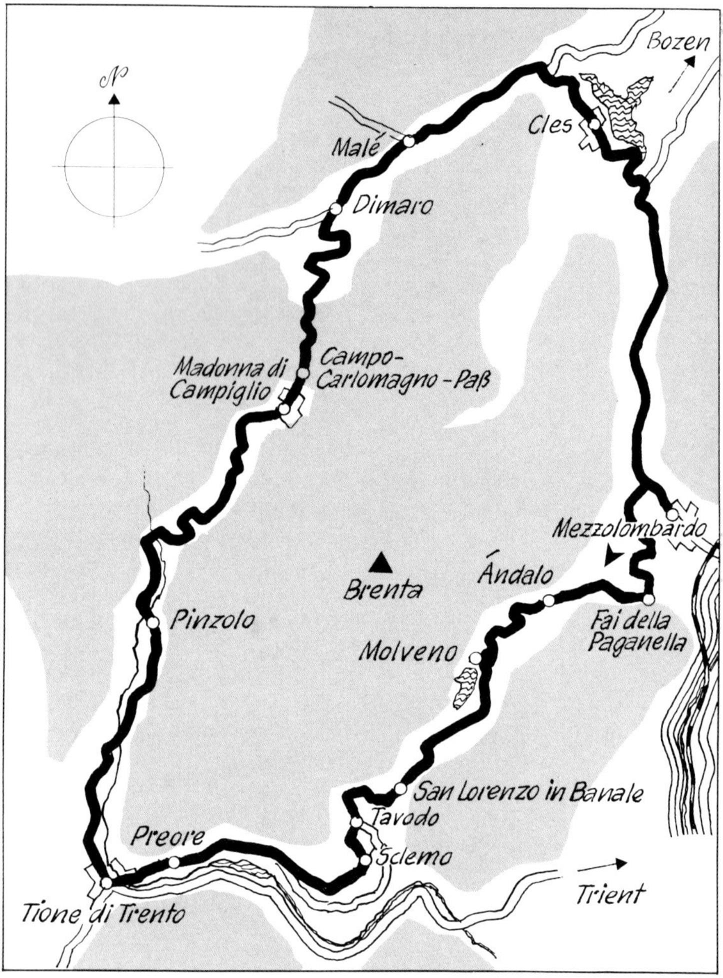
Bozen
Cles
Malé
Dimaro
Madonna di Campiglio
Campo-Carlomagno-Paß
Mezzolombardo
Ándalo
Brenta
Pinzolo
Fai della Paganella
Molveno
San Lorenzo in Banale
Tavodo
Preore
Sclemo
Tione di Trento
Trient

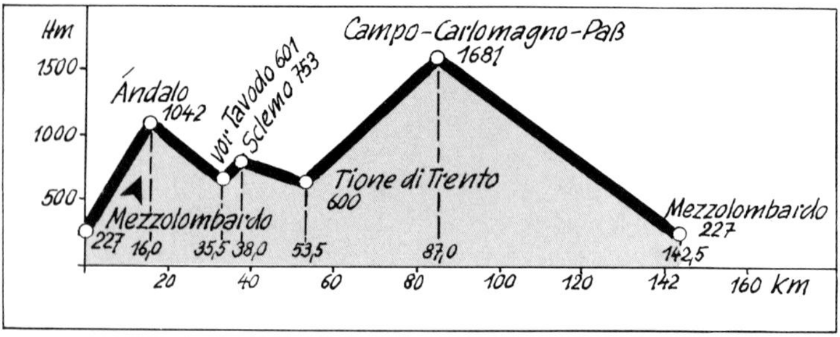
Hm
1500
1000
500
Ándalo 1042
vor Tavodo 601
Sclemo 753
Campo-Carlomagno-Paß 1681
Tione di Trento 600
Mezzolombardo
227
Mezzolombardo 227
16,0
35,5
38,0
53,5
87,0
142,5
20
40
60
80
100
120
142
160 km

während auf der gegenüberliegenden Seite vor allem der doppelgipfelige Doss di Dalum über dem Val di Ceda den Blick auf sich zieht. Am kleinen, meist ausgetrockneten Nembiasee vorbei erreicht man über eine in den Fels gehauene schmale, kurvenreiche Straße mit fünf kurzen Tunnels leicht abwärts San Lorenzo in Banale (km 32,0). Unter den Südhängen der Brenta weitet sich das Tal, die Berge der Adamellogruppe im Westen werden sichtbar, das Gefälle nimmt bis Dorsino (km 33,5) zu. Unmittelbar vor Tavodo (km 35,5) darf man die Abzweigung nach Tione/Stenico nicht übersehen. An einem weiten Wiesenhang steigt die Straße mit 8% bis Sclemo (km 38,0) an. Nach dem Ort geht die Steigung zurück, und bald darauf folgt eine lange Abfahrt hoch über dem Sarcatal durch mehrere kleine Ortschaften bis Preore (km 50,0). Im Talboden angelangt, wird die Sarca überquert und Tione di Trento (km 53,5), der südliche Ausgangspunkt der Campo-Carlomagno-Paßstraße, erreicht. Der kurze 8%ige Anstieg in den Ort täuscht, denn der Beschilderung »Madonna di Campiglio« folgend hält sich die Straße bis Pinzolo (km 70,5), von einigen kurzen Anstiegen und Abfahrten in kleinen Ortschaften abgesehen, eben am Talboden. An der San-Vigilio-Kirche, am nördlichen Ortsausgang, vorbei, kann man sich gut vorstellen, wie dieser Platz während des Giro d'Italia voll von Menschen ist und die Fahrer die engen Kurven vor dem Kirchplatz anbremsen. In Carisolo, das sich unmittelbar an Pinzolo anschließt, wird das breite, steinige Bachbett der Sarca di Campiglio überquert, und mit auf 9% ansteigender Straße beginnt die eigentliche Paßauffahrt. Über mehrere Kehren geht es durch dichten Mischwald bis Sant'Ántónio di Mavignola (km 77,0) hinauf. Almmatten lösen den Wald ab und geben den Blick frei auf die Westseite der Brenta mit den dominierenden Erhebungen der Cima Tosa und Cima Brenta über dem Val Brenta. Madonna di Campiglio (km 82,5) entläßt den Radler über eine auf 11% ansteigende Straße, die am Ortsende zwar auf 10% zurückgeht, diese Steigung aber bis fast 1 km unterhalb der Paßhöhe (km 87,0) beibehält. Die Abfahrt mit Gefälle bis 9% durch dichten Nadelwald bis Folgárida (km 94,0) läßt kaum Überlegungen zu, wo sich wohl Karl der Große bei seinem Feldzug gegen die Langobarden hier seinen Weg gesucht haben mag. Auch die Kehren bis Dimaro (km 102,0), mit Blick auf die Berge der Ortlergruppe im Nordwesten, erfordern volle Aufmerksamkeit beim Abbremsen. Das dichtbesiedelte Val di Sole wartet leider wieder mit mehr Verkehr auf, dafür aber mit keinen größeren Anstiegen. Dennoch sollte die nachfolgende lange Abfahrt nicht unterschätzt werden. Längere flache Stücke, teilweise mäßiges Gefälle sowie einige kürzere Gegenanstiege mit Steigungen bis 8% zwingen immer wieder zum Mittreten, bevor man nach Durchfahrung der Rocchettaklamm das breite Etschtal und den Ausgangspunkt Mezzolombardo (km 142,5) erreicht.

32 Zum König Ortler

Südtirol/Graubünden

Strecke Prad am Stilfser Joch - Stilfser Joch - Cantoniera IVa - Umbrailpaß - Sta. Maria im Münstertal - Müstair - Glurns - Prad am Stilfser Joch

Charakter Schwere Radtour mit maximal 15% Steigung über dem Vinschgau

Zeit 4½-6½ Stunden

Länge 63 km

Höhendifferenz 1880 m

Übersetzung 42/26

Ausgangspunkt Prad am Stilfser Joch (915 m)

Karte Generalkarte 1:200000, Südtirol; KOMPASS Wanderkarte 1:50000, Blatt 52

Paßöffnungszeiten Wegen Wintersperre der Alpenpässe ist die Strecke nur zwischen 1. Juni und 31. Oktober befahrbar; der Grenzübergang auf dem Umbrailpaß ist vom 1. Juli bis 30. September von 22 bis 6 Uhr, in der übrigen verkehrsoffenen Zeit von 20 bis 6 Uhr geschlossen

Streckenbeschreibung Es gibt höhere Alpenpässe und schönere. Auch die Schwierigkeiten werden von, wenn auch wenigen, anderen Paßstraßen übertroffen. Dennoch gibt es keinen Alpenpaß, dessen Befahrung unter den Radlern so begehrt ist und soviel Respekt genießt, wie das Stilfser Joch. Der Grund dafür ist nicht eindeutig zu klären. Vielleicht ist die günstige Lage im Vinschgau ausschlaggebend, vielleicht die landschaftliche Umrahmung mit den Gletscherfeldern des Ortlermassivs oder die unvergleichliche Trassenführung ab Franzenshöhe. Wahrscheinlich ist es eine Mischung all dieser Komponenten, die wohl jeden, der den Paß mit dem Fahrrad bewältigt hat, zufriedenstellen wird. Gleichsam als Zugabe bekommt man bei dieser Tour noch einen weiteren Paß, nämlich den Umbrail, immerhin den höchsten Schweizer Alpenpaß, sozusagen geschenkt, wenn man nicht gleich wieder die 48 Kehren in entgegengesetzter Richtung hinabstürzt, sondern einen kleinen Umweg über das Münstertal nicht scheut. Doch daran sollte man noch nicht denken, wenn man in Prad (km 0,0) das sonnige Vinschgauer Becken verläßt und in das Tal des Suldenbaches einfährt. Mit 10% beginnt die Straße anzusteigen. Der Stilfser Bach wird überquert, weit zurück im Nordosten ist die Spitze der Weißkugel, des höchsten Berges der Ötztaler Alpen, zu erkennen. Dann erreicht man Gomagoi (km 6,5). Die Abzweigung ins Suldental läßt man unbeachtet und fährt an den waldreichen Hängen des Fallaschkammes in das Trafoier Tal ein. Bis Trafoi (km 10,0), die Firnfelder und Gletscherbrüche des Ortlermassivs voraus, geht die Steigung kaum einmal unter 10% zurück.

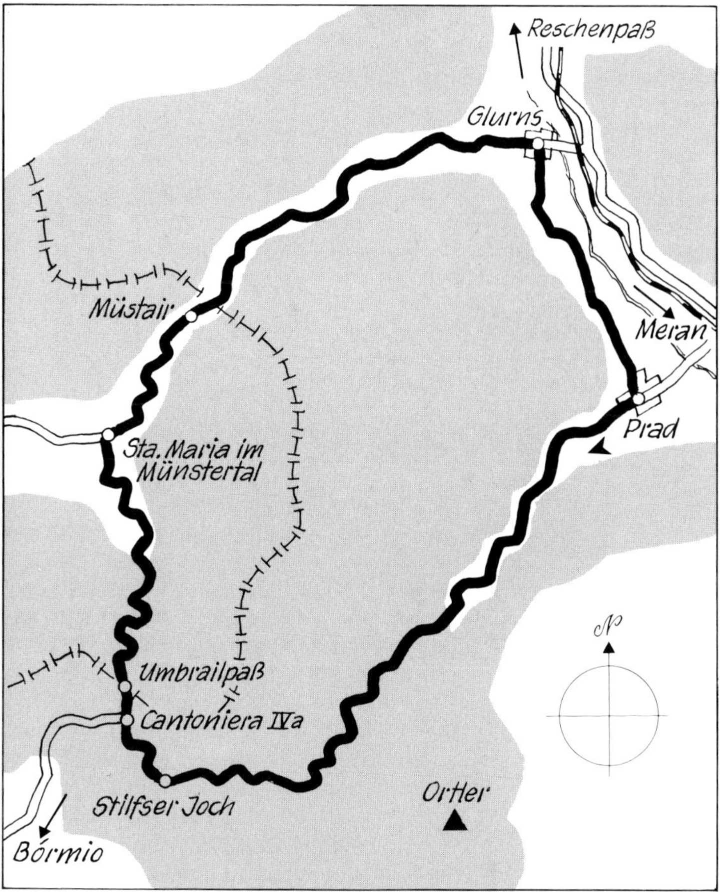
Reschenpaß
Glurns
Meran
Prad
Müstair
Sta. Maria im Münstertal
Umbrailpaß
Cantoniera IVa
Stilfser Joch
Ortler
Bórmio
N

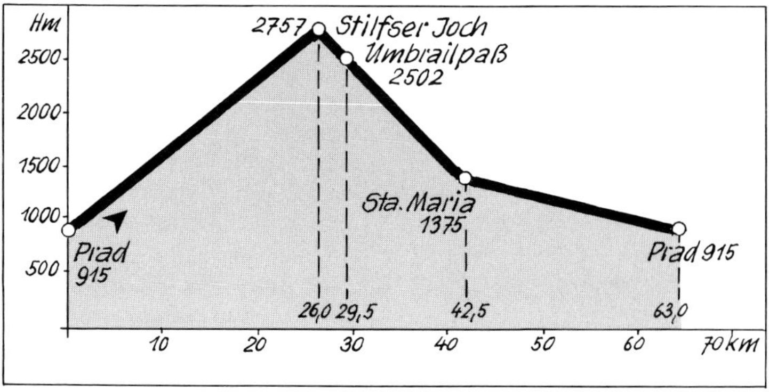
Hm
2500
2000
1500
1000
500
2757 Stilfser Joch
Umbrailpaß 2502
Sta. Maria 1375
Prad 915
Prad 915
26,0
29,5
42,5
63,0
10
20
30
40
50
60
70 km

Nach dem Ort ist die Hälfte der Auffahrt bereits geschafft, doch der weitaus schönste, aber auch anstrengendste Teil steht noch bevor. Über eine Kehrengruppe, die auf einem kurzen Abschnitt sogar eine Steigung bis 15% erreicht, kommt man zum Gasthaus Weißer Knott (km 15,5), wo man nur noch eine Armlänge von den Eisbrüchen des Oberen Ortler Ferners entfernt zu sein scheint. Über mehrere Kehren mit Steigungen bis 10% läßt man die Baumgrenze hinter sich und erreicht die Abzweigung zum Hotel Franzenshöhe. 24 Kehren mit Steigungen bis 12% sind noch zu bewältigen, die in dieser Anordnung wohl einmalig im gesamten Alpenraum sind. Es ist gewiß keine Schande, wenn man hin und wieder anhält, den Tiefblick genießt und den gegenüberliegenden Ortler nach Aufstiegsspuren absucht. Irgendwann aber ist es dann doch geschafft, und nach einer letzten Kehre liegt die Paßhöhe (km 26,0) mit dem ganzen Trubel der Souvenirläden und des Sommerskigebiets vor uns. Lange wird man sich hier wohl nicht aufhalten und bald die Kehrengruppe mit Gefälle bis 12% zur Cantoniera IVa mit der italienischen Zollstation (km 29,0) abfahren. Bereits nach wenigen hundert Metern ist mit der schweizerischen Zollstation auch schon die Umbrail-Paßhöhe (km 29,5) erreicht. Aber die Schwierigkeiten erwarten den Radler hier bei der Abfahrt. Bald nach der Paßhöhe geht die asphaltierte Straße in eine reine Sand- und Schotterpiste über, die bei entsprechend langsamer Fahrweise aber auch für schmale Schlauchreifen möglich ist. Kehrenreich fällt die Straße mit Gefälle bis 11% ins Tal ab, kurze asphaltierte Straßenstücke täuschen immer wieder ein Ende der Sandpiste vor, aber erst nach dem Gasthaus Alpenrose (km 39,0) rollt es endgültig wieder über Asphaltbelag abwärts. Eine weitere Kehrengruppe über einen baumlosen Hang eröffnet den Ausblick auf das grüne Münstertal. Bald darauf muß man in Sta. Maria (km 42,5) scharf abbremsen. Weit im Vordergrund das Vinschgau, darüber die Berge der Ötztaler Alpen, fällt die Straße bis Müstair (km 46,0) meist ab. Auch nach der Grenze (km 48,0) treten keine Schwierigkeiten mehr auf. Eine Talstufe wird mit Gefälle bis 10% durch dichten Nadelwald überwunden, und am rechten Rand des Talbodens verläuft die Strecke eben bis Glurns, wo eine gut ausgebaute Straße, meist leicht fallend, nach Prad (km 63,0) zurückführt.
Hinweis: Der Umbrailpaß ist nur knapp zur Hälfte asphaltiert, bei entsprechender Fahrweise jedoch auch bei der Abfahrt mit schmalen Schlauchreifen gut befahrbar.

Schweiz

33 Zwischen Bernina und Ortler

Graubünden/Lombardei

Strecke Zernez - Abzweigung Berninapaß/Pontresina - Berninapaß - Livignopaß - Livigno - Éirapaß - Foscagnopaß - Tornante 3 vor Bórmio - Umbrailpaß - Sta. Maria - Ofenpaß - Zernez

Charakter Schwere Radtour mit maximal 12% Steigung vom Oberengadin durch den Schweizer Nationalpark

Zeit 9-12 Stunden (2 Tage)

Länge 170 km

Höhendifferenz 3900 m

Übersetzung 42/26

Ausgangspunkt Zernez (1473 m)

Karte Generalkarte 1:200000, Schweiz, Blatt 3; Landeskarte der Schweiz, Blatt 39 und 44

Paßöffnungszeiten Wegen Wintersperre der Umbrail-Paßstraße ist die Strecke nur zwischen 15. Mai und 15. November befahrbar; vom 1. Juli bis 30. September ist der Grenzübergang von 22 bis 6 Uhr, in der übrigen verkehrsoffenen Zeit von 20 Uhr bis 6 Uhr geschlossen

Streckenbeschreibung Man verläßt Zernez (km 0,0) wie in Tour 34 beschrieben. In La Punt (km 19,5) an der Abzweigung zum Albulapaß vorbei, rollt es auf ebener Straße bis zur Abzweigung Berninapaß/Pontresina (km 26,5). Im Süden erheben sich die Berge über dem Val Roseg, und man radelt auf mäßig ansteigender Straße ins Berninatal ein. Bei der Abzweigung ins Morteratschtal nimmt die Steigung auf 8% zu, und zwei Kehren durch lichten Kiefern- und Lärchenwald eröffnen den Blick auf die großartige Bergwelt am Talschluß von Piz Palü über Piz Zupò bis zum Piz Bernina mit der einmaligen Firnschneide des Biancograts. Bald darauf geht die Steigung zurück, um erst unter den Westabstürzen des Piz Lagalb wieder auf 10% anzuziehen. Am Lago Bianco zu Füßen der Gletscherfelder des Piz Cambrena vorbei ist die Paßhöhe (km 47,0) über einige Kehren bald erreicht. Die Abfahrt mit Gefälle bis 12% wird bei der Abzweigung nach Livigno (km 50,5) jedoch bereits wieder unterbrochen. Das schweizerische Zollamt ist rasch passiert. Anfangs hält sich die Straße fast eben an den Hängen der linken Talseite, bevor sie über mehrere Kehren mit Steigungen bis 12% zur Paßhöhe des Forcola di Livigno (km 54,5) hinaufzieht. Nach dem italienischen Zollamt beginnt eine lange Abfahrt, die erst im Talboden der Spöl in der Zollfreizone von Livigno endet. Eine fast schnurgerade Trasse führt entlang der Häuserzeilen bis zur Ortsmitte (km 69,0), wo man der Beschilderung nach Bórmio folgt. Über Kehren mit Steigungen bis 12% verläßt man die letzten Häuser von Livigno, durchfährt einen Nadelwald, die Steigung geht etwas zurück, und bald darauf endet

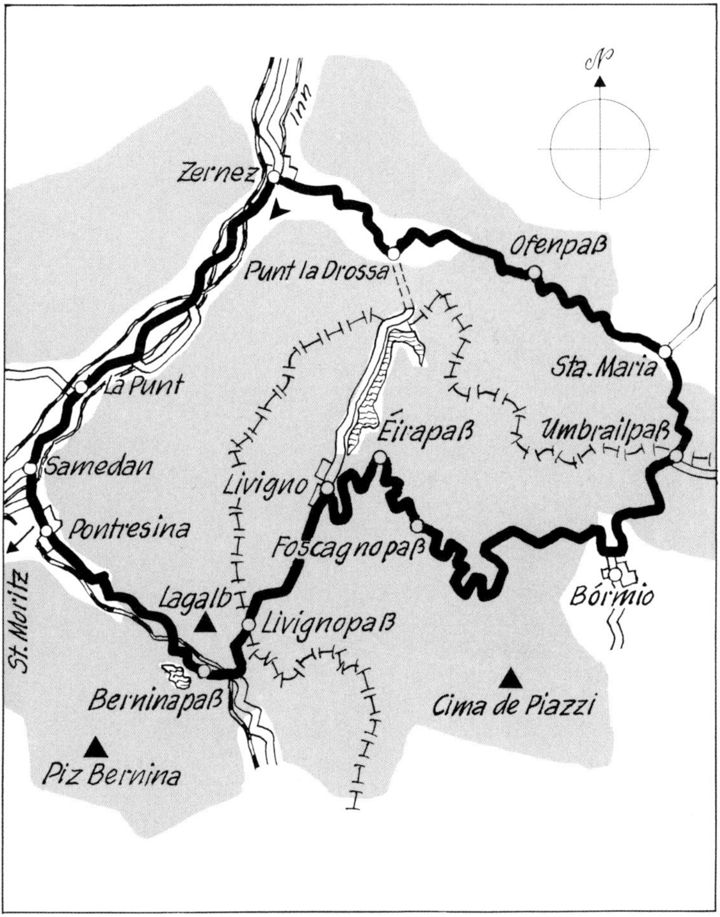
N
Inn
Zernez
Punt la Drossa
Ofenpaß
Sta. Maria
La Punt
Umbrailpaß
Eirapaß
Samedan
Livigno
Pontresina
Foscagnopaß
Bormio
St. Moritz
Lagalb
Livignopaß
Berninapaß
Cima de Piazzi
Piz Bernina

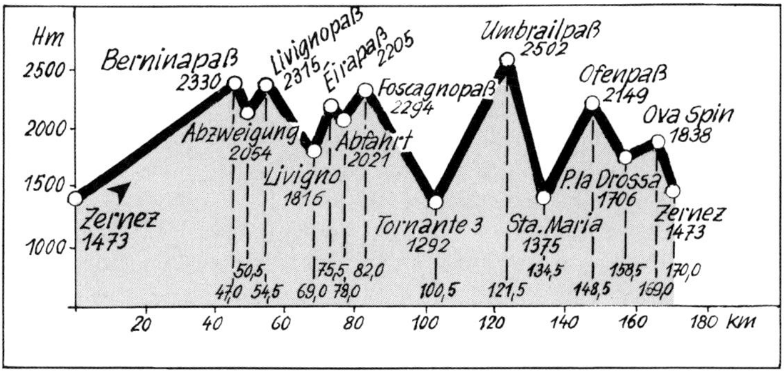
Hm
2500
2000
1500
1000
Berninapaß 2330
Livignopaß 2315
Eirapaß 2205
Umbrailpaß 2502
Foscagnopaß 2294
Ofenpaß 2149
Ova Spin 1838
Abzweigung 2054
Abfahrt 2021
Livigno 1816
Zernez 1473
Tornante 3 1292
Sta. Maria 1375
P. la Drossa 1706
Zernez 1473
50,5
47,0
54,5
69,0
75,5
78,0
82,0
100,5
121,5
134,5
148,5
158,5
169,0
170,0
20
40
60
80
100
120
140
160
180 km

der Anstieg auf der nicht beschilderten Éira-Paßhöhe (km 75,5). Eine Abfahrt an einem baumlosen Grashang mit den verstreuten Häusern von Trepalle bringt nochmals in einen Talboden (km 78,0) hinunter und zum Beginn des Foscagnopasses. Fast durchgehend steigt die Straße mit 10% an der rechten Seite des Valle di Foscagno nach oben. Ist diese Hürde mit der italienischen Grenzstation auf der Paßhöhe (km 82,0) erst genommen, stellen sich der langen Abfahrt ins Valdidentro keine Hindernisse mehr in den Weg. Durch mehrere Ortschaften im dicht besiedelten Talboden, im Süden die Schneefelder der Cima de Piazzi, beginnt bei der ›Tornante 3‹ (km 100,5) die Auffahrt zum Stilfser Joch. Mit 12% steigt die Straße durch den Nadelwald an den Hängen der Cresta di Réit an. Eine Kehrengruppe mit etwas nachlassender Steigung leitet ins Brauliotal und an der rechten Talseite durch eine Reihe von Galerien und Tunnels nach oben. Bei einem Kraftwerk (km 113,5) zu Füßen des Monte Radisca wird eine weitere Talstufe über eine Kehrenstrecke mit 10% Steigung überwunden. Am linken Rand eines kleinen Hochtales mit spärlichen grünen Almwiesen läßt die Steigung nach. In Fahrtrichtung sind die Häuser der italienischen Grenzstation und kurz darauf die stark verbaute Paßhöhe des Stilfser Jochs bereits erkennbar. Nur kurz steigt die Straße bis zur Cantoniera IVa (km 121,0), der Abzweigung zum Umbrailpaß, noch einmal auf 8% an, und wenn es die Kondition zuläßt, sollte man die 3 km mit einer ständigen Steigung von 10–12% zum Stilfser Joch nicht scheuen. Dem italienischen Zollamt folgt unmittelbar das schweizerische auf der Umbrail-Paßhöhe (km 121,5). Die anschließende Abfahrt erfordert etwas Vorsicht, denn die windungsreiche Umbrailstraße besteht mehr als zur Hälfte aus einer reinen Naturpiste. Erst ab dem Gasthaus Alpenrose (km 131,0) wieder durchgehend asphaltiert, bringen uns weitere Kehren in den grünen Talboden des Münstertales nach Santa Maria (km 134,5). Bis Valchava verläuft der Anstieg zum Ofenpaß fast eben. Auch danach werden 10%ige Steigungen von längeren flacheren Stücken abgelöst, und erst am Ortsende von Tschierv (km 142,0) nimmt die Steigung bis zur Paßhöhe (km 148,5) durchgehend auf 10% zu. Wie eine Schneise zieht sich die stufenartig abfallende Straße durch den Wald des Schweizer Nationalparks, aber auf Höhe der Grenzstation Punt la Drossa (km 158,5) steht nochmals ein längerer leichter Gegenanstieg bis Ova Spin (km 164,0) bevor. Dann jedoch geht es endgültig bergab, und mit der Spöl, die hier in den Inn mündet, trifft man wieder in Zernez (km 170,0) ein.
Hinweis: Der aus Livigno herausführende, 3,4 km lange Munt-la-Schera-Tunnel nach Punt la Drossa im Schweizer Nationalpark kann mit den Rädern durchfahren werden. Die Umbrail-Paßstraße ist nur etwa zur Hälfte asphaltiert, eine Befahrung jedoch auch mit schmalen Schlauchreifen gut möglich.

34 Über Flüela- und Albulapaß

Graubünden

Strecke Zernez - La Punt - Albulapaß - Abzweigung nach Alvaneu-Bad - Wiesen - Davos - Flüelapaß - Susch - Zernez

Charakter Schwere Radtour mit maximal 12% Steigung vom Engadin ins Landwassertal

Zeit 5½-7 Stunden

Länge 118 km

Höhendifferenz 2310 m

Übersetzung 42/26

Ausgangspunkt Zernez (1473 m)

Karte Generalkarte 1:200000, Schweiz, Blatt 3; Landeskarte der Schweiz 1:100000, Blatt 39

Paßöffnungszeiten Wegen Wintersperre der Albula-Paßstraße ist die Strecke nur zwischen 1. Juni und 31. Oktober befahrbar

Streckenbeschreibung In Zernez (km 0,0), in einem weiten Talkessel am Zusammenfluß des Inn und der Spöl gelegen, ist das Unterengadin schon fast zu Ende. Der Inn, hier bereits ein stattlicher Fluß, wird überquert (km 3,5), und nach einem längeren 6%igen Anstieg bis Brail (km 7,0) überfährt man die eigentliche Grenze ins Oberengadin. Zwischen den Bergen des Schweizer Nationalparks und den Albula Alpen wechseln in dem weiten grünen Talboden lange ebene Stücke mit 6%igen Steigungen ab. Nach Cinous-chel (km 12,5) verläßt man die Schnellstraße, die hier für Radfahrer verboten ist, die Trasse steigt leicht nach S-chanf (km 18,5) an, und man erreicht über Zuoz (km 15,5) und Madulain (km 18,5), wo man wieder auf die Schnellstraße trifft, unmittelbar am Inn entlang La Punt (km 19,5). Zwischen zwei eng beieinander stehenden Häusern beginnt die Straße zum Albulapaß sofort mit 12% anzusteigen. An einem weiten Wiesenhang zieht sich eine Kehrenstrecke bei kaum nachlassender Steigung von 10% nach oben. Das Tal bleibt rasch zurück, und über La Punt erhebt sich die behäbige Pyramide des Piz Mezzaun. Eine weitere Kehrenstrecke durch lichten Lärchenwald bringt in das Albulatal und über die letzte Kehre zur kleinen Alp Alesch (km 24,5). Unter einem langgestreckten Bergrücken auf der rechten Talseite steigt die Straße weiter mit 10% an. Ein kleiner Bergsee (km 26,5) vermag die eintönige Fels- und Geröllandschaft kaum zu beleben, dafür geht die Steigung zurück, und man erreicht die Paßhöhe (km 29,5) zwischen den drohenden Abstürzen des Piz Uertsch und Piz da las Blais. Mit bis zu 12% zieht sich die Straße durch eine Felsentrümmerlandschaft ohnegleichen bergab. Engstellen zwischen den Geröllmassen erfordern Vorsicht, und man hat wenig Blick übrig für die Kette der Aroser Berge im Vordergrund. Durch lichten

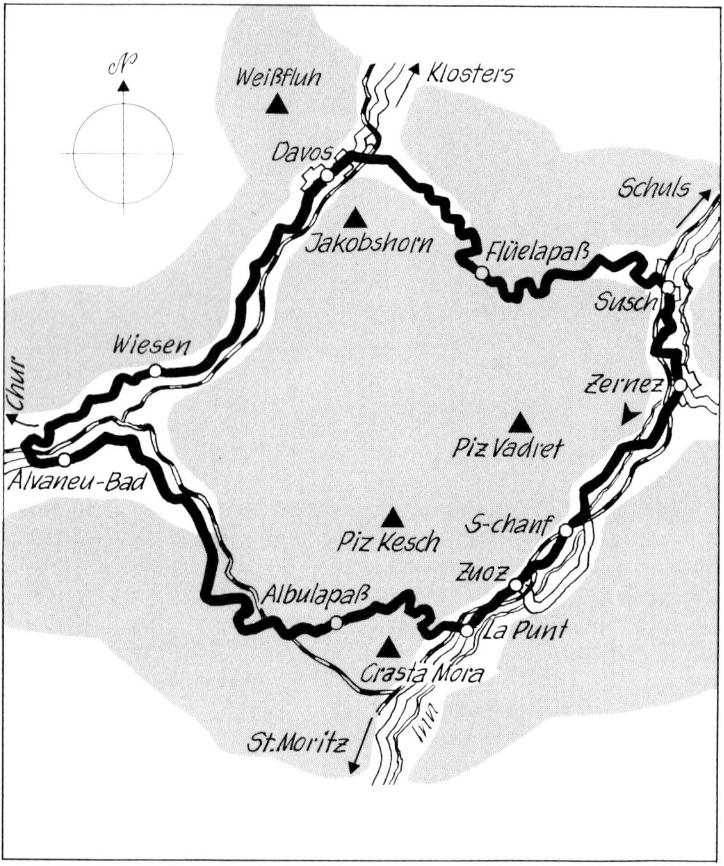
N
Weißfluh
Klosters
Davos
Jakobshorn
Schuls
Flüelapaß
Susch
Wiesen
Chur
Zernez
Piz Vadret
Alvaneu-Bad
S-chanf
Piz Kesch
Zuoz
Albulapaß
La Punt
Crasta Mora
Inn
St. Moritz

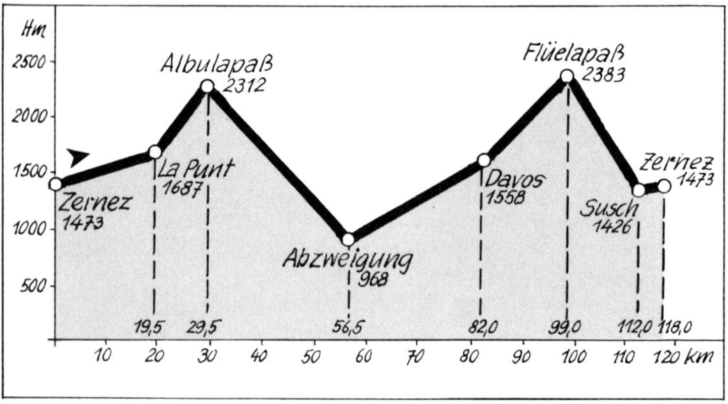
Hm
2500
2000
1500
1000
500
Albulapaß 2312
Flüelapaß 2383
Zernez 1473
La Punt 1687
Abzweigung 968
Davos 1558
Susch 1426
Zernez 1473
19,5
29,5
56,5
82,0
99,0
112,0
118,0
10 20 30 40 50 60 70 80 90 100 110 120 km

Lärchenwald am Lai da Palpuogna (km 35,5) vorbei windet sich die Trasse kurven- und kehrenreich weiter abwärts. In Preda (km 37,0), eingekesselt von dunklen Bergen, zeigen sich bereits wieder grüne Wiesen. Die Eisenbahnlinie mehrmals unterfahrend weitet sich das Tal langsam, aber hinter Bergün (km 43,0) drängen sich die Felsen nochmals dicht an die Straße, während tief unten die Albula tost. Zwei Kehren bringen den Radler auf Höhe des Flusses, und kurvenreich windet sich die Straße durch dichten Mischwald mit mäßigerem Gefälle weiter bis Filisur (km 50,5) hinunter. Im Weiler Alvaneu-Bad (km 54,5) geht es erstmals wieder mit 8% Steigung bergauf, gleich darauf folgt die Abzweigung Davos (km 56,5). Bis Wiesen (km 66,0) wechseln zwischen Tannenwald und weiten Wiesenflächen Steigungen bis 10% mit längeren flacheren Abschnitten, und in Ortsmitte fällt die Straße zum Beginn des 2800 m langen Landwassertunnels (km 69,0) ab. Beim Gasthaus Schmelzboden (km 72,0) hat man die enge Röhre endlich hinter sich, und bis Davos (km 82,0) begleiten grüne Wiesen an sanften bewaldeten Berghängen die meist leicht ansteigende Straße. Mit der Auffahrt zum Flüelapaß ist man aber eigentlich recht froh, den mondänen Fremdenverkehrsort bald wieder verlassen zu können. Durch dichten Tannenwald zieht sich die Strecke mit 8–10%iger Steigung das Flüelatal hinauf. Langsam weicht der Wald zurück, der weißschäumende Flüelabach wird sichtbar, und beim Gasthaus Tschuggen (km 93,0) überfährt man endgültig die Waldgrenze. Zwischen Felsbrocken und vereinzelten Grasmatten bringen Kehren mit 10% Steigung rasch nach oben. Der Flüelabach wird überquert, und bei nicht nachlassender Steigung die Paßhöhe (km 99,0) zwischen dem Flüela Weißhorn und dem Flüela Schwarzhorn erreicht. Auch die beiden kleinen Seen auf der Paßhöhe, der Schwarzsee und der Schottensee, laden nicht zu einem längeren Verweilen ein. Bei der Auffahrt müssen mehrere Talstufen über insgesamt zehn Kehren mit Gefälle bis 11% überwunden werden. Weit vorne tauchen die Berge des Schweizer Nationalparks auf, und in Susch (km 112,0) ist man wieder im freundlichen Talboden des Unterengadins angelangt. Auf ebener Straße sind dann bis zum Ausgangspunkt Zernez (km 118,0) keine Schwierigkeiten mehr zu erwarten.
Hinweis: Wegen des 2800 m langen Landwassertunnels ist Beleuchtung unbedingt notwendig. Eine Umfahrung des Tunnels ist nur über eine unbefestigte Sand- und Schotterpiste möglich, die kurz vor dem Tunnel abzweigt und unmittelbar am Tunnelende wieder auf die Hauptstraße trifft.

35 Durch Bergell, Via Mala und Oberhalbstein

Graubünden/Lombardei

Strecke Silvaplana - Malojapaß - Chiavenna - Splügenpaß - Splügen - Thusis - Tiefencastel - Julierpaß - Silvaplana

Charakter Schwere Radtour mit maximal 13% Steigung durch das Bündner Land

Zeit 8¼–11 Stunden (2 Tage)

Länge 165 km

Höhendifferenz 3350 m

Übersetzung 42/26

Ausgangspunkt Silvaplana (1815 m)

Karte Generalkarte 1:200000, Schweiz, Blatt 3; Landeskarte der Schweiz 1:100000, Blatt 44, 43, 38 und 39

Paßöffnungszeiten Wegen Wintersperre der Splügen-Paßstraße ist die Strecke nur zwischen 1. Januar und 31. Oktober befahrbar; vom 1. Juni bis 30. September ist der Grenzübergang von 24 bis 5 Uhr, in der übrigen verkehrsoffenen Zeit von 22 bis 6 Uhr geschlossen

Streckenbeschreibung Der Malojapaß ist eine topographische Besonderheit. Er besitzt nämlich nur eine Paßrampe, und so darf es nicht verwundern, wenn sich von Silvaplana (km 0,0) am gleichnamigen See entlang, nur ein kurzer 6%iger Anstieg am Ufer des unmittelbar anschließenden Silser Sees, dem zudem sofort wieder eine kleine Abfahrt folgt, in den Weg stellt. Am Ortsende von Maloja (km 10,0) ist die nicht beschilderte Paßhöhe auch schon erreicht, und 13 eng aufeinanderfolgende Kehren mit 9% Gefälle überwinden den Steilabbruch, mit dem das Engadin ins Bergell abfällt. Unverkennbar italienisch ist der Einfluß auf die Dörfer, deren Häuser kaum Platz für die Straße lassen und zu denen die Granitriesen auf der linken Talseite eine gewaltige Kulisse bilden. In Sottoponto (km 30,0) überquert man die Maira, und über dem Bondascatal taucht kurz der messerscharfe Grat der Piz-Badile-Nordkante auf. Den schönsten Blick auf die Sciora- und Albignagruppe bietet jedoch die kleine Ortschaft Soglio auf einer Hangterrasse der rechten Talseite, von Spino (km 30,5) über eine knapp 3 km lange, durchgehend mit 10–12% ansteigende Straße, erreichbar. Mit der Grenze in Castasegna (km 33,5) verläßt man das Bergell, aber auch im Veltlin fällt die Straße bis Chiavenna (km 42,5) weiter ab. Der Beschilderung »Madesimo« folgend beginnt mit dem Eintritt in das dicht bewaldete San-Giácomo-Tal die Auffahrt zum Splügenpaß. Die aus dem Ort mit 10% ansteigende Straße geht am Ortsende nur kurz zurück, um bis San-Giácomo-Filippo (km 47,0) über eine Kehrengruppe wieder

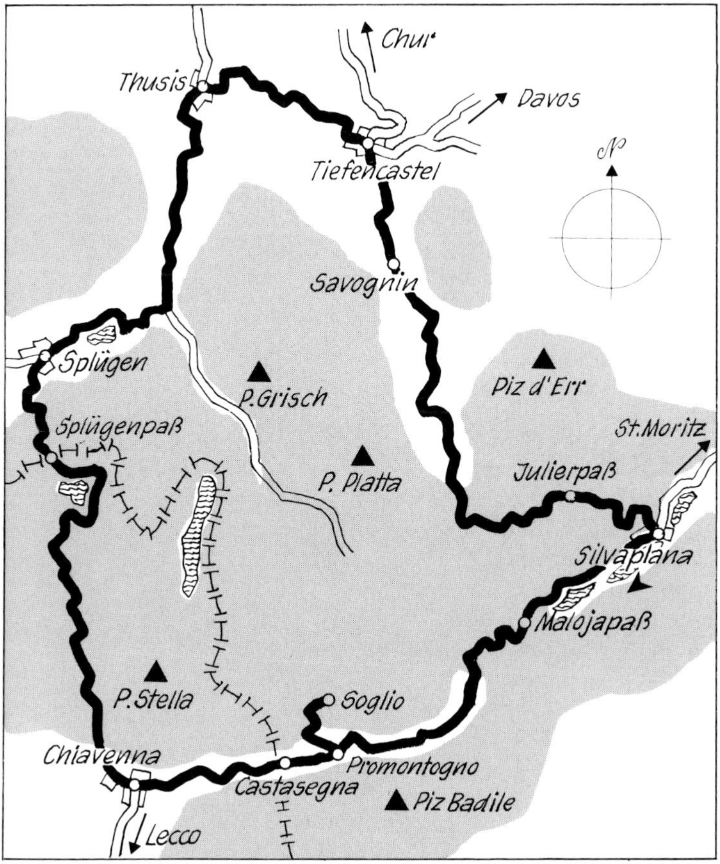
Chur
Davos
Thusis
Tiefencastel
Savognin
Splügen
P. Grisch
Piz d'Err
Splügenpaß
St. Moritz
P. Platta
Julierpaß
Silvaplana
Malojapaß
P. Stella
Soglio
Chiavenna
Promontogno
Castasegna
Piz Badile
Lecco

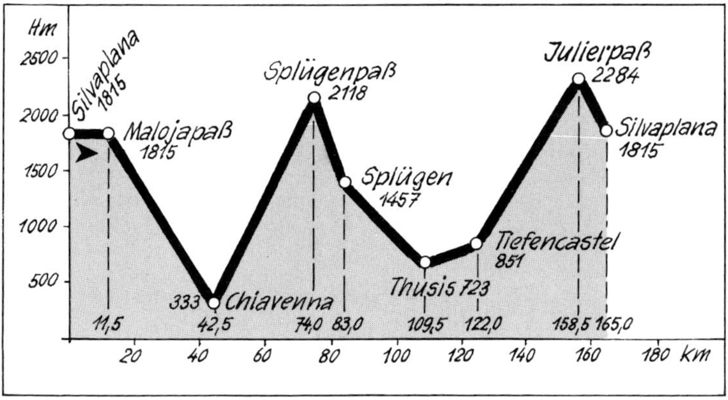
Hm
2500
2000
1500
1000
500
Silvaplana 1815
Malojapaß 1815
Splügenpaß 2118
Splügen 1457
Julierpaß 2284
Silvaplana 1815
Tiefencastel 851
Thusis 723
333 Chiavenna
11,5
42,5
74,0
83,0
109,5
122,0
158,5
165,0
20
40
60
80
100
120
140
160
180 km

10% zu erreichen. Durch mehrere kleine Ortschaften an den Hängen der rechten Talseite wechseln die Steigungen ständig ab, wobei kurzfristig auch 13% erreicht und 6% selten unterschritten werden. Hinter Pietra (km 55,5) überwindet eine Kehrengruppe mit 10%, durch Tunnels und Galerien geschützt, den Steilabbruch nach Pianazzo (km 61,0). Weitere Kehren, lange, unbeleuchtete Tunnels und Galerien bringen bei kaum nachlassender Steigung nach oben, und erst nach Durchfahrung des letzten Tunnels geht die Steigung auf 6% zurück. Das erste längere ebene Straßenstück am Ostufer des Lago di Monte Spluga entlang gibt Gelegenheit zur Erholung, bevor sich in Montespluga (km 68,5), am Nordende, die Straße über eine Kehrengruppe mit 10% hinaufschraubt. Zwischen den Felsen der Paßhöhe steht unvermittelt das italienische Zollamt (km 74,0), kurz danach das schweizerische (km 75,5). Dann bringt eine lange Abfahrt über mehrere Kehrengruppen mit Gefälle bis 11% nach Splügen (km 83,0). Die Weiterfahrt nach Thusis (km 109,5) birgt keine Probleme. Kaum behelligt vom Verkehr fällt die Straße, drei Talstufen überwindend, meist ab. Die erste Talstufe, das Rheinwald, verläßt man durch die Roflaschlucht und fährt in die Talweitung des Schons ein, dessen Abschluß die Via-Mala-Schlucht bildet, bevor sich das Tal gegen das Domleschg zu wieder weitet. Auf den ersten 3 km nach Sils (km 110,0) steigt die Straße mit 8% an, führt dann durch zwei schwach beleuchtete Tunnels auf der rechten Seite des breiten Albulatales entlang, überwindet mit der neuen Solisbrücke die tiefe Schinschlucht und kommt durch einen dritten Tunnel nochmals auf 8%, bevor eine kurze Abfahrt in den grünen Talboden von Tiefencastel (km 122,0) leitet. Noch trennt der lange Anstieg zum Julierpaß vom Ausgangspunkt. Mit 10% Steigung führt die Straße zuerst durch grüne Wiesen, dann durch Tannenwald bergan. Im Oberhalbstein, einer weiten Talstufe mit verstreuten Ortschaften an den Hängen der rechten Talseite, geht die Steigung zurück, und im Talboden haltend gewinnt die Trasse bis Tinizong (km 133,5) kaum an Höhe. Danach nimmt die Steigung wieder auf 10% zu, bei Rona (km 136,5) wird eine Talstufe überwunden, und bis Mulegns (km 141,0) wechseln längere Steigungen mit flacheren Stücken ab. Eine weitere Talstufe mit 10% Steigung bringt zum Marmorera-Stausee und an dessen östlichem Ufer entlang unschwierig nach Bivio (km 149,5). Das weiträumige Tal wendet sich nun nach Osten, und bis zum Julier-Hospiz (km 157,5) nehmen die Steigungen wieder auf 10% zu, bevor nach einer letzten Kehrenstrecke die Paßhöhe (km 158,5) erreicht ist. Prächtig weitet sich bei der Abfahrt der Blick auf die Berge um den Corvatsch, bevor eine Kehrengruppe durch lichten Lärchen- und Arvenwald in die freundlichen Gefilde der Engadiner Seenplatte und zum Ausgangspunkt (km 165,0) zurückführt.
Hinweis: Wegen der Tunnels ist Beleuchtung notwendig.

36 Um den Säntis

St. Gallen/Appenzell

Strecke Oberriet - Gams - Wildhaus - Neu St. Johann - Schwägalppaß - Appenzell - Eggerstanden - Oberriet

Charakter Mittelschwere Radtour mit maximal 10% Steigung im Appenzeller Land

Zeit 4–5 Stunden

Länge 92 km

Höhendifferenz 1320 m

Übersetzung 42/23–26

Ausgangspunkt Oberriet (422 m), ca. 7 km südlich von Altstätten

Karte Generalkarte 1:200000, Schweiz, Blatt 1; Landeskarte der Schweiz 1:100000, Blatt 33

Paßöffnungszeiten Ganzjährig befahrbar

Streckenbeschreibung Nicht nur der weltberühmte Käse, sondern auch der Säntis ist eine Reise ins Appenzeller Land wert. Und die Umfahrung dieses bekannten und weithin sichtbaren Aussichtsgipfels der Ostschweiz kann wohl auch zu einer der schönsten Radtouren des Schweizer Alpenraums gezählt werden. Vorerst bleibt bei diesem Unternehmen der Säntis allerdings noch verborgen, wenn man die Tour in Oberriet (km 0,0) beginnt. Der kleine Ort, etwa 7 km südlich von Altstätten, eignet sich besonders gut als Ausgangspunkt, da am Ende der Tour eine kleine, ruhige Straße durch den Chräzerenwald unmittelbar hierher zurückbringt. Bald nach der Ortschaft drängen sich zwei riesige Felsbrocken dicht an die Straße, die mit 10% bis kurz vor Rüthi (km 4,0) abfällt. An den teils bewaldeten, teils von grünen Wiesen bedeckten Ausläufern des Alpsteingebiets radelt man auf meist leicht ansteigender und abfallender Straße am westlichen Rand der weiten Rheinebene entlang. Ständig durch kleinere Ortschaften fahrend, im Nordosten die Berge des Bregenzer Waldes, nach Süden und Südosten die felsigeren Züge des Rätikon über dem Fürstentum Liechtenstein, ändert sich dabei bis Gams (km 16,5) am Streckencharakter nichts. In der Ortsmitte (km 18,5), der Beschilderung Zürich/Wildhaus nach, steigt die Straße mit 10% kurvenreich an. Das Rheintal bleibt bald unten zurück, beim Hotel Zollhaus (km 21,5) durchfährt man dichten Mischwald, und auch die Steigung geht auf 6–8% zurück, um bei den ersten Häusern von Wildhaus (km 25,5) noch einmal kurz 10% zu erreichen. Aber der sich nun eröffnende Blick auf die umliegende Bergwelt erfordert ohnehin eine langsamere Fahrweise. Im Westen der lange, gezackte Kamm der Churfirsten, der aus grünen Wiesen herauszuwachsen scheint, im Norden, über der Kirche in der Ortsmitte, die schneebedeckten Rinnen und Felsfluchten des Wildhuser Schafbergs, fehlt eigentlich nur noch ein Blick auf den Säntis, der sich je-

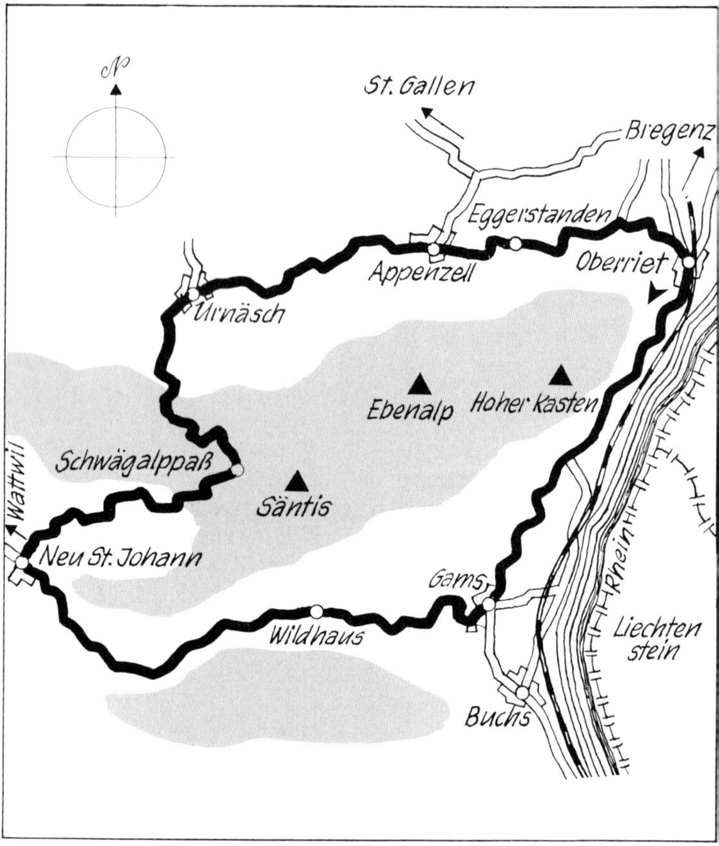
St. Gallen
Bregenz
Eggerstanden
Appenzell
Oberriet
Urnäsch
Ebenalp
Hoher Kasten
Schwägalppaß
Säntis
Wattwil
Neu St. Johann
Gams
Rhein
Wildhaus
Liechtenstein
Buchs

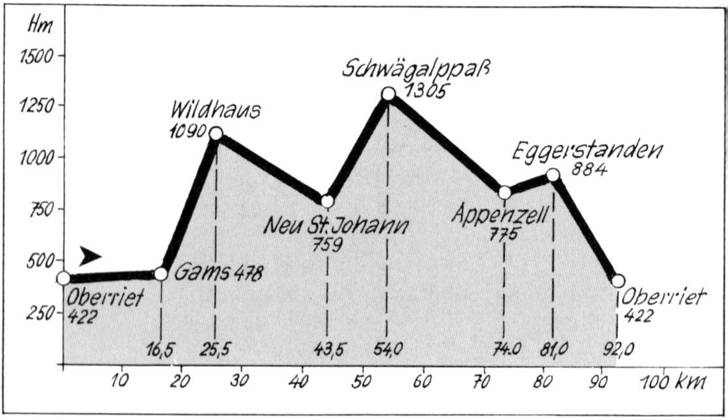
Hm
1500
1250
1000
750
500
250
Schwägalppaß 1305
Wildhaus 1090
Eggerstanden 884
Neu St. Johann 759
Appenzell 775
Gams 478
Oberriet 422
Oberriet 422
16,5
25,5
43,5
54,0
74,0
81,0
92,0
10
20
30
40
50
60
70
80
90
100 km

doch auch hier verborgen hält. Bis Unterwasser (km 31,0) fährt man mit Gefälle bis 10% in den Talboden der Wildhuser Thur ab. Durch Alt St. Johann (km 33,0) bleibt die Straße, von einer kurzen 8%igen Abfahrt abgesehen, bis Stein (km 38,5) meist eben im Obertoggenburg genannten Tal. Erst in Nesslau, der ersten größeren Ortschaft, beginnt sie stärker zu fallen, aber bereits in der unmittelbar anschließenden Ortschaft Neu St. Johann (km 43,5) wird die Abfahrt gestoppt. Der Anstieg zum Schwägalppaß präsentiert sich mit einer 10%igen Steigung, die an den Hängen des Stockberges aus dem Ort herausführt und auf eine Länge von fast 2 km anhält. Die anschließende leichte Abfahrt an den Häusern von Ennetbühl vorbei gibt endlich den lang erwarteten Blick auf die Westseite des Säntis frei. Noch wechseln, den Luterenbach mehrmals überquerend, Anstiege bis 6% mit Abfahrten ab, bevor die Straße (km 50,0) endgültig bergauf zieht. Fast durchgehend hält die 10%ige Steigung bis zu der unmittelbar unter den dunklen glatten Felswänden der Säntis-Westabstürze gelegenen Paßhöhe (km 54,0), die auch die Grenze zwischen den Kantonen St. Gallen und Appenzell bildet, an. Das Appenzeller Land erwartet den Radler mit einer Abfahrt über mehrere Kehren mit Gefälle bis 12% in einen weiten Talkessel zu Füßen des Hochalp. Am Gasthof Rossfall (km 60,0) wird die Urnäsch überquert, und mit dieser fällt auch die Straße bis zur gleichnamigen Ortschaft (km 63,0) ab. Richtung Appenzell/Gais abbiegend hält sich die Trasse meist eben bis leicht fallend zwischen den grünen Hügelketten der Umgebung, um erst in Gontenbad (km 72,0) stärker bis Appenzell (km 74,0) abwärts zu ziehen. Leider läßt die Beschilderung des in einem weiten Talkessel liegenden Hauptorts des Appenzeller Landes zu wünschen übrig. Um nicht auf die nach Altstätten führende Straße zu gelangen, empfiehlt es sich deshalb, in den Ort einzufahren und sich, zuerst an dem Schild »Alle Richtungen« und dann am Wegweiser »Brülisau/Wasserauen« zu orientieren. An der Sitter entlang wird die Bahnlinie überquert. Im Ortsteil Steinegg (km 77,5) schließlich kann man der Beschilderung nach Eggerstanden/Oberriet folgend den Rückweg nicht mehr verfehlen. An den hügeligen Ausläufern des Alpsteins steigt das schmale Sträßchen zwischen grünen Wiesen, an vereinzelten Gehöften vorbei, gemächlich an. Auch nach Eggerstanden (km 81,0) hält sich die Straße noch an den Hängen des Hirschbergs, bevor es mit der Einfahrt in den dunklen Chräzerenwald kurvenreich mit Gefälle bis 10% bergab geht. Erst in Hölzlisberg (km 85,5) wird die Straße etwas breiter, und auch der zurückweichende Wald gibt wieder erste Blicke auf das unten liegende Rheintal frei. Fast am Ende der Tour darf man in Eichberg den Abzweiger nach Oberriet nicht übersehen. Kurz darauf ist man im Talboden (km 88,5) angelangt, wo auf ebener Straße nur noch wenige Kilometer vom Ausgangspunkt (km 92,0) trennen.

37 Zwischen Glärnisch und Clariden

Glarus/Uri/Schwyz

Strecke Glarus – Klausenpaß – Altdorf – Brunnen – Ibach – Muotathal – Pragelpaß – Glarus

Charakter Schwere Radtour mit maximal 18% Steigung in der Innerschweiz

Zeit 6–8 Stunden

Länge 129,5 km

Höhendifferenz 2760 m

Übersetzung 42/26

Ausgangspunkt Glarus (472 m)

Karte Generalkarte 1:200000, Schweiz, Blatt 3; Landeskarte der Schweiz 1:100000, Blatt 33 und 38

Paßöffnungszeiten Wegen Wintersperre der Alpenpässe ist die Strecke nur zwischen 15. Juni und 31. Oktober befahrbar; der Pragelpaß ist an Samstagen und Sonntagen zwischen der Paßhöhe und Richisau auf eine Länge von 5,5 km für Kraftfahrzeuge gesperrt

Streckenbeschreibung Uri, Schwyz und Unterwalden sind die drei Urkantone der Schweiz, aus denen sich die heutige Eidgenossenschaft entwickelt hat. Durch zwei dieser Kantone, Uri und Schwyz, führt diese Radtour, die allerdings im Nachbarkanton Glarus begonnen wird. Von der gleichnamigen Stadt (km 0,0), zu Füßen des Vorder Glärnisch, wechseln in dem dicht besiedelten Tal bis Linthal (km 15,5) kurze 8%ige Anstiege mit längeren leichteren Abfahrten und ebenen Teilstücken ab. Nach dem Ort wird ein Fluß überquert, der von den Gletscherfeldern des Tödi gespeist wird, und über zwei kopfsteingepflasterte Kehren steigt die Straße durch dichten Mischwald an den Hängen der rechten Talseite auf 10% an. Eine enge Kehrengruppe mit zwei kurzen, schwach beleuchteten Tunnels wird überwunden, der Wald geht zurück, und über einen weiten Wiesenhang kommt man zum Gasthof Bergli (km 20,0). Bei nicht nachlassender Steigung führt die Straße weiter bergauf, erst kurz unter dem Urner Boden (km 26,0) läßt die Steigung nach. Der Urner Boden, ein wildromantisches langgestrecktes Hochtal, begrenzt von den zerklüfteten Kalkfelsen der Jägerstöcke und den Gletschern des Claridenstocks, mit seinen zahllosen Wasserfällen und Almhütten ist sicher ein Prunkstück Schweizer Landschaft. Anfangs fast eben im Talboden haltend nimmt die Steigung der Straße erst kurz vor dem Hotel Wilhelm Tell (km 30,0) auf 6% und dann nochmals bis zum Talschluß (km 32,0) auf 8% zu. Eine mächtige Felsmauer, in deren Mitte ein Wasserfall herabschießt, zwingt die Straße, über die Hänge der rechten Talseite kehrenreich mit 10% zum Rückzug. Nach einer

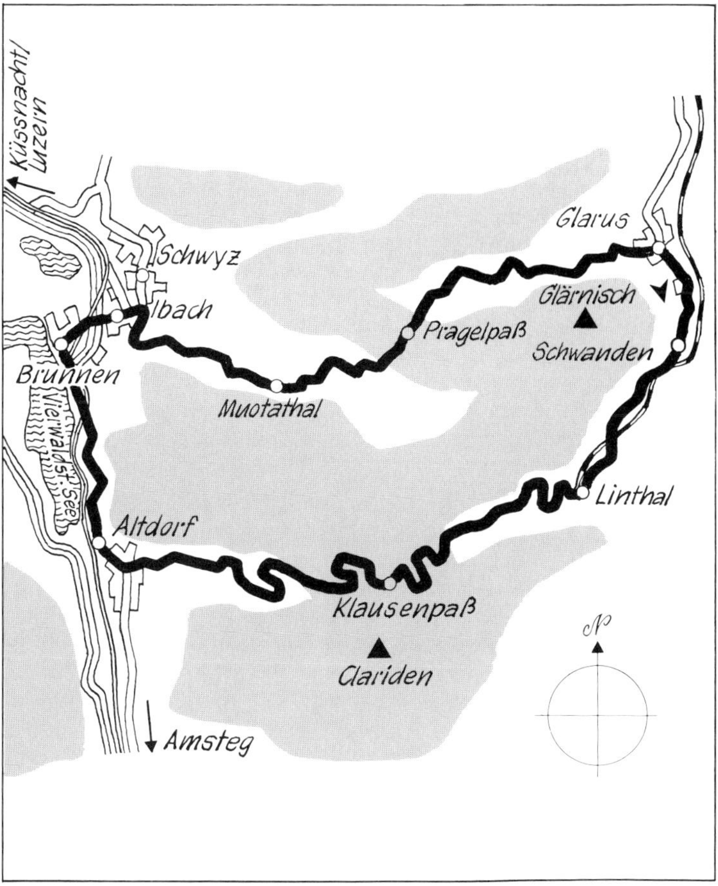
Küssnacht/ Luzern
Schwyz
Ibach
Brunnen
Vierwaldst. See
Muotathal
Pragelpaß
Glarus
Glärnisch
Schwanden
Linthal
Altdorf
Klausenpaß
Clariden
Amsteg
N

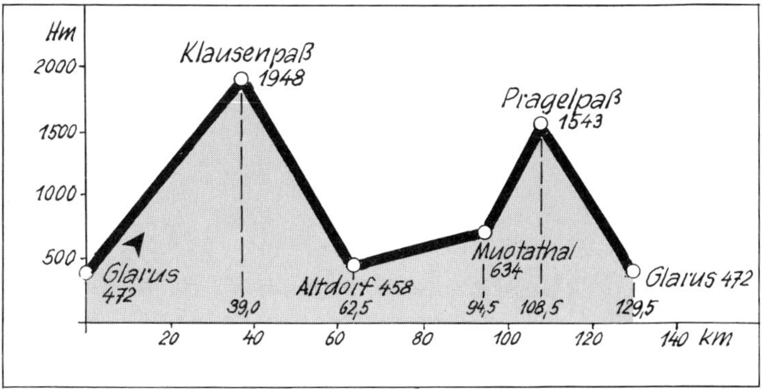
Hm
2000
1500
1000
500
Klausenpaß 1948
Pragelpaß 1543
Glarus 472
Altdorf 458
Muotathal 634
Glarus 472
39,0
62,5
94,5
108,5
129,5
20
40
60
80
100
120
140 km

letzten Almengruppe (km 36,5) wird die Umgebung noch hochgebirgiger, Geröll und Felsen beherrschen das Landschaftsbild, und erst kurz vor der Paßhöhe (km 39,0) läßt die Steigung etwas nach. Kurvenreich fällt die Straße bis 9% am Hotel Klausen-Paßhöhe (km 42,5) vorbei ab. Nach einem beleuchteten Kehrentunnel (km 44,5) lösen Wiesen den Fels der rechten Straßenseite ab, und mit imponierendem Tiefblick geht es bis Unterschächen (km 51,0) abwärts in den Talboden des Schächentales. Ein etwa 700 m langer Gegenanstieg mit 10% Steigung führt aus dem Ort heraus, bevor die Straße bis Spiringen (km 54,5) an der Schächen entlang mit mäßigerem Gefälle bis zum Restaurant Brügg (km 60,0) weiter abfällt. Kurz steigt sie nochmals auf 6% an, dann fährt man endgültig über Bürglen (km 61,0), der Heimat des Schweizer Nationalhelden Wilhelm Tell, nach Altdorf (km 62,5) hinunter. Der Beschilderung »Luzern/Zürich« folgend radelt man im Reusstal auf ebener Straße bis Flüelen (km 66,5), am südlichen Beginn des Urner Sees. Am östlichen Ufer des von steilen Felsen umgebenen fjordartigen Sees warten nur mäßige Anstiege und Abfahrten, und in den vielen Tunnels und Galerien kann man meist Radwege benutzen oder letztere sogar ganz umfahren. In Brunnen (km 79,0) verläßt man den See und folgt der Beschilderung »Schwyz/Muotathal«. Erst hinter Ibach (km 83,0) beginnt die Straße durch dichten Mischwald wieder auf 8% anzusteigen, aber an der Talstation der Stossbahn (km 87,5) vorbei wird es bereits wieder etwas flacher. Entlang der Muota hält sich die Trasse bis Muotathal (km 94,5) meist eben im Talboden. Im Ortsteil Hinterthal (km 95,5) wird der Fluß überquert, kurz steigt die Straße auf 14% an, dann beginnt beim Gasthaus Pragelpaß (km 97,5) endgültig die Auffahrt zum Pragelpaß. Die nach einem kleinen Brücklein auf 18% zunehmende Steigung hält auf eine Länge von fast 2 km an, geht dann auf 14% zurück, wobei aber immer wieder kleinere Aufschwünge mit Spitzen bis 18% zu bewältigen sind. Bis km 103,5 bleibt die Steigung des schmalen Sträßchens bestehen, bevor sie inmitten eines schönen Hochwaldes endlich zahmer wird. Nur noch kurze Anstiege bis 10% und längere flachere Abschnitte, die in eine leichte Abfahrt übergehen, bringen nun rasch zu der in einem weiten Wiesensattel gelegenen Paßhöhe (km 108,5). Kurvenreich leitet ein schmales, aber gutes Sträßchen mit Gefälle bis 14% steil nach unten. Nach einem flacheren Stück, am Gasthaus Richisau (km 116,0) vorbei, nimmt das Gefälle bis zum Klöntaler See (km 119,5) wieder zu. Eben verläuft die Trasse am linken Ufer des dunkelgrünen Bergsees entlang, während auf der gegenüberliegenden Seite die Nordwände des Glärnisch direkt in das Wasser zu stürzen scheinen. Am See-Ende (km 124,5) fällt die Straße wieder ab, und nach einem letzten leichten Anstieg bei Riedern (km 128,5) ist man wieder am Ausgangspunkt (km 129,5) angelangt.

38 Durch die Höllenschlucht und das »Tal des Zitterns«

Graubünden/Tessin/Uri

Strecke Disentis/Mustér - Lukmanierpaß - Pollegio bei Biasca - Airolo - St.-Gotthard-Paß - Andermatt - Oberalppaß - Disentis/Mustér

Charakter Schwere Radtour mit maximal 10% Steigung vom Vorderrheintal ins Tessin

Zeit 8-10 Stunden (1-2 Tage)

Länge 156,5 km

Höhendifferenz 3200 m

Übersetzung 42/23-26

Ausgangspunkt Disentis/Mustér (1143 m), an der H 13, ca. 23 km östlich von Andermatt

Karte Generalkarte 1:200000, Schweiz, Blatt 3; Landeskarte der Schweiz 1:100000, Blatt 38, 43, 42 und 37

Paßöffnungszeiten Wegen Wintersperre der Alpenpässe ist die Strecke nur zwischen 1. Juni und 31. Oktober befahrbar

Streckenbeschreibung Mit dem Tessin ist das Vorderrheintal durch den Nufenenpaß, einst ein stark benutzter Übergang, der durch den Bau der St.-Gotthard-Paßstraße nur noch schwach frequentiert wird, verbunden. Da beide Pässe in Biasca einen gemeinsamen Schnittpunkt haben und zudem durch den Oberalppaß miteinander verbunden sind, bietet es sich an, die Tour über den Nufenenpaß zu beginnen, den Rückweg über den St.-Gotthard-Paß anzutreten und über den Oberalppaß zu beenden. Von Disentis (km 0,0), mit dem weithin sichtbaren Benediktinerkloster, dem ältesten der Schweiz, fährt man in den Talboden des Vorderrheins (km 2,0) ab. Die Höllenschlucht, wie die Einmündung des Medelser Rheins in den Vorderrhein genannt wird, wird auf einer mit 10% ansteigenden Straße durch mehrere Tunnels an der rechten Schluchtseite überwunden. Danach weitet sich das Tal, und man kommt über zwei Kehren mit Curaglia (km 5,0) in die erste Ortschaft im Medeltal. Lange hält sich die Straße nur mäßig ansteigend an den Hängen der linken Talseite, erst in Acla (km 10,0) nimmt die Steigung bis S. Gions (km 11,5) wieder auf 10% zu. Die weit vorne sichtbare Betonmauer des Lai da Sontga Maria wird über Steigungen bis 8%, von längeren flacheren Stücken abgelöst, durch mehrere kurze Tunnels und Galerien erreicht (km 17,5). Am linken Ufer des Sees entlang steigt die Straße, durch eine Lawinengalerie geschützt, nur mäßig an und fällt dann sogar leicht zur Paßhöhe (km 20,5) ab. Lichte Arvenwälder begleiten die Abfahrt ins Tessin, deren Gefälle an keiner Stelle 8% übersteigt. Die Berge der Adulagruppe, mit dem Rheinwaldhorn als höchster Erhebung, tauchen auf, und die tief un-

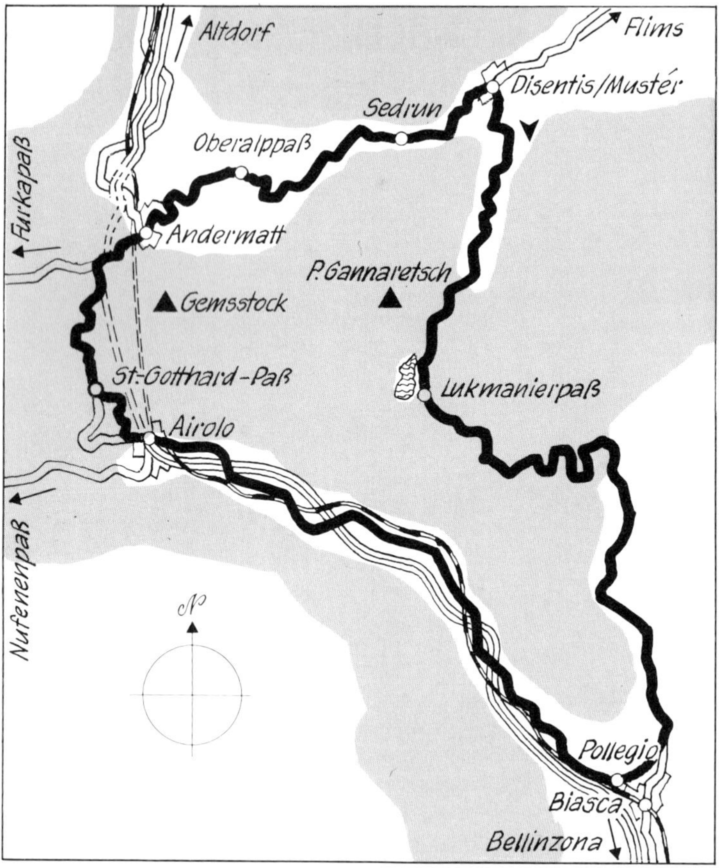
Altdorf
Flims
Disentis/Mustér
Sedrun
Oberalppaß
Furkapaß
Andermatt
P. Gannaretsch
Gemsstock
St.-Gotthard-Paß
Lukmanierpaß
Airolo
Nufenenpaß
N
Pollegio
Biasca
Bellinzona

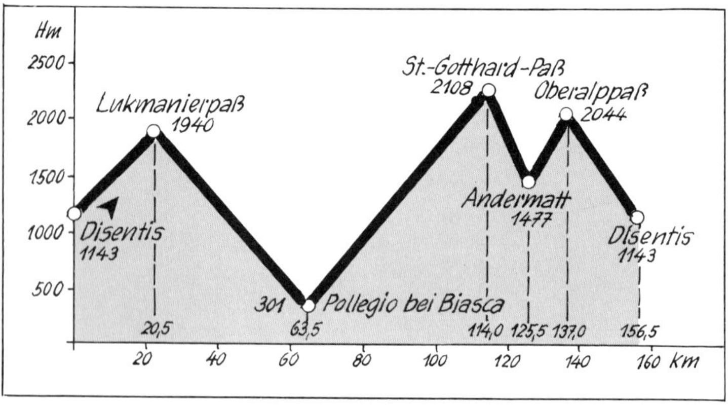
Hm
2500
2000
1500
1000
500
Lukmanierpaß 1940
Disentis 1143
301 Pollegio bei Biasca
St.-Gotthard-Paß 2108
Oberalppaß 2044
Andermatt 1477
Disentis 1143
20,5
63,5
114,0
125,5
137,0
156,5
20
40
60
80
100
120
140
160 Km

ten in einem Talkessel verstreuten Häuser von Olivone (km 38,5) sind rasch erreicht. Einige kurze, leichte Anstiege unterbrechen die Abfahrt bis Torre (km 44,5). Hinter Acquarossa (km 49,5) fällt die Straße im unteren Bleniotal nur noch mäßig ab. Biasca selbst wird nicht berührt, und so beginnt man den langen Anstieg zum St.-Gotthard-Paß in Pollegio (km 63,5). Nichts von der Farben- und Blumenpracht des Bilderbuch-Tessins ist hier im Sopraceneri, wie das nördliche Tessin genannt wird, zu spüren. Auf anfangs flacher Straße wird hinter Giornico (km 70,0) eine erste Steilstufe mit 8%iger Steigung überwunden. Die zweite Steilstufe mit bis zu 10% durch die Piottinoschlucht beginnt hinter Faido (km 81,5) und endet bei Rodi-Fiesso (km 87,5). Danach weitet sich das Tal, in Fahrtrichtung sind an den Hängen des Piz Lucendro bereits die weiten Schleifen der Gotthard-Autobahn zu erkennen und bis Airolo (km 99,5) keine größeren Steigungen mehr zu erwarten. Das kleine Städtchen ist der eigentliche Ausgangsort zum Paßanstieg, und so nimmt die Steigung auch bereits im Ort auf 8% zu. Eine teilweise kopfsteingepflasterte Kehrengruppe mit auf 10% ansteigender Straße bringt rasch höher. Am Restaurant Motto Bartola (km 105,5) vorbei beginnt bald danach der Eingang ins Val Tremola, das »Tal des Zitterns«. Sicherlich, zeitgemäß für das moderne Verkehrsaufkommen sind die 24, teils unmittelbar übereinanderliegenden Kehren mit Steigungen bis 10% nicht mehr, für den Radler stellen sie aber den schönsten und interessantesten Streckenabschnitt dar, nach dessen Befahrung man gewissermaßen auch ein Stück Vergangenheit bewältigt hat. Auf der Paßhöhe (km 114,0) lohnt vielleicht noch ein Besuch im Gotthardmuseum, bevor es durch das öde Hochtal der Gotthardreuss mit Gefälle bis 10% nach Hospental (km 123,0) und auf ebener Straße bis Andermatt (km 125,0) rollt. Der Anstieg zum Oberalppaß beginnt über eine auf 10% ansteigende Straße, die sich in weiten Kehren an einem Wiesenhang hinaufzieht. Bei der Häusergruppe von Schöni (km 131,5) geht die Steigung auf 6% zurück, und auch die Wiesen werden von spärlichen Almmatten abgelöst. Auf Höhe der Bahnlinie (km 134,0) läßt die Steigung noch weiter nach, und man erreicht durch eine längere, beleuchtete Tunnelgalerie am linken Ufer eines Sees bald die Paßhöhe (km 137,0). Kehrenreich fällt die Trasse mit bis zu 10% wieder ins Vorderrheintal ab. Hinter Tschamut (km 142,5) weitet sich das Tal, und eine meist leicht abwärts ziehende, nur von kurzen ebenen Stücken unterbrochene Straße leitet unschwierig zum Ausgangspunkt (km 156,5) zurück.
Hinweis: Wegen der Tunnels bei der Auffahrt zum Lukmanierpaß ist Beleuchtung ratsam. Die alte Gotthardstraße durch das Val Tremola ist für den öffentlichen Verkehr nicht immer freigegeben. Es empfiehlt sich deshalb, sich vor Antritt der Tour über Öffnung und Zustand zu erkundigen.

39 Um den Dammastock

Uri/Wallis/Bern

Strecke Andermatt - Hospental - Furkapaß - Gletsch - Grimselpaß - Innertkirchen - Sustenpaß - Wassen - Andermatt

Charakter Schwere Radtour mit maximal 11% Steigung um die »Schweizer Sella-Runde«

Zeit 6¼-8 Stunden

Länge 119,5 km

Höhendifferenz 3530 m

Übersetzung 42/26

Ausgangspunkt Andermatt (1447 m)

Karte Generalkarte 1:200000, Schweiz, Blatt 3; Landeskarte der Schweiz 1:100000, Blatt 37

Paßöffnungszeiten Wegen Wintersperre der Alpenpässe ist die Strecke nur zwischen 15. Juni und 15. Oktober befahrbar

Streckenbeschreibung Mit der Sella-Umrundung in den Dolomiten hat diese Radtour einige Parallelen. Beide Touren führen über vier Alpenpässe, und beide Touren sind als landschaftlich außergewöhnlich reizvoll anzusehen. Andermatt (km 0,0) sollte man bereits früh am Morgen Richtung Furka verlassen. Zwischen den Bergflanken des Mittagstockes und des Winterhorns hält sich die Straße, von einem kurzen 8%igen Anstieg in Hospental (km 2,0) abgesehen, fast eben im breiten Talboden des Urseren Tales. In Realp (km 8,0) beginnt die Trasse anzusteigen, und neun Kehren mit gleichbleibender Steigung von 11% bringen zum Hotel Galenstock (km 13,5). Über eine lange Hangstrecke, unter den gezackten Felsspitzen des Winterstocks, zieht sich die Straße bei teilweise auf 9% zurückgehender Steigung am Hotel Tiefenbach (km 15,0) vorbei nach oben. Hoch über dem kahlen Garschental nimmt die Steigung wieder auf 11% zu, zwei Kehren werden überwunden, und gleich darauf ist das Hotel Furkablick (km 19,5) erreicht. Ein kurzes ebenes Stück bringt zur eigentlichen Paßhöhe (km 20,5), aber den schönsten Blick auf die vergletscherten Drei- und Viertausender der Berner Alpen im Westen mit Finsteraarhorn und Lauteraarhorn bietet ein kleiner Parkplatz wenige hundert Meter nach der Paßhöhe. Am Hotel Belvedere (km 23,0), unmittelbar an den spärlichen Überresten des Rhônegletschers, der den Talboden noch im Jahre 1818 fast vollständig ausfüllte, vorbei, geht es mit Gefälle bis 11% nach Gletsch (km 30,5) ständig bergab. Sechs Kehren, die sich mit einer gleichmäßigen Steigung von 9% über die steile Meienwand auf guter, breit ausgebauter Straße nach oben ziehen, vermitteln nochmals Ausblicke auf den Rhônegletscher, die Kehren der Furkapaßstraße und das schmale Band der jungen Rhône, bevor unvermittelt das Restaurant

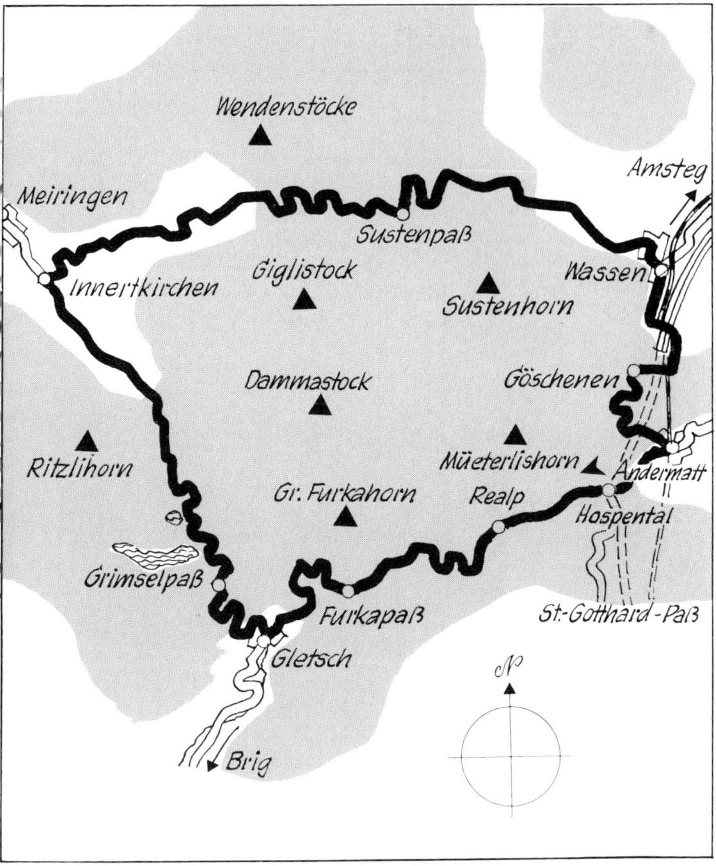
Wendenstöcke
Amsteg
Meiringen
Sustenpaß
Giglistock
Wassen
Innertkirchen
Sustenhorn
Dammastock
Göschenen
Ritzlihorn
Müeterlishorn
Andermatt
Gr. Furkahorn
Realp
Hospental
Grimselpaß
Furkapaß
St.-Gotthard-Paß
Gletsch
N
Brig

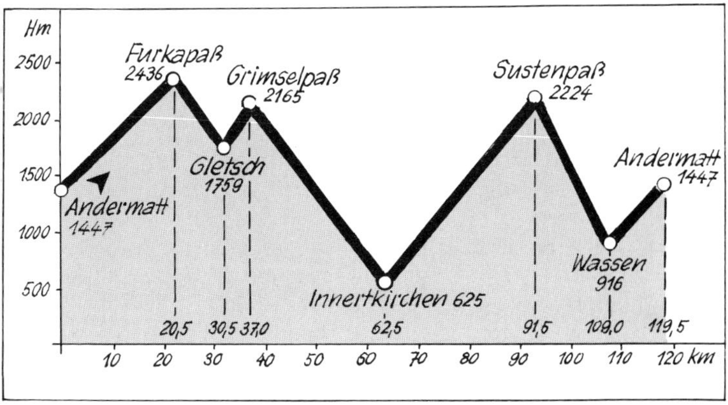
Hm
2500
2000
1500
1000
500
Furkapaß 2436
Grimselpaß 2165
Gletsch 1759
Andermatt 1447
Innertkirchen 625
Sustenpaß 2224
Andermatt 1447
Wassen 916
20,5
30,5
37,0
62,5
91,5
109,0
119,5
10
20
30
40
50
60
70
80
90
100
110
120 km

Grimsel (km 36,0) auftaucht. Am kleinen Totensee vorbei wartet die Paßhöhe (km 37,0) mit dem Blick auf eine eindrucksvolle, wilde Felsumrahmung mit den spitzen Nadeln der Gärstenhörner im Norden und den Gletschern um das Finsteraarhorn im Westen auf. Kurvenreich fällt die Straße nun im Kanton Bern bis 11% zum fast 5,5 km langen Grimselsee (km 42,5) ab. Nach einem kurzen Tunnel folgt ein ebenes Stück am rechten Ufer des Stausees Räterichsboden, bevor sich die Strecke durch eine Reihe von Tunnels mit bis zu 800 m Länge von den glattgeschliffenen Gneiswänden in die freundlicheren Gefielde des Haslitals bis Innertkirchen (km 62,5) absenkt. Der Sustenpaß, den man nun auf einer mit 9% in das Gadmertal ansteigenden Straße in Angriff nimmt, wird vielfach als der schönste Alpenpaß bezeichnet. Bis kurz hinter Wiler (km 65,0) hält die Steigung an und wechselt dann mit flacheren Passagen bis Nessental (km 69,5) ab. Die Steigung der wieder auf 9% ansteigenden Straße geht nach einem schwach beleuchteten Tunnel zurück. Bis Gadmen (km 75,5) hält sich die Trasse dann unter den abweisenden Kalkwänden der Gadmerfluh fast eben im Talboden. In Obermad (km 77,5) nimmt die Steigung endgültig wieder zu, und jenseits eines kleinen Baches, der von den Gletschern des Titlis nördlich der Paßhöhe gespeist wird, führt die Strecke kehrenreich mit 9%iger Steigung durch eine Reihe kurzer Felstunnels nach oben. Am Hotel Steingletscher (km 86,0) vorbei steigt sie bei nicht nachlassender Steigung an den Hängen des Fünffingerstockes weiter an. Großartig ist die hochalpine Szenerie der gegenüberliegenden Talseite mit dem mächtigen Eisstrom des Steingletschers, der vom Gwächtenhorn und den Tierbergen herabzieht und von der markanten Spitze des Sustenhorns flankiert wird. Bis zur Paßhöhe (km 91,5) geht die Steigung nicht zurück, und erst nach Durchfahrung eines 325 m langen schwach beleuchteten Tunnels folgt die lange Abfahrt durch das Maiental bis Wassen (km 109,0). Die am Ortsende ansetzende 10%ige Steigung wird bis Göschenen (km 113,5) nur von wenigen flacheren Stücken unterbrochen. An einer alten Brücke vorbei leitet eine Kehrengruppe mit 10% Steigung in die düstere Schöllenen Schlucht, durch welche die Straße, fast ständig durch Tunnels und Galerien geschützt, gleichbleibend steil bergauf zieht. Endlich wird das Urner Loch (km 118,5), ein 64 m langer Felsdurchbruch, durchfahren, und kurz danach ist in Andermatt (km 119,5) die Tour beendet.

Hinweis: Wegen der vielen Tunnels ist Beleuchtung notwendig.

40 Über den Paß der Pässe ins Wallis

Uri/Tessin/Wallis

Strecke Hospental - St.-Gotthard-Paß - Airolo - Nufenenpaß - Ulrichen - Gletsch - Furkapaß - Hospental

Charakter Schwere Radtour mit maximal 11% Steigung durch das »Tal des Zitterns«

Zeit 5½–7 Stunden

Länge 102,5 km

Höhendifferenz 3050 m

Übersetzung 42/26

Ausgangspunkt Hospental (1452 m)

Karte Generalkarte 1:200000, Schweiz, Blatt 3; Landeskarte der Schweiz 1:100000, Blatt 37 und 42

Paßöffnungszeiten Wegen Wintersperre der Nufenen-Paßstraße ist die Strecke nur zwischen 1. Juli und 31. Oktober befahrbar

Streckenbeschreibung Hospental (km 0,0), der kleine, unscheinbare Ort, wenig westlich von Andermatt, war aufgrund seiner geographischen Lage einmal von großer Bedeutung. Drei Paßrouten, Gotthard, Oberalp und Furka, laufen hier zusammen, und im Umkreis von wenigen Kilometern entspringen Flüsse, wie Reuss, Rhône, Rhein und Ticino. Auch diese Radtour nimmt hier mit der Auffahrt zum St.-Gotthard-Paß ihren Anfang. Über eine Kehre steigt die Straße auf 10% an, und man fährt nach einem kurzen Tunnel in das öde, vegetationsarme Hochtal der Gotthardreuss ein. Auf der rechten Talseite haltend wechseln bis zum Restaurant Mätteli (km 4,0) Steigungen zwischen 8 und 10% ab, bevor die Strecke wieder durchgehend 10% aufweist. Nach einer längeren Lawinengalerie (km 6,5) geht die Steigung zurück, die Staumauer des Lago di Lucendro wird sichtbar, und auf mäßig ansteigender Trasse erreicht man bald die Paßhöhe (km 9,0) beim alten Hospiz. Die alte Straße, die mit ihren 24 Kehren das Val Tremola (»Tal des Zitterns«) bezwingt, zweigt zwischen dem Hospiz und dem Museum auf der Paßhöhe ab, sollte aber bei Nässe oder schlechtem Wetter in jedem Fall gemieden werden. Sicherer ist es, die etwas weiter westlich verlaufende, neu gebaute Trasse zu benutzen, die man durch eine Lawinengalerie, an die sich ein 800 m langer Tunnel anschließt, erreicht. Bei der Ausfahrt Airolo/Moto Bartola (km 19,5) muß man die nun als Autobahn deklarierte Straße verlassen und trifft auf den unteren Teil der alten Strecke, über deren Kopfsteinpflaster man weiter kehrenreich bis Airolo (km 24,5) abfährt. Der Beschilderung »Nufenen« folgend wählt man mit der Einfahrt ins Val Bedretto die einzige

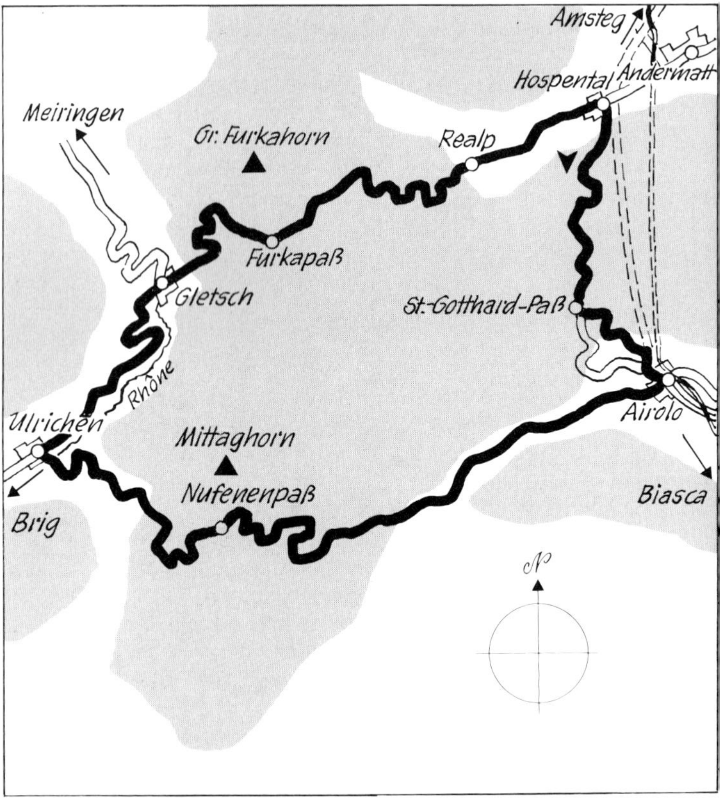
Amsteg
Andermatt
Hospental
Meiringen
Gr. Furkahorn
Realp
Furkapaß
Gletsch
St.-Gotthard-Paß
Rhône
Airolo
Ulrichen
Mittaghorn
Nufenenpaß
Biasca
Brig
N

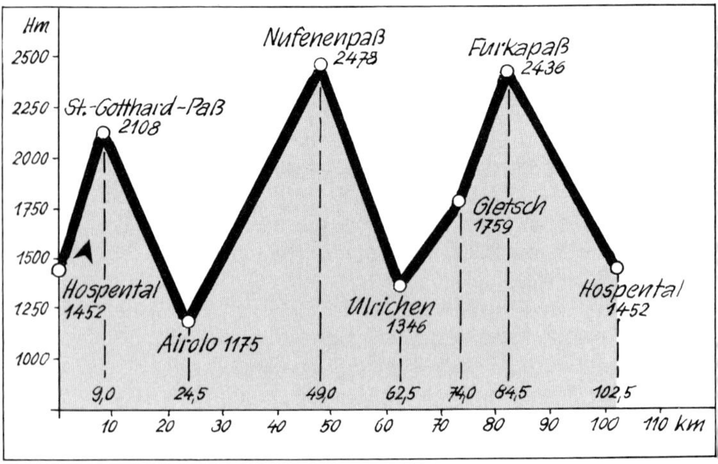
Hm
2500
2250
2000
1750
1500
1250
1000
St.-Gotthard-Paß
2108
Nufenenpaß
2478
Furkapaß
2436
Gletsch
1759
Hospental
1452
Airolo 1175
Ulrichen
1346
Hospental
1452
9,0
24,5
49,0
62,5
74,0
84,5
102,5
10
20
30
40
50
60
70
80
90
100
110 km

direkte Verbindung, die zwischen dem Tessin und dem Wallis besteht. Bis Ossasco (km 32,5) werden 8%ige Anstiege immer wieder von längeren flacheren Stücken abgelöst. Unter den mächtigen Spitzen des Pizzo Rotondo auf der rechten Talseite führt die Straße an Bedretto, dem Hauptort des Tales, vorbei und steigt bei Ronco (km 36,5) wieder stärker an. Anfangs wird die 10%ige Steigung noch von kürzeren flacheren Passagen unterbrochen, aber bei All'Ácqua (km 38,5) geht die Steigung kaum noch zurück. Bei den Almhütten von Cantina di Cruina (km 42,0) läßt man endgültig das letzte flache Stück hinter sich, in Fahrtrichtung eröffnet sich der Blick auf den zerklüfteten Nufenenstock über dem Val Corno, und über vier Kehren hält die 10%ige Steigung durchgehend bis zur Paßhöhe (km 49,0) an. Die Spitzen von Finsteraarhorn, Schreckhorn und Lauteraarhorn ragen im Nordwesten aus der vergletscherten Felsszenerie der Berner Alpen hervor, während südlich der Paßhöhe der Griesgletscher sein Wasser in einem kleinen Stausee sammelt. Mit Gefälle bis 10% verläuft die Straße nun kurven- und kehrenreich in einen kleinen Talboden hinunter (km 41,0). An der Agene entlang wird es kurz weniger steil, bevor die wieder stärker abfallende Strecke nach Ulrichen (km 62,5) leitet, dessen dunkle, wettergegerbte Holzhäuser sich dicht um die Kirche drängen. Im breiten grünen Tal der Rhône, die hier Rotten genannt wird, hält sich die Straße bis Oberwald (km 67,5) eben im Talboden. Die am Ortsende beginnende Steilstufe zwingt sie zu einer 10%igen Steigung. Am Hotel Source-du-Rhône (km 71,5) vorbei läßt diese bis zu einem kurzen Tunnel etwas nach, dann wird eine Kehrengruppe sichtbar, die jedoch zum Grimselpaß hinaufzieht. Die Felswände rücken dicht zusammen, und mehrere Kehren bringen bei wieder auf 10% zunehmender Steigung nach Gletsch (km 74,0). Am Hotel Glacier du Rhône vorbei wird die Rhône überquert, und über nochmalige Kehren mit 9% Steigung an einem gestrüppüberwucherten Berghang beginnt schließlich der letzte Paßanstieg. Gleichbleibend steil hält sich die Straße lange kurvenarm an der rechten Talseite, bevor die Steigung bei einer Kurve auf 11% zunimmt. Kaum eine Handbreit an den Séracs des Rhônegletschers vorbei führt die Trasse zum Hotel Belvedere (km 82,0), wo man sich bereits hoch über dem Talboden von Gletsch befindet. Zwei weite Kehren sind noch zu überwinden, dann läßt die Steigung nach, und man erreicht auf ebener Straße die Paßhöhe (km 84,5). Am Hotel Furkablick (km 85,5) vorbei verläßt man den Kanton Wallis und beginnt die 11%ige Abfahrt in den Kanton Uri, die erst in Realp (km 96,5) endet. Auf ebener, teilweise leicht fallender Straße ist der Ausgangspunkt (km 102,5) dann rasch erreicht.

41 Über die Große Scheidegg

Bern

Strecke Interlaken - Grindelwald - Große Scheidegg - Willigen - Brienz - Oberried - Interlaken

Charakter Mittelschwere Radtour mit maximal 12% Steigung im Berner Oberland

Zeit 3½-5 Stunden

Länge 77 km

Höhendifferenz 1420 m

Übersetzung 42/26

Ausgangspunkt Interlaken (567 m)

Karte Generalkarte 1:200000, Schweiz, Blatt 2; Landeskarte der Schweiz 1:100000, Blatt 37

Paßöffnungszeiten Die Straße über die Große Scheidegg wird nach Schneefällen nicht geräumt, deshalb ist die Strecke, abhängig von der Schneelage, nur etwa im Zeitraum Mai bis Oktober befahrbar

Streckenbeschreibung Interlaken (km 0,0), auf der Schwemmlandebene zwischen Thuner und Brienzer See, dem Bödeli, gelegen, ist Ausgangspunkt dieser Radtour, die sonst eigentlich nur Bergwanderern vorbehalten bleibt. Ermöglicht wird dies durch eine durchgehend asphaltierte Straße zur Großen Scheidegg, deren Befahrung mit Kraftfahrzeugen jedoch nur Postautos und Anwohnern gestattet ist. Der Beschilderung »Grindelwald/Lauterbrunnen« folgend verläßt man Interlaken über den Ortsteil Matten und radelt hinter Wilderswil (km 1,5) in ein dicht bewaldetes Tal ein. An der Lütschine entlang wechseln bis zur Abzweigung nach Grindelwald bei Zweilütschinen (km 8,0) leichte Anstiege mit Abfahrten und ebenen Passagen. Das Tal weitet sich, aber, von einem kurzen 6%igen Anstieg am Ortsende von Gündlischwand (km 9,0) abgesehen, führt die Straße fast eben bis Lütschental (km 11,0). Die hier beginnende Steigung bis 12% hält sich bis zur Bahnstation Burglauenen (km 15,0), geht dann zurück, und man erreicht auf wieder ebener Trasse die ersten Häuser von Grindelwald (km 17,0). Leicht steigt die Straße in den Ort hinein an, über den grünen Wiesen der rechten Talseite erhebt sich der mächtige Eiger, während im Vordergrund die Berggestalten von Schreckhorn und Wetterhorn dominieren. Die berüchtigte Nordwand des Eiger bleibt aus dieser Perspektive jedoch weitgehend verborgen, und auch seine nicht minder bekannten Nachbarn Mönch und Jungfrau entziehen sich den Blicken. Im Ort nimmt die Steigung teilweise auf 10% zu, fällt aber auch wieder kurz ab. Durch die Häuser ist der von den breiten Wänden der Fiescherhörner herabziehende Untere Grindelwaldgletscher zu erkennen, der nur unweit des Dorfes zum Stillstand gekommen ist. Nach dem Ortszen-

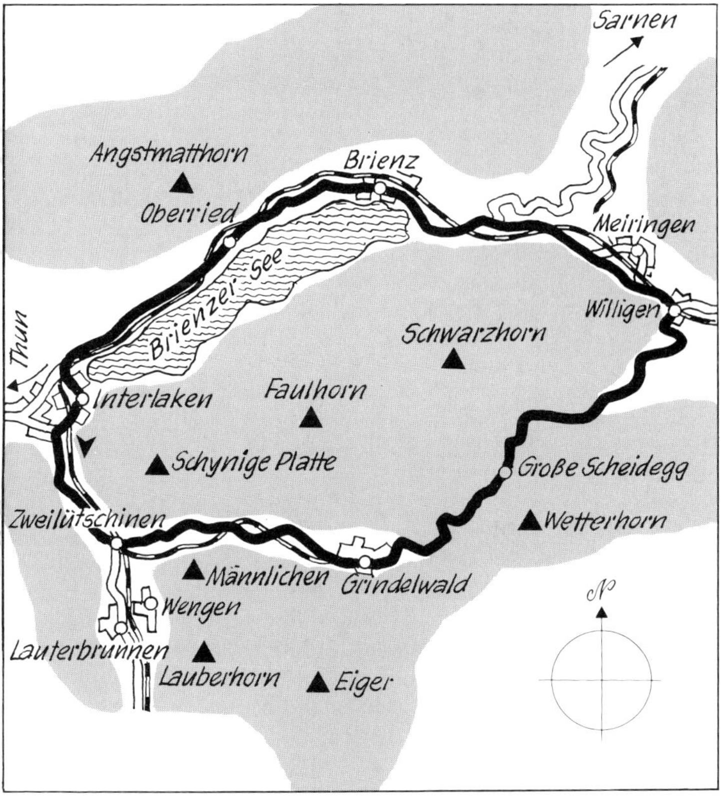
Sarnen
Angstmatthorn
Brienz
Oberried
Meiringen
Brienzer See
Willigen
Thun
Schwarzhorn
Faulhorn
Interlaken
Schynige Platte
Große Scheidegg
Wetterhorn
Zweilütschinen
Männlichen
Grindelwald
Wengen
Lauterbrunnen
Lauberhorn
Eiger
N

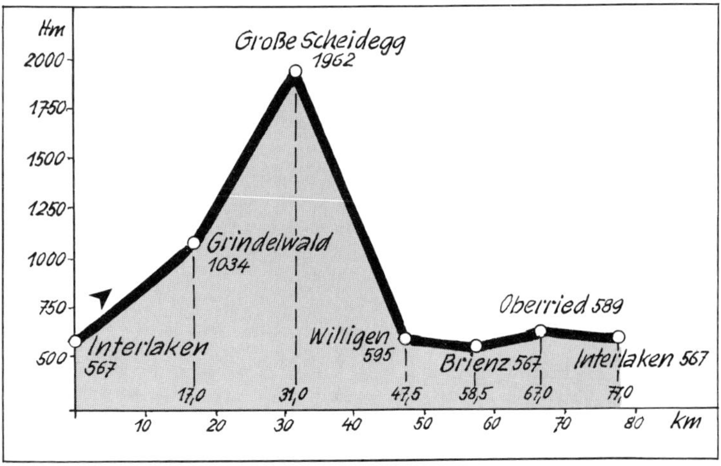
Hm
2000
1750
1500
1250
1000
750
500
Große Scheidegg 1962
Grindelwald 1034
Interlaken 567
Willigen 595
Brienz 567
Oberried 589
Interlaken 567
17,0
31,0
47,5
58,5
67,0
77,0
10
20
30
40
50
60
70
80
km

trum bringen Steigungen bis 12%, von flacheren Passagen und kurzen Abfahrten unterbrochen, zum Parkplatz Oberer Gletscher beim Hotel Wetterhorn (km 24,0), wo die Zunge des gegenwärtig wieder wachsenden Oberen Grindelwaldgletschers bis dicht an die Straße reicht. Die mit 12% ansetzende Steigung des schmalen, aber durchgehend asphaltierten Sträßchens, das sich durch die grünen Matten am Wandfuß des mit Zinnen und Türmen bewehrten Wetterhorns nach oben windet, bleibt bis zur Großen Scheidegg konstant. Zweimal sind dabei aus federnden Leichtmetallstangen bestehende Zählwerkbarrieren, die erste kurz vor dem Hotel Lauchbühel (km 26,0), die zweite unweit der Paßhöhe (km 29,0), zu durchfahren, bevor unvermittelt die Große Scheidegg (km 31,0) erreicht wird. Lotrecht erhebt sich die Nordwand des Wetterhorns über dem kleinen Hotel und den zwei Baracken der Souvenirstände, die kaum zu einem längeren Verweilen einladen. Nach einem letzten Blick auf das Talbecken von Grindelwald fährt man auf schmaler, aber ebenfalls guter Straße mit Gefälle bis 12% in einen kleinen Talboden zur Schwarzwaldalp (km 36,5) hinunter. Auch danach fällt die Straße weiter ab, geht jedoch kurz nach dem Hotel Rosenlaui (km 40,5), über dem die Zacken der Engelhörner aufragen, in eine ungeteerte Naturpiste über. Am Restaurant Kaltenbrunnen (km 41,5) vorbei radelt man in die dicht bewaldete Rosenlauischlucht ein, folgt beim Gasthaus Zwirgi (km 44,5) der Beschilderung Richtung Meiringen, und bis Willigen (km 47,5) wird der fast durchgehende Naturbelag nur von kurzen asphaltierten Stücken unterbrochen. Im breiten Haslital, teilweise nur durch eine Böschung von der Aare getrennt, rollt es nun auf ebener Strecke Richtung Interlaken. Von der Bergkette im Süden, die vom Schwarzhorn bis zur Schynigen Platte reicht, stürzen zahlreiche bis zu 400 m hohe Wasserfälle herab. Bei km 55,5 wechselt man auf das rechte Aareufer über, wo die Straße völlig eben bis Brienz (km 58,5) führt. Am rechten Ufer des Brienzer Sees, der mit seinem klaren grünen Wasser zu den saubersten Badeseen der Schweiz zählt, entlang warten erst bei Oberried (km 67,0) noch einige leichte Anstiege und Abfahrten, die jedoch rasch nach Interlaken (km 77,0) zurückbringen.
Hinweis: Bei der Abfahrt von der Großen Scheidegg ist nach der Schwarzwaldalp wegen der Abwasserrillen und Weideroste Vorsicht geboten. Vom Hotel Rosenlaui bis Willigen ist die Strecke fast durchgehend ungeteert, bei entsprechender Fahrweise jedoch auch mit schmalen Schlauchreifen gut zu befahren.

42 In der Haute Gruyère

Freiburg/Waadt/Bern

Strecke Bulle - Château-d'Oex - Saanen - Saanenmöser Sattel - Zweisimmen - Reidenbach - Jaunpaß - Charmey - Broc - Bulle

Charakter Mittelschwere Radtour mit maximal 11% Steigung im Greyerzer Land

Zeit 4½-6 Stunden

Länge 98,5 km

Höhendifferenz 1230 m

Übersetzung 42/23-26

Ausgangspunkt Bulle (771 m)

Karte Generalkarte 1:200000, Schweiz, Blatt 2; Landeskarte der Schweiz 1:100000, Blatt 36 und 41

Paßöffnungszeiten Ganzjährig befahrbar

Streckenbeschreibung Geographisch gehört das Gebiet, durch welches diese Radtour führt, noch zum Berner Oberland. Sprachlich liegt es zu einem großen Teil in der französischen Schweiz, und die Schweizer selbst bezeichnen es als Freiburger Alpen, obwohl es diesen Begriff im geographischen Sinne nicht gibt. Nichts von der Strenge und Wildheit der Berner Alpen ist zu spüren, eher zeigt sich die Landschaft mit voralpinem Charakter mit bewaldeten Hügeln, aus denen nur vereinzelt Kalkfelsen aufragen, wenn man Bulle (km 0,0) über den Vorort La Tour-de-Trême in südlicher Richtung verläßt. Bis Villars-sous-Mont (km 9,0) werden längere leichte Abfahrten von kurzen 6%igen Gegenanstiegen unterbrochen, und durch eine Anzahl kleiner Dörfer hält sich die Straße auch weiterhin nur mäßig ansteigend und abfallend im Talboden der Haute Gruyère. Nach Montbovon (km 16,0) verengt sich das Tal, und man kann nach einer kurzen Schlucht ein rechts abzweigendes Sträßchen als Radweg benutzen. Beim Hotel de la Gare (km 19,5) steigt die Strekke durch dichten Wald auf 8% an, um an einem kleinen See vorbei wieder abzufallen. Ständige leichte Anstiege und Abfahrten wechseln nun ab, bevor man bei km 24,0 unvermittelt wieder auf die Hauptstraße trifft. Hinter Les Moulins (km 25,0) wird die Saane überquert, und bis zum Ortsanfang von Château-d'Oex (km 27,0) nimmt die Steigung erstmals auf 9% zu. Am Ort vorbei sind über Flendruz (km 32,5) und Rougemont immer wieder kürzere 9%ige Anstiege zu bewältigen, die gleich darauf von längeren Abfahrten abgelöst werden. Am Ortsende von Saanen (km 39,5) folgt man der Beschilderung Zweisimmen, und auf der Saanenmöser Straße geht es über den Ort bergan. 7% Steigung werden dabei kaum einmal überschritten, und über Schönried (km 43,5) und Saanenmöser (km 45,0) er-

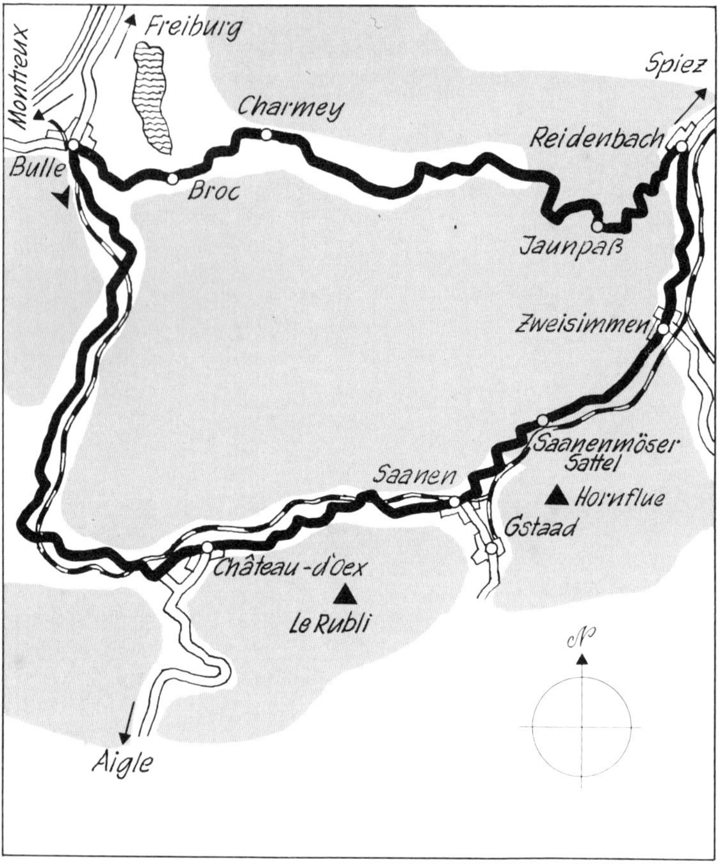
Freiburg
Montreux
Spiez
Charmey
Reidenbach
Bulle
Broc
Jaunpaß
Zweisimmen
Saanenmöser
Sattel
Saanen
Hornflue
Gstaad
Château-d'Oex
Le Rubli
Aigle

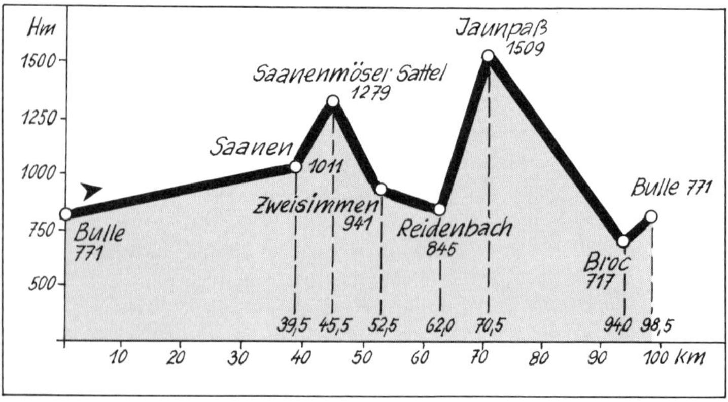
Hm
1500
1250
1000
750
500
Jaunpaß 1509
Saanenmöser Sattel 1279
Saanen 1011
Zweisimmen 941
Reidenbach 845
Bulle 771
Bulle 771
Broc 717
39,5
45,5
52,5
62,0
70,5
94,0
98,5
10
20
30
40
50
60
70
80
90
100 km

reicht man bald die Paßhöhe (km 45,5), die gleichzeitig Sprachgrenze ist, inmitten einer weiten Wiesenhochfläche. Man verläßt das Saanenland und wechselt über eine lange Abfahrt, deren Gefälle 6% nicht übersteigt, in das Simmental über. Auch nach Zweisimmen (km 52,5), wo sich die beiden Simmen, die Große aus dem Oberen Simmental und die Kleine von den Saanemösern her, vereinigen, fällt die Straße durch eine bewaldete Schlucht weiter ab (km 59,0). Man wird von freundlichen Wiesenböden empfangen, das Tal weitet sich, und die Strecke führt eben bis Reidenbach (km 62,0), dem Beginn der Auffahrt zum Jaunpaß. An einem Wiesenhang steigt die Straße über zwei weite Kehren mit 11% an. Bei einer Gruppe von Almhütten wird es kurz etwas weniger steil, doch nach einer weiteren Kehre sind es wieder 11%. Beim Restaurant Eschihalten (km 66,5) bietet sich die letzte Verpflegungsmöglichkeit vor der Paßhöhe, zu der die Straße über weit auseinandergezogene Kehren gleichbleibend steil emporführt. Nach einer Kehre mit Steinböschung nimmt die Steigung ab, und kurz darauf ist die Paßhöhe (km 70,5) erreicht. Mit Gefälle, das kurz sogar 14% erreicht, geht es nun mit Blick auf den Bergkamm der Gastlosen im Westen bergab. Aber auch den sich unmittelbar aus Wiesen erhebenden schroffen, stark zerklüfteten Kalkfelsen mag es nicht gelingen, der eher sanften Mittelgebirgslandschaft ein hochalpineres Gepräge zu verleihen. In Jaun (km 76,5) befindet man sich bereits wieder im Freiburger Land, und bis Fang (km 80,5) zieht sich die Straße nun mäßiger bergab. Auch die Ortsnamen haben wieder französischen Einschlag. Bis Charmey (km 84,5) hält sich die Strecke lange eben in einer Talstufe der Jogne. Der Ort wartet mit einer 6%igen Gegensteigung auf, die auf fast 1,5 km anhält. Über eine weitgespannte Brücke überwindet man das Tal der Javro, die tief unten in den Stausee von Montsalvens einfließt. Hoch über dem rechten Ufer des verästelten Sees entlang fällt die Straße über mehrere Kehren bis 10% an der Abzweigung Freiburg vorbei bis Broc (km 94,0) wieder ab. Noch einmal radelt man mit 4%iger Steigung bis zu einer Kreuzung aufwärts und beendet schließlich die Tour über La Tour-de-Trême (km 97,0) in Bulle (km 98,5).

Frankreich

43 Route des Grandes Alpes, 1. Abschnitt

Wallis/Aosta/Savoyen

Strecke Martigny – Großer-St.-Bernhard-Paß – Aosta – Pré-St-Didier – Kleiner-St.-Bernhard-Paß – Séez

Charakter Schwere Radtour mit maximal 11% Steigung vom Rhônetal in die Tarentaise

Zeit 7½–9 Stunden

Länge 160 km

Höhendifferenz 3610 m

Übersetzung 42/26

Ausgangspunkt Martigny (471 m)

Karte Carte Topographique 1:250000, Blatt 112; Carte Topographique 1:100000, Blatt 53

Paßöffnungszeiten Wegen Wintersperre der Kleinen-St.-Bernhard-Paßstraße ist die Strecke nur zwischen 15. Juni und 31. Oktober befahrbar

Streckenbeschreibung Die Route des Grandes Alpes von Martigny nach Nizza mit dem Fahrrad zu bewältigen, ist sicher ein Höhepunkt für jeden sportlich ambitionierten Radler. Dennoch handelt es sich hier um kein leichtes Unterfangen. Acht Pässe, darunter die höchsten der Alpen, sind zu überwinden und eine Strecke von mehr als 570 km zurückzulegen. Dies bedarf sorgfältiger Planung und Vorbereitung. Die Unterteilung dieser Tour in fünf Abschnitte ermöglicht, daß ausreichend Zeit zur Erholung zur Verfügung steht und die Gefahr der Überforderung vermieden wird. Die schwerste Etappe steht zudem bereits am ersten Tag an, wenn man das Städtchen Martigny (km 0,0) im unteren Rhônetal Richtung Großer-St.-Bernhard verläßt. Bis Sembrancher (km 11,5), in einer Talweitung gelegen, wechseln 6%ige Anstiege mit längeren flacheren Passagen ab, und an der Abzweigung ins Val Ferret vorbei gestattet die meist nur mäßig ansteigende Straße bis Orsières (km 16,5) weiterhin ein rasches Vorwärtskommen. Am Ort vorüber, hinter dem sich die Ostflanke des Montblancmassivs erhebt, steigt die Straße über zwei Kehren mit 10% an. Weit voraus taucht die firnbedeckte Spitze des Mont Velan auf, die nächsten beiden Kehren bringen nach Rive-Haute (km 23,5), aber erst kurz vor Liddes (km 25,5) geht die Steigung zurück. Schon im Ort wird es wieder steiler, und durch einen längeren, schwach beleuchteten Tunnel, den man allerdings auch rechts umfahren kann, erreicht man über Steigungen zwischen 8 und 10% mit Bourg-St-Pierre (km 30,5) das letzte Dorf vor der Paßhöhe. Unmittelbar nach dem Ort beginnt eine bis zum Anfang des Mauttunnels durchgehende Lawinengalerie, durch welche die Straße, am Stausee von Toules vorbei, mit gleichmäßigen 6% ansteigt.

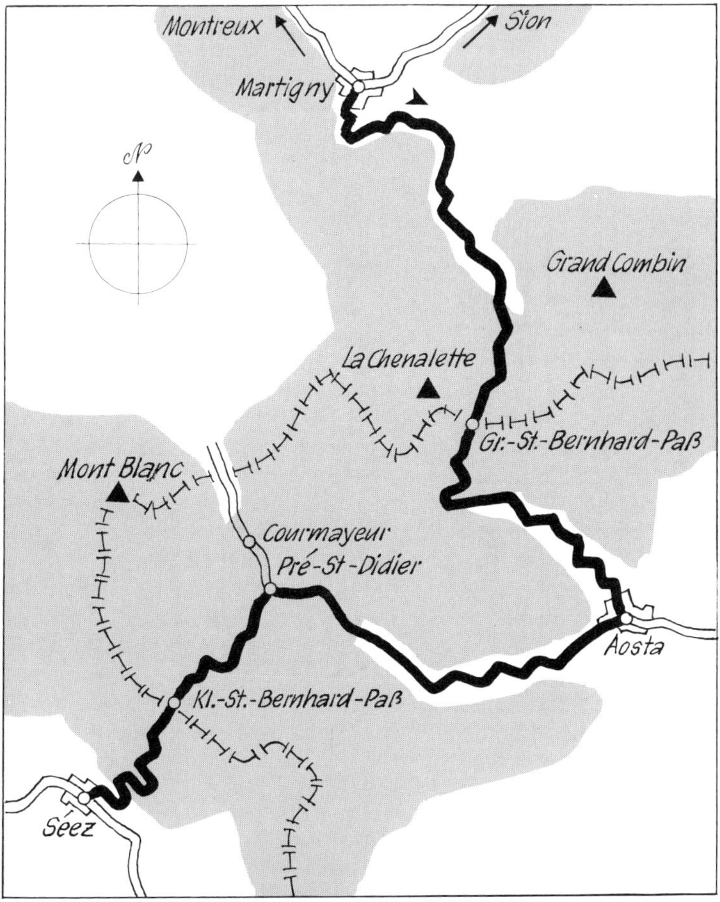
Montreux
Sion
Martigny
Grand Combin
La Chenalette
Gr.-St.-Bernhard-Paß
Mont Blanc
Courmayeur
Pré-St-Didier
Aosta
Kl.-St.-Bernhard-Paß
Séez

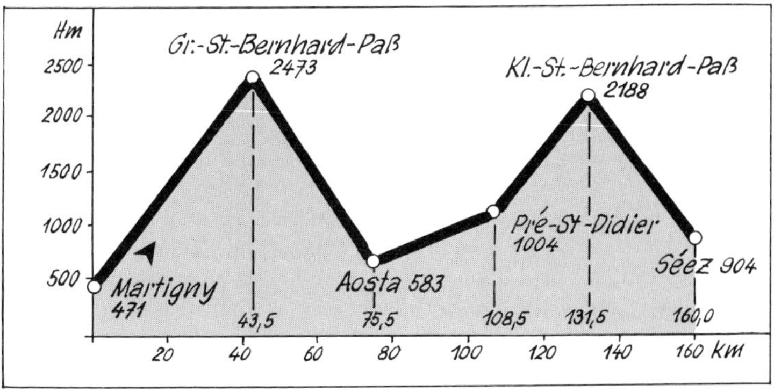
Hm
2500
2000
1500
1000
500
Gr.-St.-Bernhard-Paß
2473
Kl.-St.-Bernhard-Paß
2188
Martigny
471
Aosta 583
Pré-St-Didier
1004
Séez 904
43,5
75,5
108,5
131,5
160,0
20
40
60
80
100
120
140
160 km

Bei der mit »Col« beschilderten Ausfahrt (km 36,5) nimmt man mit dem Beginn der alten Paßstraße den letzten Teil dieser Auffahrt in Angriff. In einer immer öder werdenden Hochgebirgslandschaft, in der auch im Spätsommer noch Schneereste vorhanden sind, steigt die Straße mit 11% kurvenreich an. Auf einer kleinen Brücke wird die hier noch junge Drance überquert, vier Kehren sind zu überwinden, bis man sich unvermittelt dem Hospiz auf der Paßhöhe (km 43,5) gegenübersieht. Um einen kleinen Paßsee herum folgen in kurzen Abständen die Grenzkontrollen. Dann fährt man über enge Kehren mit Gefälle bis 10% auf der italienischen Seite in das Valle-del-Gran-S.-Bernardo ab. Auf der rechten Talseite verläuft die Straße weiter durch schönen Nadelwald bergab, man überquert den Artanavaz und trifft nach einer letzten Kehrengruppe auf die südliche Tunnelzufahrt (km 58,0). Flachere Stücke durch kleinere Ortschaften zwingen teilweise zum Mittreten. Hinter Gignod (km 70,5) wird man bereits von südlicher Vegetation empfangen, und in dem nun dichter besiedelten Tal fällt die Straße bis Aosta (km 75,5) wieder stärker ab. Aosta mit seinen gut erhaltenen Zeugen römischer Vergangenheit wäre sicherlich einen längeren Aufenthalt wert, wenn nicht das enorme Verkehrsaufkommen und die noch bevorstehende Strecke zu einer raschen Weiterfahrt Richtung Courmayeur drängen würden. Im meist hitzeflimmernden Talboden der Dora Baltea ist zwar mit keinen großen Schwierigkeiten zu rechnen, dafür aber mit ständigen leichten Anstiegen und Abfahrten, die jedoch 6% kaum einmal erreichen. Auch eine Reihe von längeren, teils schwach beleuchteten Tunnels müssen durchfahren werden, bevor hinter Runaz (km 95,5) der Montblanc erstmals sichtbar und bald darauf in Pré-St-Didier (km 108,5) die Auffahrt zum Kleinen-St.-Bernhard-Paß beginnt. Über eine Kehrengruppe steigt die Straße mit 9% an, nach einem Tunnel entzieht sich der Montblanc den Blicken, und bis La Balme (km 115,0) wechseln Anstiege bis 9% mit flacheren Passagen ab. Nach zwei Kehren führt die wieder 9% steile Trasse am linken Rand einer kleinen Talverengung nach La Thuile (km 118,0), bewacht von den Gletschern der Testa del Rutor. Am Restaurant Pesca alla Trota (km 125,0) vorbei läßt die Steigung erst bei einer verfallenen A.N.A.S.-Station (km 128,5) nach. Auf einer vegetationsarmen Hochfläche mit schönen Blicken auf die Bergkette westlich der Paßhöhe und die weiße Spitze des Mont Bério Blanc im Nordwesten sind bis zur Paßhöhe (km 131,5) nur noch einige Kehren mit 8% Steigung zu bewältigen. Man verläßt Italien und wird in Frankreich gleich mit einer Abfahrt empfangen, die bald den Blick auf den Mont Pourri freigibt, der sich mächtig aus dem tief unten liegenden Tal der Isère erhebt. Kehre um Kehre bringt dann nach Séez (km 160,0), wo man den ersten Tag beschließt.
Hinweis: Wegen der Tunnels und Galerien Beleuchtung notwendig.

44 Route des Grandes Alpes, 2. Abschnitt

Savoyen

Strecke Séez - Val d'Isère - Iseranpaß - Bonneval-sur-Arc - Bessans - Col de la Madeleine - Lanslebourg - St-Michel-de-Maurienne

Charakter Schwere Radtour mit maximal 12% Steigung von der Tarentaise in die Maurienne

Zeit 5½-7 Stunden

Länge 118 km

Höhendifferenz 1940 m

Übersetzung 42/23-26

Ausgangspunkt Séez (904 m)

Karte Carte Topographique 1 : 250 000, Blatt 112; Carte Topographique 1 : 100 000, Blatt 53

Paßöffnungszeiten Wegen Wintersperre der Iseran-Paßstraße ist die Strecke nur zwischen 1. Juli und 30. September befahrbar

Streckenbeschreibung Am zweiten Tag der Route des Grandes Alpes geht es in die Vanoise, wie die Berglandschaft zwischen der Tarentaise, dem Tal der Isère im Norden, und der Maurienne, dem Arctal im Süden genannt wird. Mit dem Col de l'Iseran steht zwar nur ein Paß auf dem Programm, bei dem es sich jedoch immerhin um den zweithöchsten Alpenpaß handelt. Die Auffahrt von Séez (km 0,0), bereits im oberen Teil der Tarentaise, der Haute-Tarentaise, gelegen, beginnt mit einer längeren leichten Abfahrt. Erst hinter Viclaire (km 6,5) steigt die Straße über zwei Kehren auf 10% an und führt durch den Mischwald der linken Talseite aufwärts. Auf der gegenüberliegenden Talseite sind hoch oben die Hängegletscher des Mont Pourri, eines pultförmigen Gneisbergs, gut zu erkennen. Durch Ste-Foy-Tarentaise (km 8,5) nimmt die Steigung kurz auf 12% zu, geht aber nach Durchfahrung zweier Naturtunnels (km 12,0) wieder auf 8% zurück. In einer Talstufe auf der linken Hangseite empor wechseln nun bis zu einer Talweitung (km 18,5) Steigungen bis 8% mit flacheren Stücken ab. Die Steigung nimmt wieder auf 10 bis 12% zu, und nach Durchfahrung eines 300 m langen, schwach beleuchteten Tunnels erreicht man die Staumauer des Lac du Chevril (km 21,5). Auf eine Länge von 3 km ist hier die Isére, die fast ausschließlich von den Schmelzwassern der nahen Gletscher gespeist wird, aufgestaut, wobei drei kleine Dörfer überflutet wurden. Am Ostufer durch eine Reihe von langen, teilweise unbeleuchteten Tunnels und Galerien sind außer schlechtem Straßenzustand keine Schwierigkeiten zu erwarten. Im Westen zeigen sich die Gletscher der Grande Motte und die Hochhäuser des Retortenskiorts Lac de Ti-

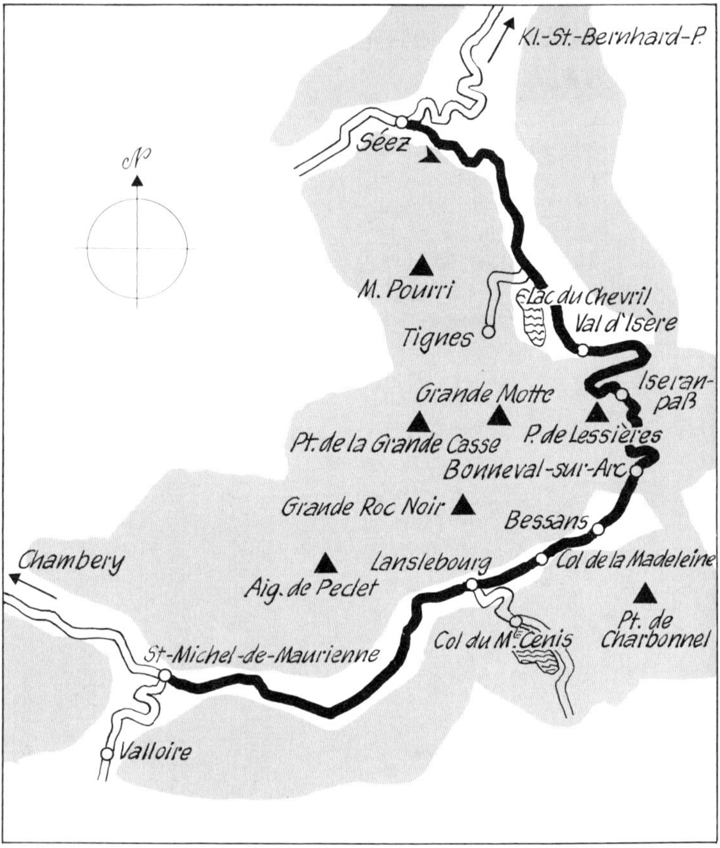

Kl.-St.-Bernhard-P.
Séez
M. Pourri
Lac du Chevril
Val d'Isère
Tignes
Iseran-
paß
Grande Motte
Pt. de la Grande Casse
P. de Lessières
Bonneval-sur-Arc
Grande Roc Noir
Bessans
Chambery
Lanslebourg
Col de la Madeleine
Aig. de Peclet
Pt. de
Charbonnel
Col du Mt. Cenis
St-Michel-de-Maurienne
Valloire

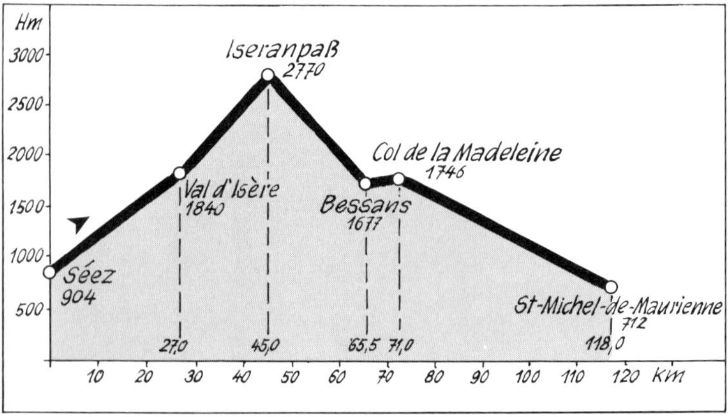

Hm
3000
2500
2000
1500
1000
500
Iseranpaß
2770
Col de la Madeleine
1746
Val d'Isère
1840
Bessans
1677
Séez
904
St-Michel-de-Maurienne
712
27,0
45,0
65,5
71,0
118,0
10
20
30
40
50
60
70
80
90
100
110
120
Km

gnes, und nach weiteren Tunnels, die auch am südlichen See-Ende anhalten, liegt Val d'Isère (km 27,0) in Fahrtrichtung. Nichts im Ortsbild erinnert daran, daß es sich um ein ehemaliges Bergbauerndorf handelt, das sich zu einem der bekanntesten Wintersportorte gewandelt hat. Nur einige alte verfallene Steinhütten am Talschluß, wo man auf der Pont-St-Charles (km 33,5) die Isère überquert, lassen den früheren Zustand erahnen. An einem baumlosen, mit kargem Gras und Geröll bedeckten Berghang windet sich die Straße nun mit 10% Steigung nach oben. Nur einmal (km 37,5) geht die Steigung zurück und sogar in eine kurze Abfahrt über. Danach weist die Strecke, teilweise von Schlaglöchern übersät, wieder gleichmäßige 10% auf und führt, mit schönen Ausblicken auf den Talboden nach Val d'Isère und die Bergumrahmung, weiter aufwärts. Den schönsten Blick auf die Gletscher und Bergketten, wie Mont Pourri und Grande Motte im Norden und Westen sowie die Spitzen und Firnfelder im Osten, die bereits die Grenze zum Nationalpark Gran Paradiso bilden, hat man am Ende einer Serpentinengruppe beim »Belvédère de la Tarentaise« (km 41,5) mit der wenig abseits der Straße angebrachten Table d'Orientation. Danach geht die Steigung zurück und zieht erst kurz unter der Paßhöhe (km 45,0) über drei Kehren nochmals auf 10% an. Mit bis zu 11% fällt die Straße, deren Zustand genauso schlecht wie bei der Auffahrt ist, in das Hochtal der Lenta (km 53,0) ab. Es eröffnet sich eine herrliche Aussicht auf die Gletscher von Charbonnel, Ciamarella und Albaron im Südosten und die schiefergedeckten Dächer von Bonneval-sur-Arc (km 58,0) tief unten, das man auf etwas besserer Trasse bald erreicht. Hier in der Unberührtheit und Stille der oberen Maurienne sollte man rasten, denn weiter unten ist das Tal dicht besiedelt. Nach Bessans (km 65,5) steht ein etwa 1,5 km langer 6%iger Anstieg zum Col de la Madeleine (km 71,0) bevor, ehe man über einige Kehren mit 8% Neigung bis Lanslevillard (km 74,0) abfährt. In Lanslebourg (km 78,0) trifft man auf den über den Mont Cenis von Turin kommenden Schwerlastverkehr, mit dem man bis Bramans (km 90,0) auf meist ebener bis abfallender Straße nur einen etwa 1 km langen 6%igen Gegenanstieg zu bewältigen hat. Nach dem Ort (km 93,0) verengt sich das Tal, und bis km 96,0 steigt die Straße bis 6% an. Auf der gegenüberliegenden Talseite bewachen alte Festungen aus grauen Steinmauern mit roten Ziegeldächern diesen Talabschnitt. Bis Modane (km 105,0) geht es dann wieder abwärts. In Le Freney (km 105,0) nimmt der Verkehr durch den Fréjus-Tunnel nochmals zu, bevor man in St-Michel-de-Maurienne (km 118,0) die bis hierher meist leicht fallende Schnellstraße verlassen kann.
Hinweis: Wegen der Tunnels bei der Auffahrt zum Iseranpaß ist Beleuchtung notwendig.

45 Route des Grandes Alpes, 3. Abschnitt

Savoyen/Dauphiné

Strecke St-Michel-de-Maurienne – Télégraphepaß – Valloire – Galibierpaß – Lautaretpaß – Briançon

Charakter Mittelschwere Radtour mit maximal 12% Steigung über das »Dach der Tour«

Zeit 3¾–5 Stunden

Länge 70,5 km

Höhendifferenz 2110 m

Übersetzung 42/23–26

Ausgangspunkt St-Michel-de-Maurienne (712 m)

Karte Carte Topographique 1 : 250 000, Blatt 112; Carte Topographique 1 : 100 000, Blatt 53 und 54

Paßöffnungszeiten Wegen Wintersperre der Galibier-Paßstraße ist die Strecke nur zwischen 15. Juni und 15. Oktober befahrbar

Streckenbeschreibung Der dritte Tag führt von der Vanoise an den Nordrand einer Berggruppe, die zu Recht als wildester Teil der Alpen bezeichnet wird; das Massif des Ecrins, auch unter dem Namen Pelvouxgruppe bekannt. Für den Radler stellt dieser Streckenabschnitt über das »Dach der Tour«, wie der Galibierpaß von den Rennfahrern der Tour de France genannt wird, den kürzesten Streckenabschnitt dar. Dem Galibier vorgelagert ist der Télégraphepaß, dessen Beschilderung man jedoch in St-Michel-de-Maurienne (km 0,0) vergeblich suchen wird, und so die Stadt auf der Rue du Galibier verläßt. Über eine Holzbrücke wird die Arc überquert, eine kleine Eisenbahnbrücke durchfahren, dann beginnt die Straße auf 10% anzusteigen. Über Les Seignères (km 2,5) windet sich die gut ausgebaute Strecke durch dichten Mischwald bei einer gleichbleibenden Steigung zwischen 8 und 10% aufwärts. Hoch oben auf einem Felsvorsprung thront das Fort du Télégraphe, das diesem Paß seinen Namen gegeben hat, und erst im oberen Teil gibt der Wald den Blick auf das hier tief eingeschnittene Arctal frei. Insgesamt 14 Kehren sind es, bevor unvermittelt ein Schild mit der Aufschrift »Col du Télégraphe« die Paßhöhe (km 12,5) anzeigt. Gut 200 Höhenmeter verliert man auf der nachfolgenden Abfahrt mit Gefälle bis 9% nach Valloire (km 17,5), dem eigentlichen Beginn des Anstiegs zum Galibierpaß. Mit einer auf 12% zunehmenden Steigung führt die Straße aus dem Ort heraus in ein baumloses, von kargen Wiesen bedecktes Hochtal. Erst hinter Valloire Les Verneys (km 19,5) geht die Steigung zurück, und man erreicht unter den grau, schwarz und rötlich schimmernden Geröllmassen der Hänge der Aiguilles d'Ar-

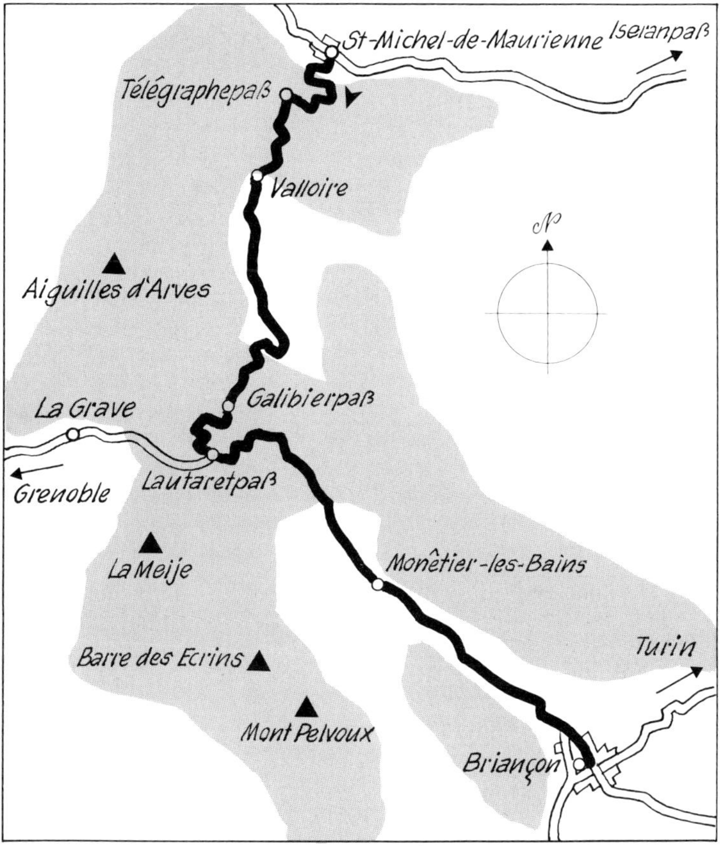
St-Michel-de-Maurienne
Iseranpaß
Télégraphepaß
Valloire
N
Aiguilles d'Arves
Galibierpaß
La Grave
Lautaretpaß
Grenoble
La Meije
Monêtier-les-Bains
Barre des Ecrins
Turin
Mont Pelvoux
Briançon

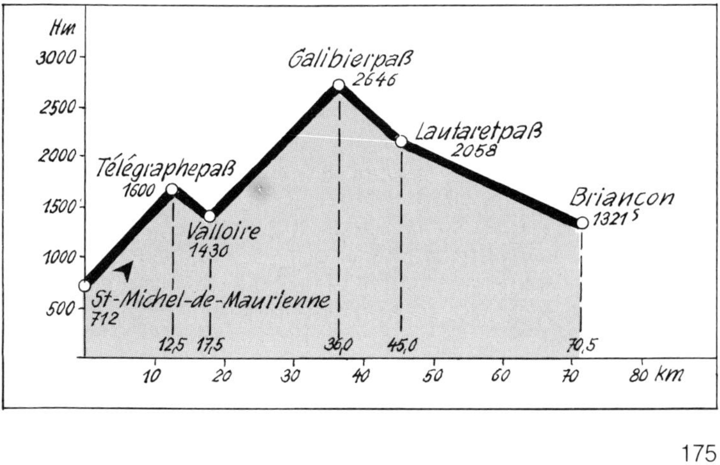
Hm
3000
2500
2000
1500
1000
500
Galibierpaß
2646
Lautaretpaß
2058
Télégraphepaß
1600
Valloire
1430
Briancon
1321 S
St-Michel-de-Maurienne
712
12,5
17,5
36,0
45,0
70,5
10
20
30
40
50
60
70
80 km

ves, die die rechte Talseite begrenzen, unschwierig das Restaurant Plan-Lachat (km 27,0). Über eine Kehrengruppe am Bergfuß des Grand Galibier nimmt die Steigung der Straße bis auf 12% zu, bevor sie am Ausgang der Kurven (km 31,0) über einen Grashang an der rechten Talseite mit 10% weiter nach oben führt. In Fahrtrichtung sind bereits die Kehren sichtbar, die sich an der Westschulter des Petit Galibier zur Paßhöhe ziehen, und am Nordportal des etwa 400 m langen, stillgelegten Scheitentunnels, der diesen letzten Anstieg erspart hätte, vorbei, nimmt die Steigung nochmals bis auf 12% zu. Die Paßhöhe (km 36,0) selbst bietet wenig Raum, aber der Blick nach Süden auf die mächtigen Wände und scharfen Nadeln der Barre des Ecrins ist immer wieder beeindruckend, während vom Montblanc im Norden nur noch eine kleine weiße Spitze zu sehen ist. Mit der Abfahrt von der Paßhöhe passiert man auch die Grenze zwischen den Départements Savoyen und Dauphiné und gelangt über drei enge Kehren mit Gefälle bis 10% zum Chalet du Galibier (km 37,0) mit dem Denkmal für Henri Desgrange, dem Gründer der Tour de France. Mit nicht nachlassendem Gefälle zieht sich die Straße weiter über einen von spärlichem Grün überzogenen Schutt- und Geröllhang zur Lautaretpaßhöhe (km 45,0) hinab. Prächtig entfaltet sich dabei der Blick auf die gewaltige Fels- und Eismauer der Meije mit ihren Hängegletschern, und im ostwärts gerichteten Tal der Guisane ist die nach Briançon führende Straße bereits gut zu erkennen. Den schönsten, unverbauten Blick auf die Meije mit ihren Eisströmen hat man etwas westlich der Paßhöhe, auf der man ruhig etwas länger verweilen sollte, zumal auf dem verbleibenden Teilstück nach Briançon keinerlei Schwierigkeiten mehr zu erwarten sind. Durch eine lange Lawinengalerie rollt es im Tal der Guisane auf kurvenarmer, aber etwas holpriger Straße mit einem Gefälle von 7% abwärts. Während die linke Talseite wegen der starken Sonneneinstrahlung nur wenig Vegetation aufweist, geben Taleinschnitte auf der rechten Seite immer wieder den Blick frei auf die von klaffenden Scharten und tief eingeschnittenen Firnbecken getrennten Gneis- und Granitmassen, die mit dem Mont Pelvoux ihre höchste Erhebung haben. Hinter Monêtier-les-Bains (km 58,5) wird die Strecke besser, dafür geht das Gefälle zurück, und bis Chantemerle (km 67,0) machen ebene Passagen immer wieder ein Mittreten erforderlich. Auch danach hält sich die Straße meist eben oder nur noch leicht fallend auf der Hochfläche von Serre Chevalier. Unmittelbar vor dem Ortsschild der alten Garnisonsstadt (km 70,5) steigt sie jedoch auf eine Länge von 50 m auf 8% an, um dann endgültig in den Talkessel von Briançon abzufallen.

46 Route des Grandes Alpes, 4. Abschnitt

Dauphiné/Provence

Strecke Briançon - Cervières - Izoardpaß - Guillestre - Varspaß - Les Gleizolles - Jausiers

Charakter Schwere Radtour mit maximal 12% Steigung durch den Queyras-Nationalpark

Zeit 4½–6 Stunden

Länge 93,0 km

Höhendifferenz 2150 m

Übersetzung 42/26

Ausgangspunkt Briançon (1321 m)

Karte Carte Topographique 1:250000, Blatt 115; Carte Topographique 1:100000, Blatt 54

Paßöffnungszeiten Wegen Wintersperre der Izoard-Paßstraße ist die Strecke nur zwischen 15. Juni und 15. Oktober befahrbar

Streckenbeschreibung Mit der Auffahrt zum Izoardpaß, die man frühmorgens am vierten Tag in Briançon (km 0,0) beginnt, läßt man die Welt der abweisenden, eisgepanzerten Bergriesen endgültig hinter sich. Die mit 12% aus dem Ort herausführende Steigung hält bis hinter Font Christiane (km 3,5) an, geht dann auf 6% zurück und entlang der dicht bewaldeten linken Talseite sogar in eine längere leichte Abfahrt über. Fast auf Höhe der Cerveyrette (km 5,5) nimmt die Steigung, von längeren flacheren Abschnitten unterbrochen, bis Cervières (km 9,0) wieder auf 10% zu. Im Vordergrund verstellt der mächtige Cime de la Charvie den Weiterweg, und die Straße wendet sich über eine Kehre am Bergfuß südwärts. Die hinter Le Laus (km 11,5) beginnende Kehrengruppe windet sich durch den Lärchenwald der rechten Hangseite mit einer gleichmäßigen Steigung zwischen 10 und 12% zum Refuge Napoléon (km 18,5). Der Wald tritt zurück, und über einen Geröllhang werden die letzten drei Kehren bei nicht nachlassender Steigung zur Paßhöhe (km 19,5) überwunden. Die Abfahrt über eine Kehrengruppe mit 12% Gefälle bringt in die »Casses Désertes«, eine Geröllwüste, aus der riesige Felspyramiden, -nadeln und -klötze aufragen, die aufgrund von Erosion und Verwitterung entstanden sind und der Umgebung den Charakter einer Mondlandschaft verleihen. Nach einem kurzen 6%igen Gegenanstieg verläßt man dieses Naturschauspiel aber bereits wieder und fährt durch schönen Kiefernwald in das von der Rivière durchflossene Hochtal von Brunissard (km 27,0) bis zur Abzweigung Guillestre/Château Queyras (km 34,0) ab. Die im Tal der Guil nun mit mäßigerem Gefälle folgende Abfahrt durch die Schlucht von Queyras wird

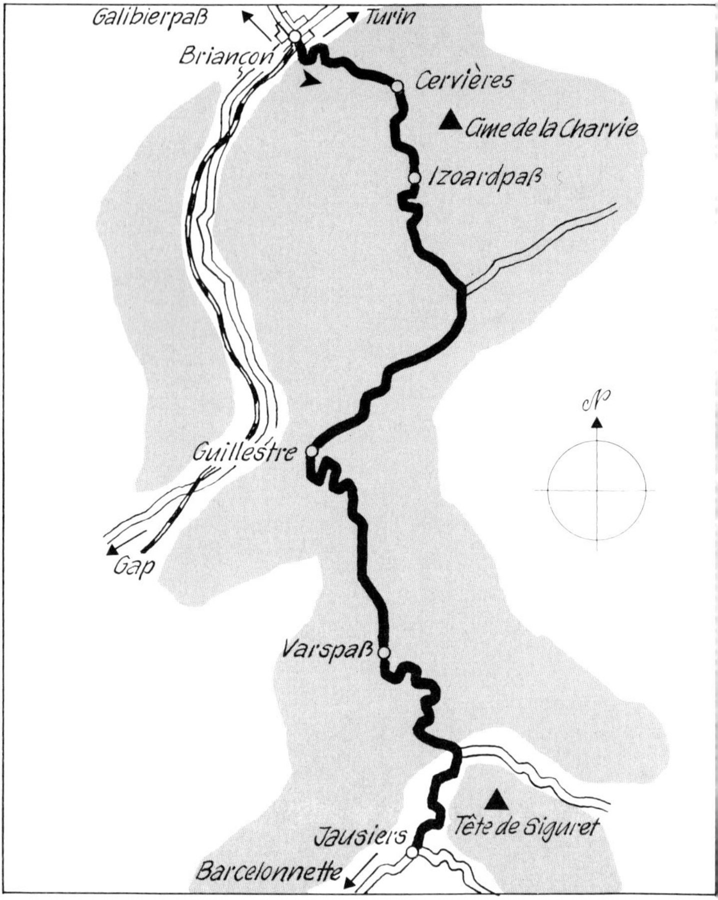
Galibierpaß
Turin
Briançon
Cervières
Cime de la Charvie
Izoardpaß
N
Guillestre
Gap
Varspaß
Tête de Siguret
Jausiers
Barcelonnette

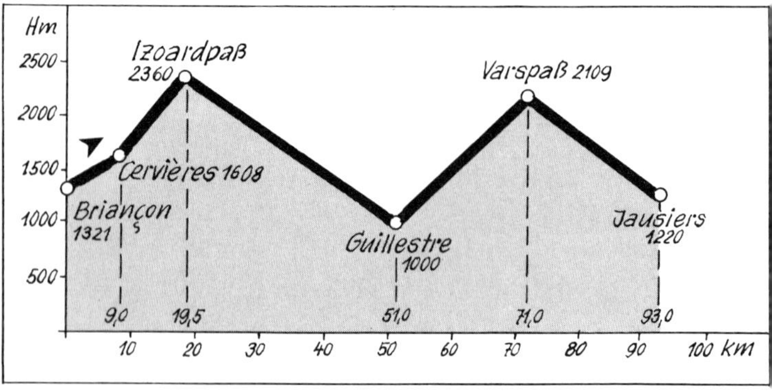
Hm
2500
2000
1500
1000
500
Izoardpaß 2360
Varspaß 2109
Cervières 1608
Briançon 1321
Guillestre 1000
Jausiers 1220
9,0
19,5
51,0
71,0
93,0
10 20 30 40 50 60 70 80 90 100 km

erst in Le Cristillan (km 45,5) unterbrochen. An einer winzigen Staustufe der Guil vorbei steigt die Trasse durch mehrere Tunnels an der linken Schluchtseite mäßig aufwärts. Fast überhängend drängen sich die Felsen an die Straße, bevor sich das Tal wieder weitet (km 48,5) und man kurz darauf in den weiten Talboden der Durance bis zur Ortsmitte von Guillestre (km 51,0) abfährt. Die Steigung der mit 10% über weit auseinandergezogene Kehren aus dem Ort herausführenden Straße eröffnet den Blick auf das Durancetal, über dem sich im Westen die Pelvouxgruppe erhebt. Durch Wiesen und freundliche Lärchenwälder hält die Steigung auf der linken Seite des von der Chagne durchflossenen Tales bis km 59,5 an, um nach einem flacheren Stück in eine leichte Abfahrt bis St-Marcellin (km 61,5) überzugehen. Auch die aus dem Ort herausführende 8%ige Steigung wird nochmals von einer kurzen Abfahrt bis Ste-Marie (km 64,0) abgelöst, bevor die Straße bis Les Claux endgültig wieder auf 10% ansteigt. Durch den langgestreckten Skiort nimmt die Steigung sogar bis auf 12% zu und läßt erst am Ortsende (km 67,5) wieder nach. Auf einem Wald- und Wiesensattel, vorbei an der an einem kleinen See gelegenen zweiten Herberge dieses Tages, die auf eine Stiftung Napoleons zurückgeht, wechseln 10%ige Steigungen mit ebenen Passagen bis zur Paßhöhe (km 71,0) ab. Mit Gefälle bis 10% zieht sich die Straße, immer wieder von Kehren unterbrochen, vorbei an den Felsgestalten »Colonnes Coifées« bis St-Paul (km 79,5) ins Ubayetal hinunter. Unmittelbar vor und hinter einem 200 m langen, unbeleuchteten Tunnel wird der Ubaye überquert. Wie ein Dach wölben sich die dunklen Schieferwände der Talenge Pas de la Reyssole über die Straße, die bis Les Gleizolles (km 85,0) weiter abfällt. Auch danach ist bis Jausiers (km 93,0), dem Etappenort dieses vorletzten Tages, auf der bis La Condamine (km 88,5) weiter leicht fallenden, dann ebenen Straße, mit keinen Schwierigkeiten mehr zu rechnen.

47 Route des Grandes Alpes, 5. Abschnitt

Provence

Strecke Jausiers - Restefond-/Bonettepaß - St-Etienne-de-Tinnée - Isola - St-Sauveur-sur-Tinnée - Plan-du-Var - Nizza

Charakter Schwere Radtour mit maximal 12% Steigung über den höchsten Alpenpaß

Zeit 5½–7 Stunden

Länge 140 km

Höhendifferenz 1602 m

Übersetzung 42/26

Ausgangspunkt Jausiers (1220 m)

Karte Carte Topographique 1:250000, Blatt 115; Carte Topographique 1:100000, Blatt 61

Paßöffnungszeiten Wegen Wintersperre der Restefond-/Bonette-Paßstraße ist die Strekke nur zwischen 15. Juni und 30. September befahrbar

Streckenbeschreibung Der fünfte und letzte Tag der Route des Grandes Alpes bringt noch einmal einen Höhepunkt. Nicht im landschaftlichen Sinn, denn eine Steigerung ist nach den vorhergegangenen Tagen nicht mehr möglich, dafür aber im wörtlichen, denn mit der Auffahrt zum Restefond-/Bonettepaß ist der höchste befahrbare Alpenübergang zu bewältigen. Der am nördlichen Ortsrand angebrachten blau-gelben Hinweistafel mit der Aufschrift »Col de la Bonette-Plus Haut Col d'Europe« folgend verläßt man Jausiers (km 0,0). Nichts an den eher hügelig erscheinenden Bergrücken der Umgebung, die jedoch alle knapp an der Dreitausendmetermarke liegen, deutet darauf hin, daß man sich dem höchsten Alpenpaß nähert. Der Ubaye wird überquert, und über Kehren steigt die Straße an einem Wiesenhang mit 10% an. Vorbei an Lans (km 3,5), der letzten Ortschaft vor der Paßhöhe, radelt man auf noch guter Straße bei Steigungen zwischen 8 und 10% in einen sich langsam verengenden Taleinschnitt ein. Die Straße wird schmäler und schlechter (km 6,5), und auch die Steigungen nehmen über eine Kehrengruppe bis auf 12% zu. Über ein kurzes ebenes Stück am Ende dieser Strecke fährt man in ein kleines Hochtal ein, an dessen linkem Rand die Straße jedoch sofort wieder auf 10% ansteigt. Am Chalet Halte 2000 (km 10,5), einer kleinen Steinhütte, vorbei, bleibt die Steigung über einen mit kargem Gras bewachsenen Geröllhang konstant und fällt erst auf Höhe eines Baches (km 13,0) kurz ab. Am rechten Rand eines kleinen, von Wasserbächen durchzogenen Talkessels führt die Straße mit bis zu 10%iger Steigung in eine immer karger werdende Landschaft. Auch einem kleinen See (km 15,5) gelingt es

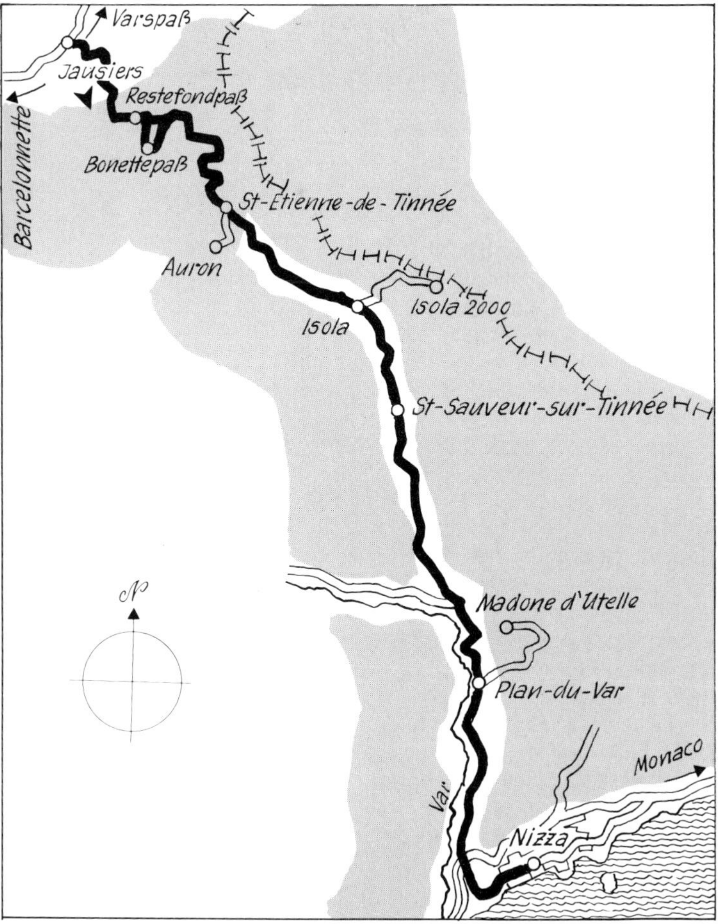
Varspaß
Jausiers
Barcelonnette
Restefondpaß
Bonettepaß
St-Etienne-de-Tinnée
Auron
Isola
Isola 2000
St-Sauveur-sur-Tinnée
Madone d'Utelle
Plan-du-Var
Var
Monaco
Nizza

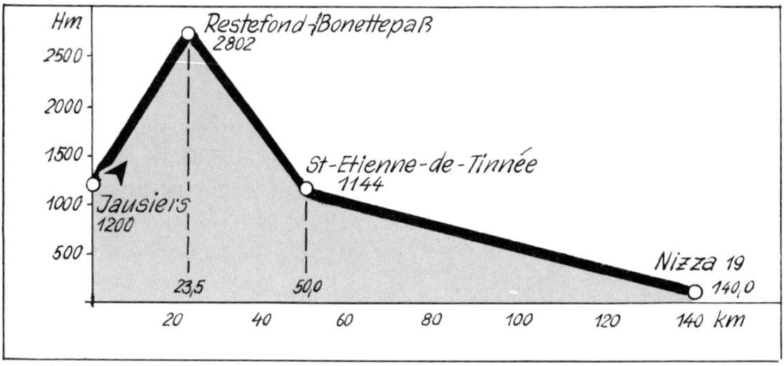
Hm
2500
2000
1500
1000
500
Restefond-/Bonettepaß
2802
St-Etienne-de-Tinnée
1144
Jausiers
1200
Nizza 19
140,0
23,5
50,0
20
40
60
80
100
120
140 km

nicht, die öde, unwirtliche Umgebung zu beleben, dafür aber wird die Steigung bis zum Beginn einer weiteren Kehrengruppe (km 17,0) etwas gemäßigter. Bis 12% sind es dann wieder bis zu den verfallenen Steinhütten der ehemaligen Militärunterkünfte von Restefond (km 19,0). An einem langgestreckten dunklen Geröllhang in Fahrtrichtung ist die Straße zu erkennen, die sich zur Paßhöhe zieht. Mit zuerst auf 8%, dann noch weiter zurückgehender Steigung wird der Scheitelpunkt des Restefondpasses (km 22,5) unschwierig erreicht. Man braucht nicht unbedingt der um die äußerste rechte Spitze dieses Bergkammes führenden Trasse zu folgen, denn sie fällt bereits hier auf der gegenüberliegenden Talseite ab, und auch die Aussicht ist in etwa die gleiche. Dennoch wird sich niemand die wenigen Höhenmeter mit durchgehend 12% Steigung zum höchsten für den öffentlichen Verkehr erreichbaren Punkt der Alpen (km 23,5) entgehen lassen. Leider kann man die Tour hier, mit Blick auf das Gewoge der braunen, kahlen Bergkuppen und die tief unten liegende Straße zum Cayollepaß, an der man die erreichte Höhe erst richtig abschätzen kann, nicht beenden, noch stehen mehr als 100 km bis Nizza bevor. Bis St-Etienne-de-Tinnée (km 50,0) fällt die Strecke zuerst über einen kahlen Berghang, dann durch einen schluchtartigen Abschnitt bis 14% ab. Die am Ortsende einsetzende 6%ige Steigung hält bis zu einem kleinen Kreisverkehr (km 53,0) an, bevor es mit teilweise stärkerem Gefälle bis Isola (km 64,5) wieder abwärts geht. Nach Isola drängen sich die dicht bewaldeten Berghänge noch näher zusammen, und nur ein etwa 1 km langer, leichter Anstieg unterbricht die bis St-Sauveur-sur-Tinnée (km 80,5) weiter meist leicht fallende Trasse. Rötlicher Schiefer tritt an die Straße, und lange ebene Abschnitte lassen die Zeitabstände zu den weißgelben Kilometersteinen immer länger werden. Bei km 100,5 wechselt man die Talseite, dicht drängen sich die Felsen zusammen, und vor zwei kurzen Felstunnels regelt eine Ampel die Einfahrt in die von Digne kommende Strecke (km 105,0). Fast eben radelt man dann an der Var entlang, die Kilometersteine sind nun weiß-rot. In Plan-du-Var (km 112,5) weitet sich das Tal. Der Verkehr nimmt auf der jetzt völlig ebenen Strecke immer mehr zu und steigert sich auf der zuerst drei-, dann vierspurigen Straße auf ein fast unerträgliches Maß. Auch auf den restlichen Kilometern durch die Industrievororte, den grünen Wegweisern »Nice/Côte d'Azur« folgend, entzieht sich das Meer den erwartungsvollen Blicken, und so ist man bereits zufrieden, wenn endlich das Ortsschild von Nizza (km 140,0) erreicht ist.

48 Der Circuit des Grandes Cols

Dauphiné/Savoyen

Strecke Le Bourg-d'Oisans - Le Clapier - Lautaretpaß - Galibierpaß - Valloire - Télégraphepaß - St-Michel-de-Maurienne - St-Jean-de-Maurienne - Croix-de-Fer-Paß - Allemond - Le Bourg-d'Oisans

Charakter Schwere Radtour mit maximal 14% Steigung auf den Spuren der Tour de France

Zeit 7½-9 Stunden (1-2 Tage)

Länge 166,5 km

Höhendifferenz 3620 m

Übersetzung 42/26

Ausgangspunkt Le Bourg-d'Oisans (724 m)

Karte Carte Topographique 1:250000, Blatt 112; Carte Topographique 1:100000, Blatt 54 und 53

Paßöffnungszeiten Wegen Wintersperre der Galibier-Paßstraße ist die Strecke nur zwischen 15. Juni und 15. Oktober befahrbar

Streckenbeschreibung Le Bourg-d'Oisans (km 0,0) wird auf der breit ausgebauten Nationalstraße 91 in südöstlicher Richtung verlassen. An der Abzweigung La Garde/L'Alpe-d'Huez (siehe Beschreibung Abstecher) vorbei hat man noch etwas Zeit zum Einrollen, bevor die Straße in Le Clapier (km 5,0), der Beschilderung Briançon folgend in die Gorges de l'Infernet (Höllenschlucht) abbiegt und bis 10% ansteigt. An der rechten Talseite hält die Steigung auf eine Länge von fast 4 km an, bevor die Straße nach einer Kurve unvermittelt abfällt. In Le Freney (km 11,0) nimmt die Steigung bis zum Stausee von Chambon (km 13,5) wieder auf 10% zu, und am linken Ufer des Sees entlang erfordern einige teils unbeleuchtete Tunnels Vorsicht, bevor mit der Combe de Malaval der landschaftlich schönste Streckenteil beginnt. Zwischen senkrecht abfallenden Felswänden folgt die Straße dem mäßigen Gefälle der Romanche. Erst nach dem Weiler Les Freaux (km 26,5) klettert die Steigung wieder auf 8-10% bis La Grave (km 28,0), einem alten Bergsteigerdorf, über dem sich die Gletscherabbrüche der Pelvouxgruppe erheben. Nach einem 600 m langen, schwach beleuchteten Tunnel ändert sich die landschaftliche Umgebung. Sonnenverbrannte Hochweiden mit vom Regen ausgewaschenen grauen Böden beherrschen das Tal, durch welches die Strecke mit kaum nachlassender Steigung bis zur baumlosen Hochfläche der Paßhöhe (km 39,5) kurvenreich hinaufzieht. An einem von kargem Grün überzogenen Geröllhang windet sich die Straße bei einer gleichbleibenden Steigung von 10% über fünf großzügig angelegte Kehren nach oben. Der untere Teil gewährt die vielleicht schönsten Ausblicke auf die Meije mit ihren

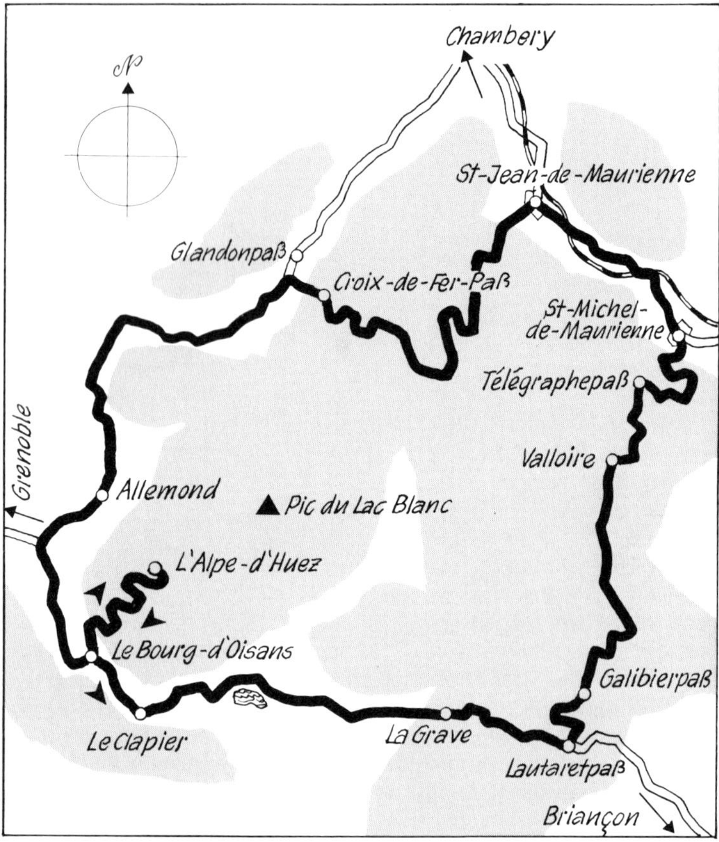
Chambery
N
St-Jean-de-Maurienne
Glandonpaß
Croix-de-Fer-Paß
St-Michel-
de-Maurienne
Télégraphepaß
Valloire
Grenoble
Allemond
Pic du Lac Blanc
L'Alpe-d'Huez
Le Bourg-d'Oisans
Galibierpaß
Le Clapier
La Grave
Lautaretpaß
Briançon

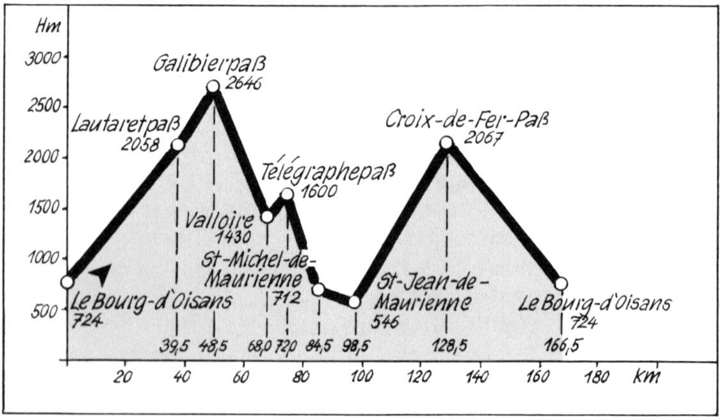
Hm
3000
2500
2000
1500
1000
500
Galibierpaß
2646
Lautaretpaß
2058
Croix-de-Fer-Paß
2067
Télégraphepaß
1600
Valloire
1430
St-Michel-de-
Maurienne
712
St-Jean-de-
Maurienne
546
Le Bourg-d'Oisans
724
Le Bourg-d'Oisans
724
39,5
48,5
68,0
72,0
84,5
98,5
128,5
166,5
20
40
60
80
100
120
140
160
180
km

wild zerklüfteten Hängegletschern. Beim Chalet du Galibier (km 47,0) erscheint die Paßhöhe bereits greifbar nahe, aber noch sind drei enge Kehren mit einer bis auf 12% zunehmenden Steigung bis zum Scheitelpunkt (km 48,5) zu überwinden. Nach einem Blick zurück auf die Spitzen und eisbedeckten Wände der Barre des Ecrins fällt die Straße kurvenreich bis 12% ins Tal der Valloirette ab. In Ortsmitte von Valloire (km 68,0) erwartet den Radler ein fast 4 km langer Gegenanstieg bis zu 9% zum Télégraphepaß (km 72,0), bevor man mit bis zu 10%igem Gefälle kehrenreich nach St-Michel-de-Maurienne (km 84,5) abfährt. Anfangs meist eben, fällt die Strecke auch bis St-Jean-de-Maurienne (km 98,5) weiter leicht ab. Der Arvan wird überquert, und der Beschilderung »Col de Croix Fer« folgend radelt man mit 10% Steigung aus dem Ort hinaus. An einem kleinen Steinbruch (km 102,0) vorbei folgt man der links abzweigenden Straße und fährt mit Blick auf die markanten Spitzen der Aiguilles d'Arves bis hinter Le Crete (km 105,0) ab. Danach stehen auf wieder ansteigender Straße, die hinter Le Brevière (km 107,5) über eine Kehrengruppe durch dichten Mischwald aufwärts zieht, Steigungen zwischen 10 und 12% an. Erst am Beginn der Combe Genin (km 110,5), die man durch insgesamt fünf 30–450 m lange Tunnels überwindet, wird es wieder weniger steil, und über St-Jean-d'Arves (km 118,0) bis St-Sorlin-d'Arves (km 120,5) ermöglichen kurze Anstiege bis 10%, die von längeren flacheren Stücken unterbrochen werden, ein rasches Vorwärtskommen. Die im Ort auf 14% ansteigende Straße geht nach einer Kehre beim Hotel Bellevue wieder auf 10% zurück, dafür wird diese Steigung an den baumlosen Hängen des Talschlusses über zehn weite Kehren bis zur Paßhöhe (km 128,5) beibehalten. Mit prächtigem Blick auf die langgestreckte Bergkette der Chaîne de Belledonne fährt man zu einem kleinen Stausee (km 133,5) ab. Am rechten Ufer steigt die Straße auf eine Länge von knapp 1,5 km mit 6% an, bevor sie nochmals, von einer kurzen Gegensteigung unterbrochen, zum Stausee von Allemond hinunterführt. Über die Staumauer radelt man in das Städtchen (km 156,5) hinein und auf ebener Straße bis zur Straßenkreuzung bei Rochetaillée (km 160,5). Auch die letzten Kilometer zum Ausgangspunkt (km 166,5) werden auf ebener Strecke zurückgelegt.

<u>Abstecher nach L'Alpe-d'Huez</u> (+13,5 km, +1143 Hm, +1½ Std.)
Am Ortsende von Le Bourg-d'Oisans (km 0,0) folgt man der Beschilderung La Garde/L'Alpe-d'Huez. Bald steigt die gut ausgebaute Straße auf 10% an und geht über Le Ribotte-d'Huez (km 5,5) und Huez Village (km 9,0) kaum einmal zurück. Auch danach läßt die Steigung der insgesamt 19 Kehren bis in Ortsmitte (km 13,5) des wohl bekanntesten Etappenorts der Tour de France nicht nach.

Hinweis: Wegen der Tunnels bei der Auffahrt zum Lautaretpaß ist Beleuchtung notwendig.

49 Um den Grand Cañon du Verdon

Provence

Strecke Comps-sur-Artuby - Pont de l'Artuby - Auberge des Cavaliers - Aiguines - Galetasbrücke - Col d'Ayen - La Palud-sur-Verdon - Collet Barris - La Palud-sur-Verdon - Point-Sublime - Pont-de-Soleils - Jabron - Comps-sur-Artuby

Charakter Mittelschwere Radtour mit maximal 14% Steigung in der Provence

Zeit 5½-7 Stunden

Länge 122 km

Höhendifferenz 1480 m

Übersetzung 42/23-26

Ausgangspunkt Comps-sur-Artuby (895 m)

Karte Carte Topographique 1:250000, Blatt 115; Carte Topographique 1:100000, Blatt 61

Paßöffnungszeiten Die Verdonschlucht-Ringstraße ist ganzjährig, die Kamm-Ringstraße von La Palud-sur-Verdon über den Collet Barris nur zwischen 1. April und 15. November befahrbar

Streckenbeschreibung Kein Bergmassiv gilt es diesmal zu umrunden, sondern vielmehr eine Schlucht, die allerdings zu den gewaltigsten und eindrucksvollsten Europas zählt. Mehr als 700 m tief hat sich der Verdon, der in der Nähe des Allospasses entspringt und somit noch gar keine lange Reise hinter sich hat, in die Kalkfelsen der Hochebene von Canjuers eingeschnitten; Vergleiche mit den berühmten Cañons Nordamerikas sind durchaus angebracht. Auch eine Bergübersetzung sollte wegen der zu erwartenden Steigungen und Höhenunterschiede angebracht sein, wenn man die Tour in Comps-sur-Artuby (km 0,0), der Beschilderung »Rive gauche« folgend, beginnt. Die auf den ersten 2,5 km durch dichtes Unterholz nur mäßig ansteigende Straße geht in eine leichte Abfahrt mit längeren ebenen Stücken über und fällt dann (km 10,0) bis 8% zu den Balcons de la Mescla (km 13,5) ab. Hier hat man erstmals einen tiefen Einblick in die Schlucht, wo der Verdon in mehr als 250 m Tiefe eine scharfe Krümmung beschreibt und sich mit den Wassern des Artuby vermischt. Nach einem kurzen Anstieg fährt man bis zur Pont de l'Artuby (km 16,0) weiter ab. Über die weitgespannte Stahlbetonbrücke wird die Artubyschlucht überquert, und die Straße steigt auf 10% an. Bis zu den beiden kurzen Tunnels von Fayette (km 20,0) hält die Steigung, von einer 500 m langen Abfahrt unterbrochen, an, und auch der Radler sollte hier anhalten und einen Blick in die Schlucht werfen, wo sich tief unten der grüne Fluß träge dahinwindet. Wieder abfahrend ist auf der gegenüberliegenden Talseite die Route des Crêtes gut zu erkennen. Die Straße entfernt sich etwas von der Schlucht, und kurz nach der Auberge des Cavaliers

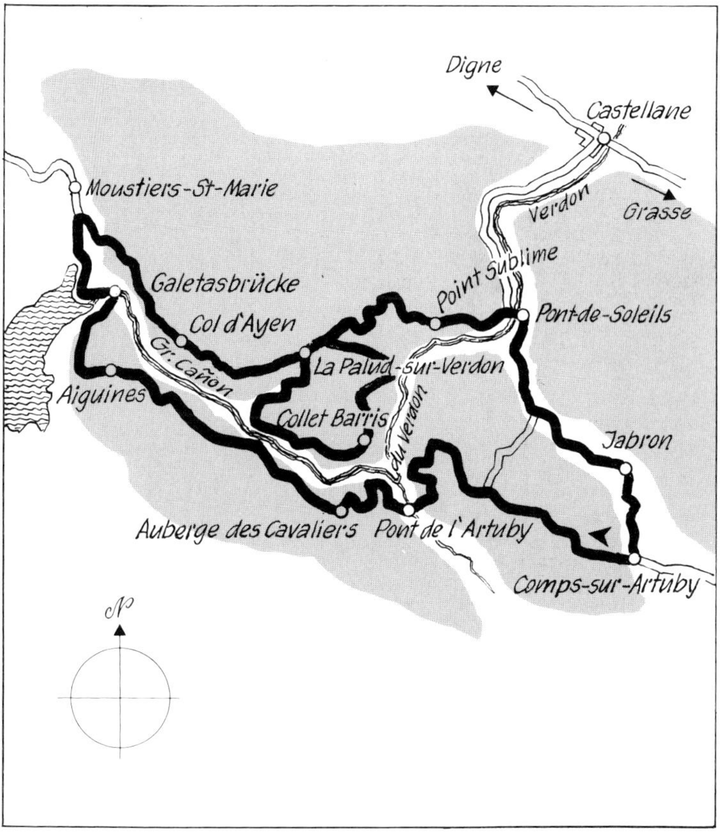

Digne
Castellane
Grasse
Verdon
Moustiers-St-Marie
Galetasbrücke
Point Sublime
Pont-de-Soleils
Col d'Ayen
La Palud-sur-Verdon
Gr. Cañon
Aiguines
Collet Barris
du Verdon
Jabron
Auberge des Cavaliers
Pont de l'Artuby
Comps-sur-Artuby
N

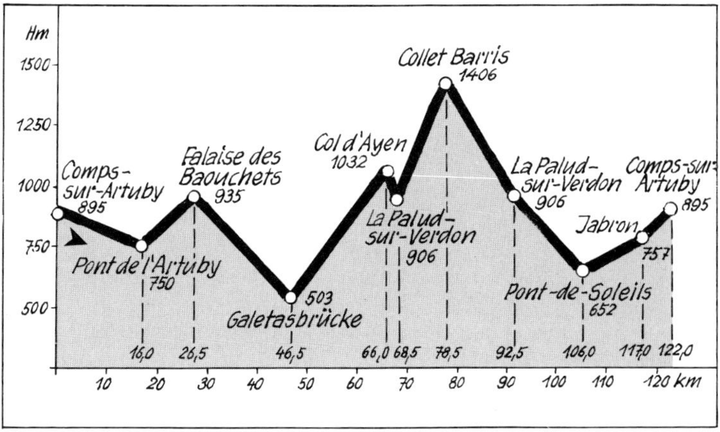

Hm
1500
1250
1000
750
500
Comps-sur-Artuby 895
Pont de l'Artuby 750
Falaise des Baouchets 935
Galetasbrücke 503
Col d'Ayen 1032
La Palud-sur-Verdon 906
Collet Barris 1406
La Palud-sur-Verdon 906
Pont-de-Soleils 652
Jabron 757
Comps-sur-Artuby 895
16,0
26,5
46,5
66,0
68,5
78,5
92,5
106,0
117,0
122,0
10 20 30 40 50 60 70 80 90 100 110 120 km

(km 23,0) wechseln leichte Anstiege und Abfahrten bis zur Falaise des Baouchets (km 26,5) ab. Mit Steigungen bis 12% führt die Strekke nun eng am Cañon entlang zum höchsten Punkt der linken Schluchtseite, der kurz vor der Source de Vaumale (km 32,5) erreicht wird. Kehrenreich geht es abwärts, am Col de l'Iloire (km 35,5) verläßt man die Schlucht, und immer prächtiger zeigt sich der Stausee von Sainte-Croix am Rand der Hochebene von Valensole. Die roten Ziegeldächer von Aiguines (km 38,0) tauchen auf, doch erst bei einer Straßenkreuzung (km 44,5), wo man der Beschilderung »Moustiers-Ste-Marie« folgt, wird die Abfahrt gestoppt. Die Galetasbrücke (km 46,5), wo der Verdon aus der Schlucht in den Stausee eintritt, ist rasch erreicht, und längere leichte Anstiege und Abfahrten bringen zu einer Kreuzung (km 51,0), wo der Beschilderung »Gorges du Verdon« folgend der Rückweg über die rechte Schluchtseite beginnt. Anfangs gewinnt man auf der mit 8% ansteigenden Straße rasch an Höhe, bevor die Steigung nachläßt (km 54,0) und, von ebenen Passagen und kurzen Abfahrten unterbrochen, die Strecke bis km 60,0 nur noch wenig aufwärts führt. Bei wieder auf 8% zunehmender Steigung werden die etwa 200 m von der Straße entfernten Aussichtspunkte von Mayreste (km 62,0) und Col d'Ayen (km 66,0) erreicht. Wer den Fußmarsch durch die Lavendelbüsche nur einmal machen möchte, sollte den zweiten Punkt vorziehen, da dieser den Einblick in den engsten und tiefsten Teil der Schlucht gewährt. Kurz danach fällt die Straße bis La Palud-sur-Verdon (km 68,5) wieder ab, und nach der Ortsdurchfahrt kann man entscheiden, ob man der Beschilderung »Castellane« oder dem rechts abzweigenden Sträßchen Richtung »Crêtes du Verdon« folgen will. Die etwa 23 km lange Kamm-Ringstraße bietet zweifellos Höhepunkte, stellt aber mit einer teilweise bis auf 14% ansteigenden Trasse zum Collet Barris (km 78,5), dem höchsten Punkt des Tages, auch einige Anforderungen an die Kondition, bevor sie, vorbei an Aussichtspunkt um Aussichtspunkt, in die Schlucht hinunterleitet. Die bei km 86,5 mit 6% Steigung wieder aus der Schlucht herausführende Trasse endet in La Palud (km 92,5). Danach warten keine großen Schwierigkeiten mehr. Bis km 97,5 fällt die Straße über zwei Kehren ab, um bis zum Restaurant Point-Sublime (km 100,0) wieder auf 6% anzusteigen. Nach einem kurzen Tunnel fährt man durch die Schlucht von Carejuan bis auf Höhe des Verdon (km 104,0) hinunter und erreicht, vorbei an der mehr als 2000 Jahre alten Römerbrücke von Tusset, auf ebener Strecke die Kreuzung der beiden Uferstraßen bei Pont-de-Soleils (km 106,0). Nur leicht bergauf und bergab, meist jedoch eben verläuft die Straße im breiten Wiesental der Jabron bis zur gleichnamigen Ortschaft (km 117,0), bevor sie noch einmal auf einer Länge von 3 km auf 8–10% ansteigt, um dann nach einem flachen Stück bis Comps-sur-Artuby (km 122,0) abzufallen.

50 Über den Mont Ventoux

Provence

Strecke Malaucène - Mont Ventoux - Chalet Reynard - St-Estève - Bédoin - Malaucène

Charakter Mittelschwere Radtour mit maximal 12% Steigung über den »Berg des Windes«

Zeit 3½–4½ Stunden

Länge 57 km

Höhendifferenz 1640 m

Übersetzung 42/26

Ausgangspunkt Malaucène (377 m)

Karte Carte Topographique 1 : 250 000, Blatt 115; Carte Topographique 1 : 100 000, Blatt 60

Paßöffnungszeiten Wegen Wintersperre der Mont Ventoux-Bergstraße ist die Strecke nur zwischen 15. Mai und 31. Oktober befahrbar

Streckenbeschreibung Dort, wo die Alpen eigentlich schon zu Ende sind und in die sanften Vorberge der Provence übergehen, liegt noch einmal ein Berg, dem man weder seine Höhe noch seine Schwierigkeiten ansieht: der Mont Ventoux. Von Süden betrachtet ist er ein langgestreckter, fast bis oben hin bewaldeter Bergrücken, der aus den Hügeln seiner Umgebung herausragt und dessen kahle Spitze von einer weithin sichtbaren Sendeantenne geziert wird. Die Schwierigkeiten für den Radfahrer bestehen hauptsächlich aus einem zu bewältigenden Höhenunterschied von mehr als 1500 m, zu dem sich noch der Wind, von dem sich auch der Name des Berges ableitet, und die meist vorherrschende Hitze gesellen können. Um zumindest der Hitze soweit wie möglich zu entgehen, empfiehlt es sich, die Tour in den Sommermonaten von Malaucène (km 0,0) an der nördlichen, der Sonne abgewandten Seite zu beginnen. Mit 6% Steigung führt die Straße aus dem kleinen, typisch provenzialischen Städtchen heraus. Die Steigung geht zurück, nimmt aber kurz nach der Quelle von Grozau wieder auf 8–10% zu. An einem Schild mit der Aufschrift »Col Mont Ventoux Ouvert« vorbei führt die gut ausgebaute Strecke gleichbleibend steil und kurvenreich nach oben. Fast alle Holzarten von Kiefer über Eiche, Zeder, Buche, Tanne und Lärche sind in den Wäldern am Straßenrand, aus denen vereinzelt weiße Kalkfelsen hervorleuchten, vertreten. Bei km 5,0 geht die Steigung zuerst auf 6%, dann noch weiter zurück. Weit voraus ist die Bergspitze sichtbar, nach einem kurzen ebenen Stück wird es wieder steiler. Steigungen bis 10% werden von flacheren Passagen abgelöst, auch der Wald macht immer mehr Büschen und Sträuchern Platz. Von einem Aussichtspunkt mit einer kleinen Plattform etwas unterhalb der Straße (km 10,0) hat man einen weiten Blick auf die

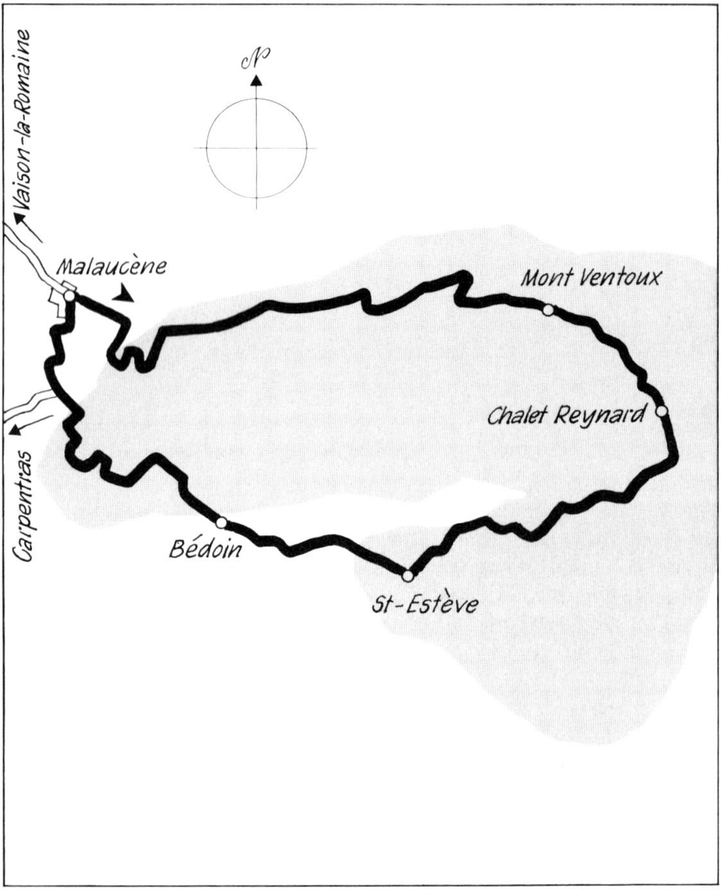
N
Vaison-la-Romaine
Malaucène
Mont Ventoux
Chalet Reynard
Carpentras
Bédoin
St-Estève

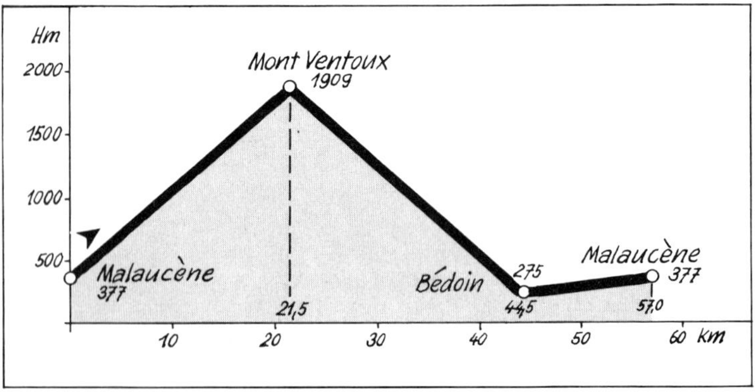
Hm
2000
1500
1000
500
Mont Ventoux
1909
Malaucène
377
21,5
Bédoin
275
44,5
Malaucène
377
57,0
10
20
30
40
50
60 km

Täler des Ouvèze und Grozau sowie die Bergzüge der Baronnies im Norden. 12% beträgt die Steigung auf den nächsten 4 km, während die für die Abfahrt aufgestellten Verkehrsschilder lediglich ein Gefälle von 10% anzeigen. Bei nachlassender Steigung wird die Abzweigung nach Mont Serein (km 15,5), einer kleinen Feriensiedlung, erreicht, und ein Schild deutet an, daß noch 6 km zu fahren sind. Die Straße wird schmäler, dichter Wald nimmt den Radler auf, und noch einmal klettert die Steigung auf einer Länge von 1 km auf 12%, bevor nach einer engen Kehre der Gipfelhang bevorsteht. Mit Steigungen zwischen 8 und 10% zieht die Straße unter einem kleinen Schlepplift hindurch aufwärts. Auf dem Berg werden die Gebäude des Observatoriums mit dem Sendemast sichtbar, und der Wald wird von grauweißen Kalksteinbrocken abgelöst. Zwei weite Schleifen mit Steigungen zwischen 10 und 12% sind nun noch zu überwinden, bevor der Gipfel (km 21,5) endlich erreicht ist. An klaren Tagen geht der Blick von der Rhôneebene im Westen bis ans Mittelmeer im Süden und dem Dauphinémassiv im Nordosten, aber meist behindert ein leichter Dunst über der Provence diese Fernsicht. Gelb-schwarze Begrenzungsstangen markieren den Verlauf der durch eine Geröllwüste aus Kalkstein kurvenreich abfallenden Straße, aber die Gedenktafel für den englischen Radprofi Tom Simpson unweit des Gipfels (km 23,0) sollte noch einmal Anlaß für einen kurzen Halt sein. Weit unten das Plateau von Vaucluse, dahinter der Gebirgszug des Lubéron fährt man zum Chalet Reynard (km 28,0) ab. Mit Gefälle bis 12% rollt es durch dichten, schönen Mischwald bis zur nächsten Ortschaft St-Estève (km 38,5) rasant abwärts. Zwischen vereinzelten kleinen Weinbergen und Olivenhainen, aber auch Pfirsich- und Kirschbäumen zieht die Straße bis Bédoin (km 44,5), dem südlichen Ausgangspunkt der Bergstraße, mit mäßigerem Gefälle weiter abwärts. Eine knapp 12,5 km lange, kurvenreiche Strecke mit Steigungen bis 7% bringt von hier wieder nach Malaucène (km 57,0) zurück, aber es ist sicherlich ein würdigerer Abschluß, wenn man den Mont Ventoux noch einmal in der Gegenrichtung bewältigt.

Radfahren – aktives Freizeit-Erlebnis

Radsport

Peter Konopka
Spaß am Bike
Ausrüstung, Technik, Training, Gesundheit

Peter Konopka
Radsport
Der Ratgeber für Ausrüstung, Technik, Training, Ernährung, Wettkampf und Medizin

BLV Sportpraxis
Franz Wöllzenmüller
Richtig Radfahren

Hans-Christian Smolik
Rund ums Rennrad
Rahmen und Komponenten, Pflege und Wartung

Greg LeMond
Greg LeMond´s Rennrad-Werkstatt
On the road

BLV Sportpraxis
Peter Konopka
Richtig Rennradfahren

Robert van der Plas
Mountain Bike Know-how

Robert van der Plas
Mountain-Bike-Praxis
Auswahl, Technik, Einsatz

Herman Seidl
Mountain-Bike-Technik
Rahmen und Komponenten, Funktion, Pflege und Wartung

Tourenvorschläge

Spezialführer
Stefan Etzel
Radurlaub in Deutschland
Genußtouren zwischen Mosel und Thüringer Wald

Spezialführer
Christa Monks
Radurlaub in Dänemark
15 Genußtouren auf Lolland

Susi Madron
Radurlaub in Frankreich
Genußtouren abseits der großen Straßen

Spezialführer
Christa Monks
Radurlaub in Schottland
Ausgewählte Genußtouren

Spezialführer
Angermeir/Cygan-Guglhör/Dinse/Meltl/Stassek-Bonnet
Radurlaub in Europa
Ausgewählte Genußtouren

Spezialführer
Rudolf Geser
Die 35 schönsten Radtouren - Südtirol, Dolomiten, Gardasee

Spezialführer
Rudolf Geser
Die schönsten Radtouren Toskana - Abruzzen - Süditalien

Spezialführer
Rudolf Geser
Die 50 schönsten Radtouren in den Alpen

Spezialführer
Rudolf Geser
Die 75 schönsten Alpenpässe und Höhenstraßen mit dem Fahrrad

Spezialführer
Rudolf Geser
Bergstraßen und Pässe mit dem Fahrrad
75 neue Touren in: Alpen, Vogesen, Zentralmassiv, Pyrenäen

Spezialführer
Pellet/Fitsch/Angerer
Mountain-Biking
50 ausgewählte Touren in Nordtirol und Oberbayern

Spezialführer
Rudolf Geser
Tolle Alpentouren für Mountain-Biker
Die 40 schönsten Paßstrecken in Deutschland, Österreich, Italien, Schweiz, Frankreich

---

In unserem Verlagsprogramm finden Sie Bücher zu folgenden Sachgebieten:

Garten und Zimmerpflanzen • Natur • Angeln, Jagd, Waffen • Pferde und Reiten • Sport und Fitness • Reise und Abenteuer • Wandern und Alpinismus • Auto und Motorrad • Essen und Trinken • Gesundheit

BLV

Wünschen Sie Informationen, so schreiben Sie bitte an:

BLV Verlagsgesellschaft mbH • Postfach 40 03 20 • 8000 München 40